U1016335

总编辑视角下的新闻学

贾西平　著

WUHAN UNIVERSITY PRESS
武汉大学出版社

图书在版编目(CIP)数据

总编辑视角下的新闻学/贾西平著．—武汉：武汉大学出版社，2021.8

ISBN 978-7-307-22105-5

Ⅰ.总…　Ⅱ.贾…　Ⅲ.新闻学　Ⅳ.G210

中国版本图书馆 CIP 数据核字(2020)第 272886 号

责任编辑:陈　豪　　　责任校对:李孟潇　　　版式设计:马　佳

出版发行：**武汉大学出版社**　(430072　武昌　珞珈山)

(电子邮箱：cbs22@ whu.edu.cn　网址：www.wdp. com.cn)

印刷：湖北金海印务有限公司

开本:720×1000　1/16　印张:17　字数:276 千字　插页:2

版次:2021 年 8 月第 1 版　　2021 年 8 月第 1 次印刷

ISBN 978-7-307-22105-5　　定价:49.00 元

版权所有，不得翻印;凡购我社的图书，如有质量问题，请与当地图书销售部门联系调换。

贾西平，陕西省西安市人。1982年毕业于武汉测绘学院无线电专业，2005年任《人民日报》教科文部主任，2008年任香港《大公报》总编辑，高级编辑，2017年8月退休。现任湖北大学特聘教授、武汉大学兼职教授等。

从记者、编辑做起，历任《人民日报》教科文部科技组副组长、组长，教科文部副主任、主任。曾被借调到中宣部工作，任第十一届新闻宣传协调小组组长。在《人民日报》工作期间，有数十篇新闻作品分别获得中国新闻奖、中国科技好新闻奖、全国科普作品奖、科星奖、人民日报好新闻奖等，其中深度报道《利在当代　功在千秋》收入普通高等教育“十一五”国家规划教材《大学语文新编》。

自　序

近几年，在湖北大学、武汉大学、华中师范大学、香港树仁大学等高校作了多场讲座，有朋友建议我把这些讲稿整理出版，与更多的同学进行交流，但我对于出书却犹豫不决。因为新闻类的图书已经不少了，特别是新闻工作者的老生常谈，已经没有多少人感兴趣了。

同学们对我的讲座感兴趣可能基于两个原因：一是两种制度下的办报经历。我先在《人民日报》工作了 20 多年，后到香港《大公报》工作近 10 年，前者是中国第一大报，中国共产党的中央机关报；后者是中国百年老报，又处在香港那个思想多元、自由竞争的社会。二是从工到文的成长经历。我当过农民，当过工人，1978 年高考上大学学习的是无线电，做了 9 年技术工作之后才当记者，新闻从业之路曲折艰难，但也别有心得。

课堂上，有同学问："报纸是不是一定要消亡？""调查报道还会兴旺吗？""你的成长经历是否说明了新闻无学？""新闻专业的学生是否还要学习其他专业知识才能当好记者？""内地媒体与香港媒体最大的区别是什么？""怎么应对互联网融媒体时代？"……这些问题都不是简单几句话可以回答的，于是乎我觉得有写点东西的必要。我想把自己的想法与同学们坦诚交流一下，多少提供一些个人的观点和经验吧。

如果要写，就得换一种新的形式。今天的新闻是明天的历史，昨天的新闻就是今天的故事。能不能让专业书变得像故事书一样，寓知识于新闻故事之中，让学生轻松阅读呢？我打算在这方面做些尝试。

本书分 9 章，近 86 个小节，每一节都尽量写成一个小故事，通过故事把新闻原理与新闻实践结合起来，拉近理论与现实之间的距离。读一个小故事用时不多，可以帮助大家加深对课本知识点的理解。书中的附录都是与所讲内容有关的精选案例。为了尊重历史，所选作品保持了发表时的原貌。本书的这种尝试能否得到读者认同，还有待实践检验。

本书如能作为辅助读物或参考资料，对同学们的学习多少会有些帮助，或许有心的同学还能从我言之未尽之处进行独立思考并有所感悟，那么我就不算白劳动。再者，一本书所传递的并不是照搬照抄的方案，而是一种分析问题的方法，无论报纸今后的命运如何，人生的感悟，办报的经验，发现新闻、处理新闻的技巧，多少有些借鉴的价值。

鲁迅在把俄国文学介绍到国内时曾遇到过困难，翻译家梁实秋先生就嘲笑他是“硬译”“死译”，害得读者“好像看地图”。鲁迅说：“自然，世间总会有较好的翻译者，能够译成既不曲，也不‘硬’或‘死’的文章的，那时我的译本当然就被淘汰，我就只要来填这个从‘无有’到‘较好’的空间罢了。”借用文中的“硬译”，我就暂且“硬写”吧，写自己想写的东西，写有趣的东西，写真实的东西。我相信“真实”能够打动人。

同学们有志于新闻事业，就是有理想的青年。那么，什么是新闻工作，什么是媒体人呢？对于这个问题，每个人可能都有不同的回答。像美国著名报人普利策所言，记者是国家这艘大船上的“瞭望者”，为这个国家的人民观察风云，报告动向，护卫着这艘大船驶向光明的彼岸。像中国著名报人、《大公报》总编辑张季鸾所说，报人不得在道德上有缺憾，而是“要公，要诚，要勇”！依我来看，新闻工作除了能养家糊口、职场扬名外，更是一项书写历史的职业，记者要对得起自己的良心，更要对得起明天的历史。

本书所讲的就是新闻记者的良心故事。

本书在写作过程中，得到了湖北大学新闻传播学院廖声武院长的指导和帮助，得到武汉大学新闻与传播学院吴爱军书记、强月新院长的鼓励和支持，廖文根、潘江鲲、毕小莺、王志民、陈杰等帮助搜集了部分资料，在此一并对各位表示衷心的感谢！

由于作者水平有限，书中谬误在所难免，敬请读者批评指正！

贾西平

2019 年夏武汉

目　录

第一章　新闻采访

1. 灰色童年的彩色梦想

要做一件事儿，往往从兴趣开始。

能走进大学新闻学殿堂的学子，每人都怀揣一个“记者梦”。“怎样成为一位名记者”相信是大家都关心的问题。我从一名普通青年，做到百年老报《大公报》的总编辑，是否算成功呢？我在担任《大公报》总编辑后的首次报馆大会上讲“前辈是高山，吾辈为小草”，散会后不少同事围过来说我谦虚，其实不是。我个人连名记者、名编辑都不敢当，自觉学养不够，才华不够，仅仅算作这个历史时期基本称职的一名报人吧。因为根据业界公论和组织评价，《大公报》在我手上质量一直在提高，达到了香港回归以来的较好水平。

与同学们一样，我从小也有一个“记者梦”，它为我那灰色的童年涂抹了一道色彩。读小学中学的时候正值“文革”，中国的传媒业还很落后，老百姓看不到电视，照相机都是奢侈品，互联网连影子都没有，能看到的只有报纸、杂志，且全都是黑白版，遇到节日会套点红。我母亲是一位基层干部，她的办公室有《人民日报》《解放军报》《陕西日报》《西安晚报》《参考消息》，我每天都读，很有兴趣。读着各地记者的报道，觉得他们是一群特别自由自在的人，走南闯北，见多识广，这对处在相对偏僻地区的孩子吸引力很大。我太想知道外面的世界了，但在那个提倡“斗私批修”的年代，任何个人的兴趣爱好都属于“私”，都是受到压抑的，即使对父母也不敢讲心里话，否则会被认为思想觉悟不高，不积极要求进步。我亲眼见到，母亲所在的“革委会”一位通讯员给报社投稿，稿子见报了，报社寄来一沓稿纸——那个年代没有稿费。小孩子对记者有一种神秘感，又不敢表露出来，只能在心里瞎琢磨，以为记者必须会速记，要把别人说的话很快记录下来，还得会画速写，把看见的场景画下来。于是我就练习速记和速写，把课本和作业本画得乱七八糟。直到有一次，跟随父亲来到一位在《西安晚报》任职的叔叔的办公室，他人不在，让我们进屋等他。我看到他桌上摊开的稿纸上写着："中国科学院科技人员在××山区进行定向爆破试验，发生重大事故，造成多人伤亡……"正想继续往下看时被爸爸阻止了，说叔叔写的内部稿件小孩子不要看。但这次偷看我有一个重要收获，明白了记者写稿并不神秘，既不需要龙飞凤舞的速记，也不需要画速写，而是像写作文一样写新闻稿，连稿纸都是一样的。俗话说艺多不压身，练习速记在几十年后当记者时真的用上了。那是我参加李岚清副总理召开的一次会议，会场规定不准录音，可以记笔记。会后我回到人民日报社向部门传达讲话精神，等传达结束之后有位同事好奇地要看我的笔记本，他不相信我能记得那么全。而速写的本领除了在日记本上随性画画外，没有派上过正经用场。

作家老舍说过，话怎么说文就怎么作。每个人都会说话，那么每个人就应该会写稿。进入中学后我开始练笔，不仅用心写好老师布置的作文，还开始写日记。写作文时想办法写得生动一些，写日记时力求把每天最重要的事情写清楚。多少年后我才明白，写日记时对自己每天所经历的事件的选取提炼，其实很接近记者发现新闻的思路。

随着知识的积累，作文和日记的水平都提高很快。班主任王仲英老师经常在班上宣读我的作文，这进一步激发了我学习的热情。

王仲英老师本是陕西师范大学古典文学系的讲师，是"文革"前毕业的研究生，学养深厚，"文革"中却因家庭成分问题被下放到中学教书。他的不幸变成了我的大幸。碰上了一位好老师，使我在那个动乱的年月少荒废了许多时光。想学习，想读书，可惜只买到了《写作知识》(上、下)和郭沫若的《李白与杜甫》。书店里可读的新书寥寥无几，但天无绝人之路。由于"文革"前出版的旧书籍几乎都被定性为"毒草"，家家户户都将其当成无用之物清扫出门，或当成废品卖掉。我家附近有一个收购站，旧书成堆，我便趁夜色跑到那里偷书(在那个年代做出的荒诞事，今天只有如实交代了)。偷来的书装满了一大箱，像样的有《唐诗三百首》《保卫延安》《创业史》《红岩》《王若飞在狱中》等，还有一些外观残破不全但内容不错的书，比如语文数理化高中旧课本，苏联奥林匹克竞赛题等，其中有的书成了我后来参加全国高考的复习资料。

多年后的1978年，我参加全国理科考试，由于身在野外工作，就自己拟题写了几篇押题作文寄回母校，请王仲英老师指导，没想到王老师把我的作文推荐给了文科班考生，许多同学都跑到我家抄作文(当时没有复印机)。可见王老师对我一直是有些偏爱的。

2. 入门从“剪报”开始

1985 年，《人民日报》为从美国引进多语言文字处理系统(激光照排系统的前身)，公开招聘技术干部，经过考试录取后直接送美国培训。这在当时是一项颇具吸引力的工作。我被录入《人民日报》，分配到科学技术处工作，与《市场报》同在一栋大楼内办公。工作之余常看《市场报》，发现一些生活类栏目与自己从事的技术工作内容接近，就把日记中相关的内容做了些补充整理送给编辑部，很快就一一见报了。看到自己的稿子变成铅字登在报上，十分兴奋，于是就与该报副总编辑刘学渊慢慢熟悉了。

我虽然喜欢新闻，但在已经干了电子技术工作且有了一些积累之后，说转行不是一件轻松的事。那个时候投稿还属于业余爱好之一，另一个业余爱好是搞技术发明，几年间已有几项实用新型专利，成果转让还有了微薄的收益，被有的辞书编入发明家行列，经常接到有关专利技术会议的邀请函。

有一次参观北京新技术博览会后，我把新技术给人们生活带来的改变写成了一篇长稿，编辑用了大半块版面来刊登，并鼓励我说：“小贾，如果你能来编辑部工作，你的每篇稿子都可能采用。”我被编辑的话打动了，于是就向《市场报》社领导打探调入的可能性。《市场报》社领导非常善解人意，总编辑陈青、副总编辑张宝林和刘学渊接待了我，三位都欢迎我过去，但我所在的部门却坚决不放，此事一拖就拖了五六年。有几次刘学渊在路上碰到我，总是关切地问：“怎么样啊，还不放人吗?”我只能回以苦笑。

这次调动虽没有成功，但却坚定了我迈入新闻行当的决心。我开始比较系统地学习新闻理论。

那时候的书不像现在的新闻传播学书籍那么厚，一般都是薄薄的一本，全是干货。印象比较深的有新华社编著的《新闻写作入门》，非常简明扼要，讲新闻的五要素(5W)、六要素(5W+H)，讲消息、通讯、调查报告、报告文学等各种新闻体裁的写作方法。比如消息常用的“倒金字塔结构”，按照新闻价值排序，把最重要的内容放在最上边，次重要放在第二，依此类推；“金字塔结构”及其变异体，按时间顺序，以读者感兴趣的方式开头，层层递进，逐步展开，把最重要的结果放在最后，留给最忠实的读者。书中所举的例子很形象生动，令人记忆深刻。我到现在还记得美国记者用一种兴趣积累式写法，报道伯克利大学一位学生使用中国“章光 101”治疗脱发的消息。消息的开头是这样写的：

> 马上要到来的期中考试使他很烦恼，但更令他烦恼的是他的头发在一根根地脱掉。
>
> 前不久，他抹了来自中国的一种神药水，几天后他的头上长出细细的绒毛……

从这个时候起，每天看报就不像以前了，而是有目的地看，在心里模仿，并开始剪报纸。把自己认为有价值的报道按照新闻体裁分类剪贴，觉得写得不好的报道也剪贴下来，以提醒自己引以为鉴。另外，还比较关注《人民日报》小评论栏目《今日谈》《自由谈》，短新闻栏目《凡人小事》，“编者按”的写法，照片说明的写法，差错“更正”的写法，注意消息的导语，通讯的开头和结尾。《参考消息》刊登的外国记者采写的新闻特写文章，多出自著名国际传媒记者之手，采访深入，写作十分技巧，很值得学习。人民日报社办了一份学术期刊《新闻战线》，我每期必读，从中学习名记者名编辑的宝贵经验。读过的《新闻战线》杂志再用作“剪报本”，日积月累，已是厚厚一摞。

我就是这样，坚持业余学习新闻六七年后，再次提出调动请求，这一次，等待我的是《人民日报》教科文部。

3. 第一篇稿子要用足力气

记者第一篇稿子见报，名字前会冠以新闻机构的大名，这是一次庄严的亮相，犹如战士首次穿上军装。因此，第一篇稿子，值得用足力气写好，不要留下遗憾。

1992 年年初，经过漫长的协调，有关部门终于同意我调入《人民日报》教科文部。一直耐心等待我的教科文部主任樊明经一见我就说："看了你以前写的几篇东西，不错。但以前是你想写的才写，今后当了记者，不想写的也要写，而且要合格。这是个很大的挑战啊。"对老樊这段话我是随着日后工作的深入才慢慢理解的。老樊是陕西三原人，他父亲是中共地下党员，曾在杨虎城将军的西北军工作，在他幼年时父亲就已亡故。他早年考入清华大学，1958 年院系调整后转入北京钢铁学院，后入选留苏预备生。中苏关系破裂后被分配到中国科学院上海硅酸盐研究所，再后来当了首都钢铁公司领导人周冠五的秘书，又从秘书任上调往《中国教育报》任总编辑。他不仅是科技专家，而且博古通今，文化造诣很深，是一位值得尊敬的师长。

当时的教科文部实行采编合一，记者通常采写的是消息和通讯，有时顺手也会拍一些照片，为新闻稿配一点评论。我是从电子工程师岗位转身当记者的，而我的同事大多是来自全国名校新闻专业的高材生。在这样一个集体里工作，压力之大可想而知。

第一次采访是老樊和科技组组长谢联辉带我去的，对象是清华大学材料系教授方鸿生。三个多小时的采访，小小的采访本几乎记满，但留在脑海里的却只有几句话：他研制成了一种新型贝氏体钢材料，填补国内多项空白，但得不到有关方面的支持，科研工作阻力重重。至于他讲的许多过程，难在哪里，关键突破在哪里，国际国内同类材料的技术水平如何，新工艺、新材料的实际应用价值多大等，还似懂非懂。

冶金是一门特别复杂的学科。就拿钢来说，不同的配方会得到不同的钢；同样的配方进了炉子，出来的钢也可以不同。钒、铬、锰、钼、钨等元素的成分稍作改动或者先后顺序变化，或者温度保持时间不同，最后得到的结晶体都不同。钢的性能优劣就在这些诸多因素的组合之中，差之毫厘，谬以千里。要炼出一种好钢真比大海捞针还难。

在一篇新闻稿里要把这么多东西讲清楚、讲透彻是很难的。走出方鸿生教授的实验室，我去新华书店买了一本大学教材《冶金学》。读完这本书，大概弄清楚了炼钢的步骤、过程和原理。

新闻报道与科普文章不同，重点在新闻而不是科学道理；《人民日报》有别于专业报刊，重点在报道科技人员的报国精神，而不是局限于技术细节。尽管如此，作为报道这个新闻的记者，还是应该把成果的技术背景和原理搞清楚，让稿件中的每一句话都不要外行，轻重拿捏恰到好处，这就是我要啃《冶金学》的初衷。刚与柔是一对矛盾，坚硬的钢往往脆，容易折断；韧性好的钢又硬度不够。方鸿生教授研发的新型贝氏体钢之所以是一个重大突破，就是做到了对碳元素的精确把控，实现了刚柔相济，打破了长期以来我国飞机起落架材料依赖进口的局面。方鸿生教授带领的团队攻克了这项技术难关，怎么样让这种科研攻关的精神得到社会的认可，进而促进其产业化则是新闻记者的职责所在。

真庆幸工作在《人民日报》这个温暖的集体。当我需要帮助时，身边的同志会主动伸出援手；当我向他们请教时，他们都会放下手中工作耐心地给予解答。在这里无论职位高低，大家都称同志，年轻人姓前加一个“小”字，年长一点的姓前加一个“老”字，放心去叫，不用担心自己礼节不周。例如，胡绩伟大家叫他“老胡”，范敬宜大家叫他“老范”，杨振武大家叫他“老杨”，也有例外，保育钧大家叫“大保”。那一次，我从清华大学采访回来趴在桌上写稿已有几天了，而稿子还没个样子。第一稿写了 6000 字；第二稿分上下篇，共 8000 字，还是不敢拿出手。一位老同事关切地走到我跟前说：“小贾，新同志写稿要慢慢来，先从短稿开始，不要急。”老同志此话虽然是好心帮我，但我已经骑虎难下，因为樊主任和科技组组长两位领导带我去采访，不写出个像样的稿子怎么行，这个硬骨头必须啃下来。于是写了撕，撕了写，直到第 18 天晚上回到家，当一双脚浸泡在热水里时，思路突然洞开。我急忙叫妻子取来稿纸，伏在膝盖上一口气写了1700字。稿子见报后，李仁臣副总编辑作了批示，樊主任叫我马上去他办公室。

李仁臣副总编辑分管教科文部，他是著名政论家，散文、摄影也十分出色。我作为一名新丁，又是第一篇实习稿，撞到老李这位行家手上肯定是凶多吉少，想到这里，禁不住心怦怦直跳。一进门，老樊却笑眯眯地递给我一个信封，里面装着三页用办公便笺写的信，是老李对我稿子的批示。批示有三层意见，第一，认为此稿是难得的头版头条好新闻，不应在教科文新闻版处理；第二，今后遇到类似稿件不要急于处理；第三，对此稿提出的问题要做跟踪报道。

遵照李总的指示，我们对清华大学的“贝氏体钢”科研成果继续进行了长达五六年的跟踪报道。其间，在科技部的支持下，清华大学成立了实业公司，我国的贝氏体钢实现了产业化。

这篇稿子今天看来还显幼嫩，标题空泛，但它作为我的处女作，还是给了我信心，是我新闻职业生涯的一块基石。

◎ **附录：**

艰难的跨越　广阔的前景

——记“新型空冷贝氏体钢”的产业化

（《人民日报》1992. 04. 15 第3版 作者：贾西平）

对清华大学材料系教授方鸿生来说，1987年是很不平凡的一年。这一年，他和郑燕康等人一起发明的“新型空冷贝氏体钢”（新贝钢）荣获了国家发明二等奖；这一年，他在美国讲学，一家美国钢铁公司欲以200万美元巨资独家购买新贝钢的技术，并以优裕的工作和生活条件挽留他在美国工作，他谢绝了；这一年，他怀着发展中国自己贝钢事业的宏愿走下飞机，回到了祖国的怀抱……

（一）

本世纪30年代，一位叫贝茵的美国人发现，钢从730℃迅速冷却到500℃左右时，有一种特殊的结晶出现。后来的研究者称之为贝氏体。由贝氏体组成的钢，既有很高的硬度，又有良好的韧性，是一种不可多得的优良钢种。

外国人在过去的60多年里，一直都是采用加入稀有元素钼、钨和复杂的热处理方法来得到贝氏体钢，价格十分昂贵，除非特殊需要，一般无人问津。最新的国际水平，也只能做到在空冷条件下生产含碳量0.2%的钼、硼系列贝氏体钢。由于添加了稀有元素钼，故价格仍居高不下。

方鸿生等人发明的新贝钢，不需要添加稀有元素、也不需要复杂的热处理。不仅价格低廉，而且能生产低碳、中碳和中高碳贝氏体钢。这一发明，打破了半个多世纪以来限制贝钢广泛应用的瓶口，是冶金科学技术的一项重大突破。

（二）

科研成果，只是商品的胚胎。要将实验室的成果转化为大规模的商品生产，还需要投入大量的人力、物力和财力，进行新产品试制、不断完善工艺、实行质量控制、保证成品率等等。对贝氏体钢的生产而言，这一过程则更加复杂和艰巨，涉及冶金、矿山、机械等大型传统产业。

清华大学不具备工业性试验的条件。不靠兄弟单位协作，研究开发就如纸上谈兵。

方鸿生等人带着成果，在全国各地奔走呼吁，找寻知音。

然而，历史形成的格局，寻找协作单位遇到了想象不到的困难。有些企业，宁肯生产性能指标停留在几十年前的老产品，却不肯接受这个“计划外项目”；有些同志虽了解新贝钢的先进性，却因其推广应用的困难而却步；明明是优质的产品，有的用户却以“非指定供货渠道”而拒之门外。尽管该项目曾先后列入国家“六五”攻关和“七五”推广项目，但国家的投入十分有限。

如何建立起一个有利于科研成果转化的渠道？政府职能部门应采取什么

有力的措施给予保证？部门、行业间的条块分割何时才能打破？方鸿生和他的科研小组，从内心发出了对改革的呼唤。

不改革，研究开发就要停滞。不改革，我们领先的优势就要消失。

（三）

中国迈着改革开放的步伐跨进了90年代。一直负责我国特种钢进出口业务的经贸部五金矿产公司，慧眼识金。他们懂得国际上钢材的行情，知道方鸿生等人发明的新贝钢在国际上的领先水平。这些平日经营进出口的“生意人”，多么希望把中国人自己发明的好钢拿到国际市场上去显耀！

他们四处奔走，不顾一些同志对新贝钢的种种疑虑，毅然决定与清华大学联营，筹建技工贸一体化的北京贝钢公司，为这一高水平科研成果的产业化创造条件。他们先后在唐山丰南一个县办企业的基础上投资1500多万元，兴建贝钢总厂，在河北省和江西省分别投资兴建了两个磨球厂。这三个厂撑起了北京贝钢公司这个实体。公司的建立，为方鸿生和他的助手们提供了一个将科研成果转化为商品的试验和生产基地。

（四）

一种新钢的问世，将带动相关的产业发生连锁性的变革，给社会创造难以估量的财富。贝钢产品推广使用后，不断传来激动人心的消息：

——新贝钢磨球在江西德新铜矿使用。经实测，每吨矿石的磨球消耗0.59公斤，仅为进口磨球磨耗的1/2—1/3。全国年消耗磨球130万吨，若全部改用新贝钢磨球，一年可节约铸钢65万吨以上。

——新贝钢车辆弹簧与普通钢弹簧相比，省去了淬火工序，避免了零件的脱碳和变形，使弹簧质量大大提高，每吨成本降低100元左右。

——新贝钢塑料模具，由于具有微变形、高光洁度和高硬度，成品率从原来的25%提高到100%，成本大幅度下降。

——向澳大利亚、东南亚和非洲等地试销了30吨贝氏体钢样品，1000吨磨球。外商大加赞赏：“中国的钢球太好了！”

在艰难的拼搏中，新贝钢的创业者们终于走出了一条产业化的道路。

4. 写一篇稿子上一个台阶

成为一名专业新闻工作者之后，我给自己提出要求：写一篇稿子上一个台阶，不满足每天完成一份工作。

一篇稿子，要达到出版要求不难，要吸引读者却很难。以消息为例，提炼导语改上三四遍不为多。一项不大的新闻事件，写一篇消息好还是写一篇特写好，或是采用其他报道方式，需要仔细考虑。新闻写作无定法，没有人规定必须怎么写。记者心里要装着读者，多为读者着想，就知道从何处下笔。首先导语要吸引读者，否则人家不看；第二得让人读了导语之后还想往下看；第三得让读者有所收获，从稿子中得到信息、学到知识或受到启发。

1992 年 6 月 4 日，中科院高能物理所等单位为我国学界泰斗赵忠尧教授举办九十大寿庆祝活动。活动在北京正负电子对撞机会议大厅举行。我来到会场采访，看到高朋满座，名家云集，诺贝尔物理学奖得主杨振宁、李政道，美籍著名华裔科学家顾毓秀，国内著名科学家王淦昌、周光召、朱光亚等都到了。赵忠尧是我国核物理三杰钱三强、邓稼先、周光召的老师，杨振宁、李政道也称他老师。在世界科学史上，赵忠尧第一次发现了正电子的存在，第一个发现反物质，最早观测到正、负电子湮灭辐射，他还是我国核物理研究和加速器建造事业的开拓者。

怎么报道这一新闻？写成消息，不利于反映会场的师生亲情，而用特写的形式较为灵活一些。从哪个角度报道？现场最感人的是中国人的尊师传统，那些六七十岁的白发人，在赵老师面前，都变成了毕恭毕敬的小学生。如果仅写这一点，虽然感人，但会落入俗套。我注意观察北京正负电子对撞机周围的环境，看到邓小平的题词和照片，了解到他对这项工程的关怀和在中央财政紧张的情况下果断拨款支持，以及他对我国发展高科技寄予的殷切希望。把祝寿活动与发展高科技结合起来，就能使这一活动的意义得到升华，也更具新闻性。但新闻报道不是评论，记者不能用议论性语言来阐明观点，于是我就通过对现场的描写，报道事实，让事实说话，让与会者说话，把我要表达的观点和倾向寓于所要报道的事实之中。

晚上，我把写好的新闻稿交给总编室主任李济国先生。他把文字顺了一遍，把标题改为“高徒贺名师”。这篇稿子发表后获人民日报现场短新闻征文比赛三等奖。

◎ **附录：**

高徒贺名师

——赵忠尧九十诞辰纪事

（《人民日报》1992.06.05 第4版 作者：贾西平）

六月四日上午，中科院高能物理所报告厅内，座无虚席。台前摆放的花篮告诉人们，今天是赵忠尧老师的生日。

轮到物理学家郑志鹏发言时，他代表同学们献给老师的是一首诗：

一九二八—一九三〇年间/一个重要的现象——正负电子产生和湮灭被发现/这是物理学发展史上的一个里程碑/发现者中出现了中国人的名字——赵忠尧/半个多世纪过去了/在发现者的故乡/建起了高能高亮度的正负电子对撞机……

由邓小平同志题名的“北京正负电子对撞机”，就坐落在报告厅的附近。在这个地方庆祝我国核物理鼻祖赵忠尧教授的九十寿辰，使人感到自豪和鼓舞。

赵忠尧教授在近七十年的科研与教学生涯中，为我国物理学界培养了几代人才，真可称“桃李满天下”。因此，今天的来宾们几乎都称他“赵老师”。

著名科学家周光召、王淦昌、朱光亚、吴健雄、杨振宁、余瑞璜、梅镇岳等分别走上前去，向赵老师鞠躬祝贺，赵老师立即站起来微笑着一一回礼。这些已过花甲之年的老科学家们，讲起当年赵老师对自己的教诲时，深深地沉浸在幸福的回忆中。

曾在西南联大受教于赵老师的杨振宁教授在发言中，介绍了自己一九八九年与人合写的一篇论文。这篇论文澄清了长期以来国际物理学界的一些是非，用事实说明赵忠尧教授一九二八—一九三〇年间在发现正电子中做出的杰出贡献。

李政道教授今天把一幅 τ 粒子质量测量谱图送给赵老师，并亲切地说："赵老师，中国高能物理学家前不久对 τ 粒子的测量，是近两年来在粒子物理方面的最伟大的发现。而做这项工作的，是您培养的几代科学人才，而且是用北京正负电子对撞机和北京谱议做出来的。"

赵老师在最后发言中说："看到祖国科技事业兴旺发达，我感到欣慰。"

5. 带着竞争意识采访

作为一名记者，报道先进就要学习先进，要有股子干劲，不怕困难，无惧压力，在压力下跑步前进。日本作家井上靖说："毫无竞争意识就不能采访，换句话说，没有竞争意识，采访是不能想象的。因此，在记者的活动中，经常有运动场上的惊险动作——他要不断地决一胜负。"（井上靖《记者的形象》）新闻记者的自豪感就在于敢面对一切挑战。

1992年10月，我奉命赴长沙国防科技大学采访"银河二型"10亿次巨型计算机。在20世纪八九十年代，计算机峰值运算速度达到每秒1亿次以上就称为巨型机，被"巴黎统筹委员会"列为对华禁运产品。我国经济国防等要害部门的发展被掐住了脖子。中国国家气象局从美国进口了一台亿次机用于天气预报分析，美方要求实时监控，生怕该机被用作其他用途。这次我国研制成功10亿次计算机，比进口的巨型机浮点运算速度高出一个数量级，而且开发出了自己的大型计算机操作系统，掌握了一整套核心技术，打破了西方国家在这一高科技领域对我国的封锁，对我国的经济国防建设意义巨大。

报社决定派我去采访这项重大成果。入职不久能得到这样一个采访机会，内心十分兴奋，但兴奋之余不免有些惶恐，因为我还没有外出采访的经验，万一耽误了《人民日报》重大新闻报道，得吃不了兜着走。压力有时也是动力，我顶着压力出征了。

到了长沙，按照部队规定进行登记，领取采访证件，接受保密教育，不该看的不看，不该说的不说。采访时间一周，稿件要求统一审核，并且规定了送审时间和发稿时间。中央新闻单位中，新华社、《解放军报》都派了三名记者，电视台人手更多一些，而《人民日报》仅我一人。

在国防科大举行的每一次集体采访中，我都全神贯注，加上有电子技术方面的知识和实践，比较容易理解银河二巨型计算机系统的原理和技术突破，与专家的交流也比较顺利，因此在较短的时间内就获取了丰富的新闻素材，留出了充分的时间来打腹稿，而有的同行却要先整理录音，然后从整理的文字稿里寻找新闻，非常辛苦。

深秋的长沙，招待所已有些阴冷，每日采访回来我坐在床上构思，一坐就是一两个钟头。在文章有了雏形之后，我却在不知不觉中患上了感冒。经协商，新华社记者执笔与我合写一篇消息供新华社发通稿，我则执笔写一篇评论和一篇通讯供《人民日报》使用。这两篇稿我打算第一篇写成评论员文章，赞扬科技人员为国争光的攻关精神，另一篇写成通讯《智慧与实力的决战》，在国际科技竞争的大背景下，报道我国科技工作者不畏强手、勇于攀登世界科技高峰的事迹。这篇通讯突出了"智慧""实力"四个字。在高科技竞争中，拼蛮力不行，必须要智慧，要有与世界顶尖人才比拼的智慧；同时要有"实力"，这个实力既是团队的实力，也是社会主义国家集中力量凝聚起来的实力。当我们的智慧与实力积累到一定程度的时候，就迎来了决战的庄严时刻，而银河二巨型计算机系统就是中国人在高科技领域组织的一次决战，中国赢了！这三篇新闻稿周日晚间传回报社，次日在《人民日报》和《人民日报·海外版》的头版头条位置和封底要闻版同时刊出，产生了极大的社会影响。评论员文章经值班老总润色，其他两篇稿几乎没有改动。

从事新闻工作短短几个月，我完成了几次大的采访，可以说写一篇稿子登上一个台阶。在做好科技报道的前提下，对于其他领域的新闻只要遇上了，都把它当成自己学习锻炼的一次机会，努力做好报道。陈章良是一位非常优秀的青年科学家，29 岁当上北京大学生物系主任，30 岁获得贾乌德·侯赛因青年科学家奖。他在北京大学生物系锐意改革，冲破了一个禁区，搅动了一潭死水，在全国高校产生很大的影响。我利用与他一起开会的机会，对他进行了采访，及时把他的大胆改革举措报道出去，引起了广泛关注。

◎ **附录：**

去年七月走马上任的北京大学生物系主任陈章良教授，进行了四个多月的教育改革尝试，引起一连串反响。这种尝试，震撼着北大，也震撼着教育界——

陈章良的三步棋

（《人民日报》1993.01.04 第3版 作者：贾西平）

去年7月陈章良上任后，首当其冲的就是经济围城。在这个牌子响、名气大的北大生物系里，教师们却生活拮据，人心浮动。一年全系的人均奖金仅100余元，每月不到10块钱。有的年轻教师干脆当着系领导的面说："这里的奖金低得使人无法忍受！"

论文数居全国之冠，是好事；科研力量雄厚，是优势；国家"863"生物工程课题仅这个系就承担了13个，这是光荣。但与成果只有一步之遥的推广转化工作被忽视了，则是他们的不足。捧着金饭碗没饭吃，天下常有这般滑稽的事情。

科研水平的提高，教育改革的深化，都维系在教师队伍稳定这根弦上。陈章良跑到北京新技术开发区，谈了他们想办一个生物工程公司的想法，开发区的同志说："你们早该办公司了。现在许多冒充生物工程的公司都发了财，而你们地地道道的高水平生物工程成果却在研究室里睡大觉。"

"北大生物工程公司"挂牌第一个月，国内8家制药厂相继接受技术，公司仅转让费一项就收入逾百万元。系里沸腾了，北大震动了。大家交头接耳，喜形于色。"研究成果换回钱来了！"一些老教师第一次领到300元奖金，真有点儿不大相信眼前这个事实。

两个月过去了，公司账面收入达300多万元。同时，500万美元的外资投过来了，与湛江合资的"北大湛江生物工程公司"成立了。三家国内公司和一家外国公司还计划与北大合资兴建投资额达1亿多元的大规模公司，生产生物工程系列产品。第一步棋走得如此精彩，大大超出陈章良的预料。

第二步棋：改革分配制度。陈章良认为，"多教少教一个样，教好教坏一个样"，这种不公平的分配方式，只会扼杀人才，扼杀积极性。要打破这种分配方式会有阻力，但势在必行。

如今有经济基础了，许多事做起来也比较容易了。系里规定：上一节课补贴6元钱。一门200学时的课程，教师可以收入1200元。干多干少从此不一样了，许多人都想上讲台，并且认真教书。后勤工作，多劳多得。每人按时填表，申报工作量。系主任根据表格进行抽查核实。没有课、没有科研任务，又没有做其他工作的人，每月只发给基本奖150元。

“150元真不少啊！”陈章良听到这种议论后解释说，现在有任务的职工除基本奖外，附加奖已拿到200~300元，而一些暂时没有任务的同志也有种种原因，系里又有经济能力，所以把基本奖数额提高一些，使大家都从改革中得到实惠，这有利于改革的深入。

有一位拿钱少的人在接受采访时说：“拿钱少我不高兴，但我认为这样做是对的。明年我也争取多做工作。”

分配和考核方式改变之后，给系里各方面的工作带来了新面貌。现在上班，人员整齐。教师教书的积极性高了，搞科研的劲头足了。过去复印机、试验中心的仪器坏了没有人修，影响使用。对仪器管理实行承包后，计工作量，仪器保养不善要扣分，现在大家使用仪器时，可以得到热情的服务。系里还为文艺演出队买了上万元的卡拉OK音响系统。这次全校汇演，生物系夺得第一名，全系师生情绪进一步高涨。陈章良深有体会地说，经济是基础，大家尝到了改革的甜头，也就增强了对改革的承受能力。

“学校是培养人才的园地，教育改革才是重头。”陈章良接着谈他的第三步棋——机构与学科建设。

生命科学是未来世纪一个领头的学科，在工业、农业、环境等方面的应用进展极为迅速。中关村科学城的标志，不是光，不是电，而是“DNA双螺旋模型结构”。在美国的硅谷，生物工程也在崛起。教育的发展，必须适应未来科学技术的发展。而我国几十年沿用的教学体系，专业越分越细，学生学的知识面越来越窄。课程的设置也被管死了，要上一门新课很不容易。新学科建不起来，老学科培养出的学生不容易分配出去，因此学科建设刻不容缓。

我们要为国家培养科技帅才，所以有必要打破专业划分过细的格局，合并有关专业，让学生在一个大视野里去学习知识。为此，我们计划在时机成熟时，进行取消教研室、减少二级领导机构的尝试。裁减冗员，让系主任直接与每一位教师见面。我们要保护老教师，也要支持有名望专家们的工作，但最重要的还是要培育新的力量，发展新的东西。

目前第三步刚刚开始，肯定会遇到许多困难，但我们要在探索中前进。陈章良最后说，北大生物系最近买了10套三室一厅的住房，专留给今后从国外回来的博士后和副教授使用。他热忱欢迎在国外学习的同行来北大一道工作。据了解，陈章良领导的科研组里，先期回国的学者已有6位，其中2人承担着国家“863”项目。最近，这10套新购住房已被两位新主人预订，他们将于今年6月份回国。

6. 转载《邓稼先》得罪杨振宁

杨振宁先生一篇大作叫《邓稼先》，经《人民日报》1993 年 8 月 21 日转载之后，被选入人民教育出版社编写的中学语文课本，成为爱国主义教育的生动教材。可能很少有人知道，刊发这篇文章曾引起杨振宁先生对我的不满。

1993 年 8 月的一天，我在航天系统青年科技人才会议上巧遇杨振宁先生。那时他还在美国纽约州立大学石溪分校任教，兼任香港中文大学教授，回国后在各地作一些讲演，反响非常热烈。我想向他索取讲演稿供《人民日报》刊用，于是就主动上前打招呼。杨先生很热情，说有篇稿子叫《邓稼先》，是他为怀念同学邓稼先写的，可以给《人民日报》发表，并很严肃地说，稿子不能随意删改，并要注明原载香港《二十一世纪》。对先生的交代我点头称是。

邓稼先是我国著名的核物理学家、“两弹”元勋。邓稼先和杨振宁在北平崇德中学同学一年，在西南联大时亦师亦友，又先后留学美国，同屋居住长达两年。50 多年的友谊，亲如兄弟。1950 年，邓稼先回到祖国，从此便与身在美国的杨振宁天各一方。

回国之后的邓稼先在著名核物理学家钱三强的领导下，投入到原子弹、氢弹研究工作中。1964 年 10 月 16 日，中国第一颗原子弹试验成功；1967 年 6 月 17 日，中国第一颗氢弹又在罗布泊上空爆响。

1971 年夏，杨振宁回到中国，在北京见到阔别 22 年的邓稼先，问是不是像国外传言所说，有一位美国科学家帮助中国研究原子弹，邓稼先说他觉得没有，不过确切情况要再证实一下。两周后，即将离开上海去美国的杨振宁收到邓稼先一张纸条，上面写着：经证实，除了早期得到苏联极少外援外，中国的原子武器工程没有任何外国人参加。这张纸条给了杨振宁极大的感情震荡，一时热泪满眶，不得不起身到洗手间平复情绪。

杨先生把这篇文章交给了我，我很高兴，因为这篇文章肯定会引起轰动。杨振宁先生提出的要求也合情合理，因为首发是香港《二十一世纪》，我们转载理应注明出处，以示尊重别人的版权。

我回报社后，原原本本地把杨振宁先生的意见转述给了部门一位领导。领导说《二十一世纪》是境外刊物，《人民日报》不能转载境外刊物的文章，另外《人民日报》转载文章从来不登歌曲简谱，这必须删掉。次日文章《邓稼先》见报了，杨先生叮嘱的两点意见都没落实。

数日后，杨振宁在美国看到了《人民日报》，即对我表示抗议。在我提出补救方案后，他又让他香港中文大学的秘书给我寄来一封航空信。信是他亲笔写的：

贾西平：

我已回美国，你九月一日的FAX自香港转来。所拟补正声明很好，但请注意，《廿一世纪》应为《二十一世纪》。

香港《文汇报》于8月23日、24日转载了贵报的转载（我特请我在香港的秘书寄上），我于23日看见该报，曾与该报编辑通电话，所以24日的转载比较满意。匆祝好，并请将补正声明刊出后寄到香港。

杨振宁

93年，9月2日

副本寄香港中文大学《二十一世纪》

当时我很尴尬，也很内疚。我向先生作了承诺，他是出于信任才把稿件交给我的，而当时我们却没有版权意识，忽视了这个细节，让一件好事留下了遗憾。杨先生要求《人民日报》更正不太困难，但道歉恐怕不可能。因此，我在跟杨振宁先生的沟通中，小心翼翼地给他写了一封个人表示歉意的信，然后附了我草拟的一份拟在《人民日报》上刊登的“更正”，请他过目。杨先生回信，表示同意。这个问题就这样折中地解决了。

第二次见到杨振宁是2004年夏，画家范曾创作完成了一幅巨幅国画《大师》，邀请杨振宁先生和一些朋友到他家赏画，我也在被邀之列。范曾住在北京北郊的碧水庄园。我们到得稍早，就在主人的带领下参观屋内陈设的文物。不一会儿，杨振宁到了。他身着便装，脚穿运动鞋，有一位女学生陪同。在150平方米大的画厅中，已经完稿的巨幅国画仍贴在墙上。画面中杨振宁与数学家陈省身相对而坐，和颜悦色，其神情手势，活灵活现。陈省身是世界级的数学家，他在微分几何学领域建树卓越，是当之无愧的数学大师。杨振宁在理论物理学界的大师地位也无人撼动。把两位大师挚友画在一幅画中，这是范曾酝酿多年的一个创意。他并允诺，画作将来要挂在陈省身先生创办的南开数学研究所新落成的大楼里。杨振宁指着画说："陈省身先生画得真像！"回过头对着众人说："你们看我，像不像？"大家说："像，太像了！"杨振宁高兴地说："是很像。"画的右上方题写："奇文共欣赏，疑义相与析。"左边题写七律一首："纷繁造化赋玄黄，宇宙浑茫即大荒。递变时空皆有数，迁流物类总成场。天衣剪掇丛无缝，太极平衡律是纲。巨擘从来诗作魄，真情妙悟铸文章。"这首诗把杨振宁、陈省身的科学研究都概括进去了，称得上一首绝妙的科学诗。赏画之后，宾主落座聊天品茶，只见庭院中，两只仙鹤在绿地上徜徉。不幸的是，陈省身先生当年年底就驾鹤西去了，享年93岁。

事隔24年后，我在香港一次会议上第三次见到杨振宁，谈起当年转载《邓稼先》时发生的差错，先生淡淡一笑。翁帆小姐给我与先生拍合影时，先生目光不够集中，翁帆喊："Darling，看这边！"翁帆拍的几张合影留在了我的手机中，这是宝贵的纪念。我也祝愿杨先生与翁帆小姐生活幸福，健康长寿！

◎ **附录：**

邓稼先

（《人民日报》1993.08.21 第3版 作者：杨振宁）

从"任人宰割"到"站起来了"

100年以前，甲午战争和八国联军的时代，恐怕是中华民族五千年历史上最黑暗最悲惨的时代。只举1898年为例：

德国强占山东胶州湾，“租借”99年。

俄国强占辽宁旅顺大连，“租借”25年。

法国强占广东广州湾，“租借”99年。

英国强占山东威海卫与香港新界。前者“租借”25年，后者“租借”99年。

那是任人宰割的时代，是有亡国灭种的危险的时代。

今天，一个世纪以后，中国人站起来了。

这是千千万万人努力的结果，是许许多多可歌可泣的英雄人物创造出来的，在20世纪人类历史上可能是最重要的，影响最深远的巨大转变。

对这巨大转变作出了巨大贡献的有一位长期以来鲜为人知的科学家：邓稼先(1924—1986)。

两弹元勋

邓稼先于1924年出生在安徽省怀宁县。在北平上小学和中学以后，于1945年自昆明西南联大毕业。1948到1950年在美国普渡大学(Purdue University)读理论物理，得到博士学位后立即乘船回国，1950年10月到中国科学院工作。1958年8月被任命带领几十个大学毕业生开始研究原子弹制造的理论。

这以后28年间邓稼先始终站在中国原子武器设计制造和研究的第一线，领导许多学者和技术人员，成功地设计了中国的原子弹和氢弹，把中华民族国防自卫武器引导到了世界先进水平：

1964年10月16日中国爆炸了第一颗原子弹。

1967年6月17日中国爆炸了第一颗氢弹。

这些日子是中华民族五千年历史上的重要日子，是中华民族完全摆脱任人宰割时代的新生日子！

1967年以后邓稼先继续他的工作，至死不懈，对国防武器作出了许多新的巨大贡献。

1985年8月邓稼先做了切除直肠癌的手术。次年3月又做了第二次手术。在这期间他和于敏联合署名写了一份关于中华人民共和国核武器发展的建议书。1986年5月邓稼先再做了第三次手术，7月29日因全身大出血而逝世。

“鞠躬尽瘁，死而后已。”正好准确地描述了他的一生。

邓稼先是中华民族核武器事业的奠基人和开拓者。张爱萍将军称他为“两弹元勋”，他是当之无愧的。

邓稼先与奥本海默

抗战开始以前的一年，1936到1937年，稼先和我在北平崇德中学同学一年。后来抗战时期在西南联大我们又是同学。以后他在美国留学的两年期间我们曾住同屋，50年的友谊，亲如兄弟。

1949年到1966年我在普林斯顿高等学术研究所工作，前后17年的时间里所长都是物理学家奥本海默(Oppenheimer，1904—1967)。当时他是美国家喻户晓的人物，因为他曾成功地领导战时美国的原子弹制造工作。高等学术研究所是一个很小的研究所，物理教授最多的时候只有5个人，包括奥本海默，所以他和我很熟识。

奥本海默和邓稼先分别是美国和中国原子弹设计的领导人，各是两国的功臣，可是他们的性格和为人截然不同——甚至可以说他们走向了两个相反的极端。

奥本海默是一个拔尖的人物，锋芒毕露。他二十几岁的时候在德国哥廷根镇做波恩(Born，1882—1970)的研究生。波恩在他晚年所写的自传中说研究生奥本海默常常在别人做学术报告时(包括波恩做学术报告时)，打断报告，走上讲台拿起粉笔说“这可以用底下的办法做得更好……”。我认识奥本海默时他已40多岁了，已经是家喻户晓的人物了，打断别人的报告，使演讲者难堪的事仍然不时出现，不过比起以前要较少出现一些。

奥本海默的演讲十分吸引人。他善于辞令，听者往往会着迷。1964年为了庆祝他60岁的生日，3位同事和我编辑了一期《近代物理评论》，在前言中我们写道：

他的文章不可以速读。它们包容了优雅的风格和节奏。它们描述了近世科学时代人类所面临的多种复杂的问题，详尽而奥妙。

像他的文章一样，奥本海默是一个复杂的人。佩服他、仰慕他的人很多。不喜欢他的人也不少。

邓稼先则是一个最不要引人注目的人物。和他谈话几分钟就看出他是忠厚平实的人。他诚真坦白，从不骄人。他没有小心眼儿，一生喜欢“纯”字所代表的品格。在我所认识的知识分子当中，包括中国人和外国人，他是最有中国农民的朴实气质的人。

我想邓稼先的气质和品格是他所以能成功地领导许许多多各阶层工作者为中华民族作了历史性贡献的原因：人们知道他没有私心，人们绝对相信他。

文革初期他所在的研究院(九院)成立了两派群众组织，对吵对打，和当时全国其他单位一样。而邓稼先竟有能力说服两派继续工作，于1967年6月成功地制成了氢弹。

1971年，在他和他的同事们被“四人帮”批判围攻的时候，如果你和我去和工宣队军宣队讲理，恐怕要出惨案。邓稼先去了，竟能说服工宣队军宣队的队员。这是真正的奇迹。

邓稼先是中国几千年传统文化所孕育出来的有最高奉献精神的儿子。

邓稼先是中国共产党的理想党员。

我以为邓稼先如果是美国人，不可能成功地领导美国原子弹工程；奥本海默如果是中国人，也不可能成功地领导中国原子弹工程。当初选聘他们的人，钱三强和葛若夫斯(Groves)，可谓真正有知人之明，而且对中国社会，美国社会各有深入的认识。

民族感情？友情？

1971年我第一次访问中华人民共和国。在北京见到阔别了22年的稼先。在那以前，于1964年中国原子弹试爆以后，美国报章上就已经再三提到稼先是此事业的重要领导人。与此同时还有一些谣言说1948年3月去了中国的寒春(中文名字，原名Joan Hinton)曾参与中国原子弹工程。(寒春曾于40年代初在洛斯阿拉姆斯(Los Alamos)武器试验室做费米(Fermi)的助手，参加了美国原子弹的制造，那时她是年轻的研究生。)

1971年8月在北京我看到稼先时避免问他的工作地点。他自已说“在外地工作”。我就没有再问。但我曾问他，是不是寒春曾参加中国原子弹工作，像美国谣言所说的那样。他说他觉得没有，他会再去证实一下，然后告诉我。

1971年8月16日，在我离开上海经巴黎回美国的前夕，上海市领导人在上海大厦请我吃饭。席中有人送了一封信给我，是稼先写的，说他已证实了，中国原子武器工程中除了最早于1959年底以前曾得到苏联的极少“援助”以外，没有任何外国人参加。

此封短短的信给了我极大的感情震荡。一时热泪满眶，不得不起身去洗手间整容。事后我追想为什么会有那样大的感情震荡，为了民族的自豪？为了稼先而感到骄傲？——我始终想不清楚。

我不能走

青海、新疆、神秘的古罗布泊、马革裹尸的战场。不知道稼先有没有想起我们在昆明时一起背诵的吊古战场文：

浩浩乎！平沙无垠，不见人。河水萦带，群山纠纷。黯兮惨悴，风悲日曛。蓬断草枯，凛若霜晨。鸟飞不下，兽铤亡群。亭长告余曰：“此古战场也！常覆三军。往往鬼哭，天阴则闻！”

稼先在蓬断草枯的沙漠中埋葬同事，埋葬下属的时候不知是什么心情？

“粗估”参数的时候，要有物理直觉；筹划昼夜不断的计算时，要有数学见地；决定方案时，要有勇进的胆识，又要有稳健的判断。可是理论是否够准确永远是一个问题。不知稼先在关键性的方案上签字的时候，手有没有颤抖？

戈壁滩上常常风沙呼啸，气温往往在零下30多度。核武器试验时大大小小临时的问题必层出不穷。稼先虽有“福将”之称，意外总是不能免的。1982年，他做了核武器研究院院长以后，一次井下突然有一个信号测不到了，大家十分焦虑，人们劝他回去。他只说了一句话：我不能走。

假如有一天哪位导演要摄制邓稼先传，我要向他建议背景音乐采用五四时代的一首歌，我儿时从父亲口中学到的：

中国男儿　中国男儿
要将双手撑天空
长江大河亚洲之东　峨峨昆仑
古今多少奇丈夫
碎首黄尘燕然勒功　至今热血犹殷红

我父亲诞生于1896年，那是中华民族仍陷于任人宰割的时代。他一生都喜欢这首歌曲。

永恒的骄傲

稼先逝世以后，在我写给他夫人许鹿希的电报与书信中有下面几段话：

——稼先为人忠诚纯正，是我最敬爱的挚友。他的无私的精神与巨大的贡献是你的也是我的永恒的骄傲。

——稼先去世的消息使我想起了他和我半个世纪的友情。我知道我将永远珍惜这些记忆。希望你在此沉痛的日子里多从长远的历史角度去看稼先和你的一生，只有真正永恒的才是有价值的。

——邓稼先的一生是有方向、有意识地前进的。没有彷徨，没有矛盾。

——是的，如果稼先再次选择他的途径的话，他仍会走他已走过的道路。这是他的性格与品质。能这样估价自己一生的人不多，我们应为稼先庆幸！

（原载香港《二十一世纪》）

7. 率先报道中国互联网

新闻记者对一切新的动向都要密切关注，一旦机会出现，就要敢于抢先报道。

“互联网”(Internet)一词，如今风靡全球，妇孺皆知，可是在 20 多年前叫得最响的却是另一个词“信息高速公路”(Information Highway)。

美国克林顿总统的副手艾伯特·戈尔虽然在 2000 年的大选中败给了小布什，总统梦碎，但他有两项功绩世人不应忘记。一是他从 1992 年起就极力鼓吹“信息高速公路”和“数字地球”，促进了全球信息革命的到来；另一个是他在全球气候变化与环境问题上的贡献。

我的同事、新闻宣传史和网络舆论研究学者祝华新在他 2019 年 4 月 20 日的一篇网文中这样写道：

> 一早起来，看到一个段子：今天是什么日子？如果答周末，那是宅男；如果说是谷雨，那就不小心暴露了年龄，是有些老派的中老年了；如果说是中国全功能接入国际互联网 25 周年，那么恭喜你，你有一颗与时俱进的不老心！
>
> 1994 年 4 月，正值美国华盛顿樱花绽放的季节，有一位中国科学家，为了一个渴望绽放的梦想而来。她就是时任中国科学院副院长的胡启恒。胡启恒利用此次参加中美科技合作联委会的机会，找到了美国自然科学基金会负责互联网对外合作的斯蒂芬·沃尔夫。两人一交谈，沃尔夫就笑了，他很爽快地说：“你回去就可以开通了。”沃尔夫所说的“开通”，指的正是中国互联网。就这样，在得到国内高层批准后，中国于 1994 年 4 月 20 日，正式接入国际互联网。

胡启恒副院长此次访美不久，1994 年 7 月 18 日，《人民日报》发表了我采写的长篇通讯《通向未来的路——建设我国信息高速网络采访札记》，这是全国第一篇全面报道中国信息高速网络建设的文章，披露了中国一流科技智囊的决策内幕和工作策略。文章预言：中国有可能以信息化为契机，大大加速从农业社会、工业社会跨入信息社会的步伐。这一点，在20多年后的今天，早已变成了现实。这篇报道可以作为研究中国互联网发展史的权威资料。

当时中国的信息技术和产业水平不高，安装一部家用固定电话都得找关系托人，排队拿号，至于信息网络、信息产业都被认为是一件遥不可及的事。但了解国际前沿动态的一些科技专家很着急，他们预感到一场新技术革命的浪潮已经来到，如果不迎头赶上，我们国家会被发达国家甩得更远。在国家对科技投入很低的情况下，科学家们却一直都在为国筹谋，想办法跟踪国外发展，提出了不少适合国情的建议方案，也在实验室开展了多项跟踪研究课题，且很有成效。当时科技界进行的这些工作分散在科研院校的各个实验室之中，不为外界所知。新闻报道几乎都是翻炒国外的媒体报道，接受媒体采访的人士由于并非一线专家，问答常常不得要领，致使一些错误信息以讹传讹。我注意到了这些情况，并早早开始收集有关资料，打算作一深入采访。我的这个想法得到了时任中国科学院副院长胡启恒和相关同志的指导和帮助，使我有机会采访我国在科研一线工作的顶级专家，参观他们的实验室。科技新闻记者既要有新闻敏感，能及时捕捉报道时机，又要严谨细致。无论下了多少工夫，有多少新鲜内容，如果出现大的硬伤，也会让报道变得一文不值。为慎重起见，我把写好的稿子报送胡启恒副院长审阅，她阅后批示："此文没有一句华而不实的话，分寸把握恰到好处。"科学院同志告诉我，这是胡院长对你稿子的最高评价。此文见报后获《人民日报》好新闻一等奖，全国优秀科普作品一等奖。

◎ **附录：**

通向未来的路
——建设我国高速信息网采访札记

（《人民日报》1994.07.18 第3版 作者：贾西平）

一个世界性话题，关于信息高速公路的话题，骤然间在中国的传媒上频繁出现。

“信息高速公路”所指不是跑汽车的公路，说的是由光缆构成的高速通道和用电缆、无线传输系统等中、低速通道组成的大型信息网络。这个网络四通八达，畅通无阻。文字、声音、图像都以数字流的形式在这个“公路”上迅跑，传递人们需要的一切信息。因此，我国的专家更准确地称之为高速信息网络。

这是一种可以极大地改变我们的工作与生活方式的高新技术。

根据目前已经部分实现了的试验，我们可以初步描绘出这样一种令人兴奋的图景：

用高速信息网把政府机关、教育科研部门、银行、保险、医院、商店、企业、娱乐场所甚至家家户户连接起来之后，人们使用设在家中的多媒体电脑终端，就可彼此共享信息资源，产生一种天涯若比邻的效果。快速提取自己所需的信息，就会像今天使用电话一样方便。

你去买药么？那么，你不用去药店，而只需仔细看一看终端屏幕上的“货架”。如果把镜头推近，连药品的说明书都可看得清清楚楚。你可在瞬间从这家药店转向另一家药店，无论二者实际相距多远。

你要参加一次有关三峡水库的专家论证会么？那么，你坐在家里参加电视会议即可，随时与别人交流情况，随时查阅国内外资料，还可以把自己的设计图展示给大家看，共同讨论修改。

正因为信息高速公路有这么大的作用，1993 年 9 月，美国提出用 20 年时间，投资 4000～5000 亿美元，建设信息高速公路的计划，同年，欧共体宣布投资 1500 亿欧元建设“欧洲信息空间”，日本宣布投资 9500 万美元研究“信息流通新干线”，只有 300 万人口的新加坡竟打算投资 12.5 亿美元建设“国家信息基础设施”。今年又有英国、法国、加拿大、韩国宣布投巨资建设信息高速公路。

面对这种席卷全球的信息化浪潮，正在进行现代化建设的中国不能等闲视之。

不断增长的公众需求

装电话难已成为一个全国性的“热点”问题，尽管各地的程控交换机纷纷上马，安装电话的数量成倍增加，但是待装电话户数仍居高不下；

北京市电信市场自1990年后的发展速度一直高出国民经济增长率10个百分点，1993年达到48.6%的增长率；

1984年我国开始使用无线寻呼电话(BP机)，很快全国有1000多个城市开展此项业务，我国BP机的数量一举跃至世界第三位；

国内外均有人士预言，以我国目前的GNP值水平，还远远不是有线电视大发展的时候，然而实际情况却与这种预言相悖，几年工夫有线电视网几乎覆盖了我国中等以上城市；

深圳、上海、北京等地已开办了“电话银行”，用户足不出户就可以办理转账、外汇买卖、查询汇率及证券交易的信息，还可办理股票的委托买卖；

前不久，北京几位电信专家到南方调研，当问到一些大公司的老总们需要什么样的通信系统时，他们竟异口同声地说，国际上什么最先进，我们就需要什么，因为我们的业务要与国际接轨。

实际的发展常常超出人们的预料。如今，以高性能计算机和现代通信技术为代表的信息技术已在我国各个领域应用；由计划经济转为社会主义市场经济之后，新型生产关系对信息的需求大大增加。与人类正在走向信息时代的步调相一致，信息化的浪潮正在神州大地涌动，其涛声就在我们耳旁震响。

北京邮电大学副校长、博士生导师钟义信教授分析了上述情况之后认为：“我国的经济发展已经对国家高速信息网提出了强烈的需求，而且这种需求随着经济的发展将变得更加迫切。”

中国：两步走的设想

“我们有那么多钱吗?”“中国有些地方连电话都没有，还谈什么高速信息网!”这些议论都从一个侧面触及到了问题的关键。的确，我们不能不考虑我国财力有限、经济科技发展不平衡这一现实。这也是建设我国高速信息网的出发点。

尽管我国沿海发达地区对信息化的需求很强烈，但从全国看，我们的信息化水平还很低。

据国家统计局公布的数字，近几年我国电子信息服务业营业额每年只有40亿元左右，而全世界信息服务业的产值在1991年已达2030亿美元。全民信息意识不强，开发手段落后，从业人员素质有待提高等都是我们的弱点。

谢希德、师昌绪等院士在"关于尽快建设连接全国主要高等学校和科研机构的计算机网络的建议"中指出：建设高速公路是普通公路网不能满足需要时的必然发展，而这只能发生在拥有大量车辆和人人都会驾驶的情况下。建设国家信息高速公路也是同样的道理。他们建议利用目前邮电部门已建成的全国中低速数据通信线路，把全国高校和科研单位连起来，组成一个教育科研专用网，使这一部分迫切需要用计算机网络进行教学、研究的人员先满足使用，以便为今后的全国高速信息网络积累经验和培养人才。

受中国科学院委托，中科院院士、著名电信专家叶培大和陈俊亮领导的一个研究小组，则具体地提出了分两步走的战略方案。

第一步，到2000年，初步建成国家高速信息网的骨干网。主要进行中低速信息传输，部分地区可进行高速信息传输。该骨干网中包括一批为经济建设服务的专用子系统，主要为经济相对发达地区提供服务，但又为第二步网络功能大规模扩展打下基础。

第二步，到2020年，基本建成覆盖全国的国家高速信息网，大部分节点都采用先进交换系统，大部分地区都可进行高速信息传输。网络覆盖国民经济各部门和社会生活各主要领域，成为支持我国经济发展和社会进步的先进的强大的信息基础结构。

科学家的远见卓识

我们应该感谢我国科学家们的远见卓识，他们早在9年前提出的"863"计划中，就列进了今天建设高速信息网络所需的关键技术。这使我们今天已具备了一定的技术实力，不需要从头做起。

据钟义信教授介绍，高速信息网由两大块组成，一块是高速通信网平台，另一块是各种专用信息系统。“863”计划通信主题中的“宽带化智能化个人化综合业务数据网”，恰好是高速信息网中的高速通信网平台部分的技术。“863”智能计算机主题、光电子主题、信息获取与处理主题、计算机集成生产系统主题及机器人主题，恰好是高速信息网中各种专用信息系统的基本技术。因此，可以说，我们在技术上是有所准备的。

我国邮电部门目前已可向社会提供服务的“中国分组数据通信网”已覆盖全国省会城市，另一个全国数字数据网的骨干网也已建成，覆盖21个大中城市。虽然这两个网都是中低速网，但它们可以在我国建立高速信息网的第一步战略目标中发挥作用。我国明年将基本完成的22条光缆主干线，可形成以北京为中心向全国辐射的格局。这些覆盖全国主要大中城市的光纤网，能用于形成全国高速传输平台，是我国高速信息网的重要基础。与这22条光缆相连接的还有20条省际微波干线和19座地球卫星站。这三者可形成一个立体的国家数字通信骨干网。

另据了解，目前仅北京地区就有4个地区性小网分别与国际网相连。还有一些数目不详的地区性网络正在建设中。归口电子部的以“三金”工程为龙头的金融网，也是一个高效的全国性卫星数据通信网。这个网络目前刚刚启动，它的建设将为我国专用应用系统创造宝贵经验。

显然上述这些网络将来都可以纳入国家高速信息网之中，并且成为其基础。世界上其他国家在建设自己的信息高速公路时，也无一例外地都是在原信息系统基础上进行的。现在的问题是如何有效利用这些基础。如同建筑材料一样，如果不按统一的设计规格进行，这些“材料”可能得不到有效利用，有的可能成为一堆废物。对此，专家们认为，应由政府组成强有力的班子，统一协调我国高速信息网的建设工作。

关于建设投资问题，专家们认为，国家的投资主要集中在主干网方面，按照“两步走”的战略，投资力度已大大减轻。专门应用信息系统则主要由用户自己投资建设。这样做不仅减轻了国家负担，而且可使我国的高速信息网络建设始终以应用为驱动力，做到建成一段，应用一段，见效一段。

优势稍纵即逝

建设高速信息网耗资巨大，实际的建设和研究工作可能要持续二三十年。对这样一项跨世纪的工程，无论我们今天多么慎重地考虑都不为过。但同时应记住：及早启动，时不我待。

谁也没有想到，1970年美国人用气相沉积法制造的一根石英光纤会导致今日的信息高速公路。据邮电部科技委教授级高级工程师钱宗珏介绍，当时我国是世界上光纤技术领先的国家之一。我国科研人员紧随美国之后，于1974年制出第一根国产光纤。美国人1970年制造出室温下可连续激射的半导体激光器，用于光纤通信，仅5年之后，我国也制造出类似的器件。1979年9月，上海、北京等地建成了用于市内电话中继线路的光纤通信系统试验段，仅比美国芝加哥市的世界上第一条市内中继光纤电信系统段晚两年多一点。

但是，当全世界1992年底已敷设了1600万公里的光缆之时，我国的光缆只有2.2万公里，尚不足前者的1/700！

优势稍纵即逝，在高技术领域，任何犹豫、徘徊都可能造成巨大的差距。

无论我们面临着多少困难，我国的高速信息网已经在酝酿中启动了。外国舆论认为，正是由于我国信息化的水平低，所以没有包袱，可以建设最先进的系统。有人预言，中国有可能以信息化为契机，大大加速从农业社会、工业社会跨入信息社会的步伐。

多少个世纪以前，由于中国的陶瓷文明，中国被西方人以China（陶瓷）相称。今天，中国高速信息网计划的英文缩写也是CHINA（Chinese High-speed Information Network Approach）。这种文字上的巧合是否预示着我们会以信息化的成功再次著称于世呢？

我们的未来不是梦，只要努力！

8. 外出采访留意旧报纸

对于新闻记者来说，既然不是所有的第一现场都可以抵达，那么就有必要研究如何对待间接材料的问题。

新闻教科书中要求记者奔赴新闻第一现场，因为记者抵达第一现场才能增强新闻报道的真实感、现场感。一般来讲，这个要求是合情合理的。比如一架飞机坠毁的现场，记者可以到达；城市里的大型集会现场，火灾、凶杀现场，记者也应该可以到达。但不是所有现场记者都可以到达的，比如月球探测器在月球背面着陆的情况，记者只能通过科技人员的介绍和看影像才能报道；再比如量子卫星“墨子号”，我们也只能听潘建伟院士介绍才勉强了解一个大意。记者面对的是大千世界，而这个世界在飞速变化，它的复杂性远远超过了记者的能力所及。不要说有的现场记者根本无法到达，有的现场即使到达了也未必看得清楚，更何况还有眼见未必属实的现象。

我见过一些外国驻华记者，更认识许多中国驻外的记者，他们都是大新闻机构中的资深记者。他们在工作中，并非所有新闻都到现场；反之，多数新闻不到现场。他们通过研究当地媒体获得新闻线索，然后仔细甄别真伪，核实事实，最后完成报道；只有少量需要独家调查的新闻才会深入现场寻访当事人。很多信息其实在大众传媒中，记者应该学会从传媒中筛选新闻线索和证据，发现故事和细节。1996 年深秋，国家科技部组织“星火计划”采访团赴辽宁营口采访。这是一项关于科学种田的活动，但那时东北已经很冷了，田里没有绿色，只剩下干枯的玉米秆曲卷着叶子在寒风中瑟瑟发抖。采访团走村串户也只能听听村民介绍。看到这种情况，我跑到县里一间办公室，看到他们有一份《星火周报》，于是就借来旧报纸，连夜翻阅，发现了许多有趣的故事和信息。第二天采访时，我把这些线索向他们一一核实、补正。采访结束，完成了一篇内容丰富的报道，获科技部科技好新闻奖。我不敢说自己的稿子好，但肯定比那些一路走一路记的同行掌握的信息多。我每次外出采访，都十分注意阅读当地的报纸和书籍，哪怕是酒店里放的宣传册也不放过，见到介绍当地风景名胜风土人情的书籍，挑几本买下来，并在此次行程内读完。新闻记者来到一个陌生环境中采访，对自己的第一感觉要保持怀疑态度，因为它很可能是大惊小怪。只有做了深入调研、反复查证之后才会接近真相。而广泛收集当地网络和报纸、书籍上的信息，对记者了解新环境非常有用。如果一味等待到新闻现场拿第一手材料，就会丧失许多捕捉新闻的机会，让采访活动流于形式而无所收获。

采访过程是新闻记者一个复杂的智力劳动过程，强调间接获取新闻信息并非不赞成记者抵达新闻现场，而是为了补充说明中外记者在实际工作中大量借助间接方式报道新闻。到不到现场是形式，本质问题是新闻报道必须真实。记者无论采取什么方法，只要能写出最接近于事实真相的新闻报道就没有什么可以指责的。

9. 仰慕你，中关村北二条三号！

《人民日报》原副总编梁衡说，新闻记者“出门跌一跤，也抓一把土”。新闻有时就在记者眼皮子底下，莫让它溜走。

1996年2月22日，《人民日报》头版头条发表了我采写的长篇通讯《仰慕你，中关村北二条三号！》，这篇稿件就是从一个鉴定会上捡来的。当时北京每天都有好几个鉴定会，记者一般都是吃一餐饭拎一包纪念品走人，回头发个简讯。我参加北京大学李新章教授研制的“中文直接印刷技术系统”鉴定会时，没有满足于发个简讯，而是去寻找成果背后更大的新闻。参会时吸引我的有两点：第一，这是一项具有自主知识产权的创新成果。它接收电脑编辑系统数据后直接生成印版，省去了制作胶片的过程，实现了印刷系统的全自动化，既能缩短出版时间，也减少材料消耗，应用价值很大。第二，听参会的人说，李新章教授把给女儿准备的嫁妆钱都用来做实验了。我由此判断背后应该有更大的新闻，于是就向李新章教授提出进一步采访的请求，他愉快地接受了。

第二天，我乘公交车来到位于中关村北二条三号的李新章实验室采访。一进门就惊呆了，这个实验室相当破旧、阴暗，墙皮都快掉光了，墙角有灭鼠的毒饵。后来我才知道这个实验室是50年代中科院研制氢弹时的旧址，闲置多年后被李教授弄过来做了实验室。

虽然实验室相当破旧，但是进进出出的人却不一般，有饱经风霜的高工，有头发花白的教授，还有几位血气方刚的研究生，大家挤在这小小的房子里面做研发，彼此关系很融洽，从他们的言谈中可感到一种创业者的豪情。这个场景一下子打动了我，脑子里立刻跳跃出《陋室铭》中的句子：“谈笑有鸿儒，往来无白丁……”我兴奋起来了，感到自己抓住了一条“大活鱼”！

一周之内连续进行了三次采访，每次谈几小时，把激光直接印刷设备的整个研制过程，中间的各种坎坷都调查清楚后，写出了这篇通讯。送审稿的标题叫《陋室励志》，范敬宜总编辑把文章的最后一句话搬上来改作了大题，叫《仰慕你，中关村北二条三号!》。

范总是文章大家，但他为人谦和，在改稿时总是十分尊重作者。比如这篇稿件，范总在小样上批道："把最后一句话当做标题是不是可行?"我有在范总领导下工作数年的宝贵经历，如今回想起来真是点点滴滴在心头。感恩之情，无以言表。斯人已逝，风范长存。

◎ **附录：**

仰慕你，中关村北二条三号！

——北京大学物理系光学应用技术研究室艰苦创业记

（《人民日报》，记者：贾西平）

北京中关村北二条三号，有一幢破旧的房子，门上手掌大一张白纸上写着："北京大学物理系光学应用技术研究室"——我国印刷业告别铅与火之后的一个新的突破就产生在这里。

"谈笑有鸿儒，往来无白丁"

激光照排系统使印刷出版业告别了铅与火，但后道工序仍靠胶片加剪刀的手工操作，再经过晒版制版才能完成。在这个研究室诞生了我国首台实用计算机直接制版系统，它把计算机编辑系统输出的信息直接制成印版，全面实现了印刷出版的自动化!

记者来这里采访，眼见这幢两层旧楼房，上层为木板地不能承重，仅设了几间休息室；下层有20多平方米，放着各种仪器设备。室内光线出乎意料的暗，借助几盏灯光，可以看清斑驳脱落的墙皮。一位年轻人说："那是夏天漏雨冲的。"简朴的木制桌椅有的已无法使用。坐椅是地摊上卖的那种塑料小椅子。墙角、桌子下放着毒饵，可见这屋常有耗子出没。

看到这些，我简直无法把它与“高精尖”联系起来，然而事实却不容置疑。

一位头发稀疏的老教师正坐在设备旁，凭着一盏用铁网子罩起来的灯泡，用剪刀剪着比纸还薄的铜片，剪出一个小方片用手捏着伸进布满电路板和连线的设备内部一试，拿出来再剪去比头发丝儿还细的一点儿，又试。研究室主任李新章教授介绍说：“这是在进行设备调试。目前调试的除了计算机直接制版系统的第二台样机外，主要是新开发的半自动直接制版系统。”

令人惊奇的是，当中关村电子街上许多人都忙着进公司赚钱的时候，却有一批高层次的研究人员安心在这简陋的环境中工作。他们有教授、高工、副研究员，具有硕士、学士学位的年轻人，高级技工等近20人。

“你在这儿干不觉得亏吗?”我向一位叫钟灿涛的硕士提问。他从1988年起，一直在这儿工作。

“同学中间流传着这样一句话，跟着李老师，个人想赚钱没戏，想干事准成。我们现在做的事，也许一时见不到效益，但它是为民族产业奠基，我感到很充实。”他说。

小小的屋子，荟萃了这么一批对事业着迷的人。清贫而自信，不慕浮华又耐得住寂寞。站在这里，我忽然想起唐朝诗人刘禹锡的名篇《陋室铭》。这不仅仅是“谈笑有鸿儒，往来无白丁”，更有陋室容不下的志向。

“五年不行十年，十年不行十五年”

早在1983年，李新章教授在王选教授领导下参与完成我国第一套激光照排系统原理样机之后，就把计算机直接制版作为他的下一个目标。

计算机直接制版需要很均匀的扫描光源、精密的机械控制和感光速度很快的印版。当时发达国家也在摸索，不少公司对研制道路上的一个个拦路虎望而却步。我们经费短缺，技术储备少，工业基础弱，能搞这个高精尖的项目吗?

李新章想：“计算机直接制版是新技术发展的方向，我国肯定要搞。干下去，5年不行10年，10年不行15年，总会有成果的。”在他心目中，不在荣誉面前陶醉，不断地从已达到的高度上向顶峰攀登，才称得上一个有贡献的知识分子。

广泛调研，制成原理样机，赶在日本人之前制成高速印版，转眼到了1990年夏天。

因上吐下泻躺在床上的李新章，突然对他的老搭档谭国英教授喊道："我不粘了！"谭国英睁大双眼望去，只见李新章消瘦的脸庞黑里透黄，倔强的嘴唇抿得紧紧的，忍不住心头一酸。要把计算机编辑系统输出的电子信息直接"写"在印版上，国际上都采用激光扫描。而激光光源不仅价格昂贵，且均匀性不好。要制造性能优良、可满足彩色印刷的系统，必须独辟蹊径。李新章大胆采用发光二极管作光源，为了扩大扫描幅面，他们曾试图把多个扫描头粘在一起，但这样带来的工艺困难无法克服，困扰了他们很长时间。此刻，李老师突然说不粘了，肯定有了使课题绝处逢生的想法。谭国英赶忙走过去。

"我们不粘了，我们采取多头分区扫描的办法。"李新章说，"就像打扫操场一样，操场大可以用一排人扫，也可以把人分散，分片包干。"

"太妙啦！"于是他俩跑去找负责结构设计的昆明机床厂总工周庠，三个人熬了大半夜，一项新颖的设计诞生了。以后又经大家不断改进，形成了我国独创的"发光二极管作光源多路光纤直接耦合同时扫描"的方案，闯过了制胜的一关。

"只差一步，只要我们咬牙再坚持一下！"

搞产品与搞研究不同，有了好的设计如果不能实际应用，结果等于零。1994年8月，他们长期孕育的产儿眼看就要降生了，但是，由于研究室条件简陋，经反复测试后拿到昆明开鉴定会的样机，却因精度误差使扫描出来的印版根本不能用。一时间，舆论哗然。李新章仔细分析后认为，是系统中一些关键部件不合格所致，解决的办法只能是该换的换。但"买"对他们来说是一个最沉重的字眼儿。搞课题12年来，国家投了180万元，自筹了200万元，能借的地方都借遍了，能省的地方都省了，谈买何易。

他们苦苦支撑到1995年暑假，李新章连自己家里那点存款也用光了。

恰在此时，光学扫描头的制作又因环境、工艺条件不具备而屡屡受挫。

没有光学扫描头，如同写字没有笔。此时不断传来12年前与李新章几乎同时起步的外国公司制成同类系统的消息。这是一次高科技领域的竞争。这是一场旷日持久的超级马拉松。拼争了12年的李新章眼看着快出生的“婴儿”要胎死腹中，伤心极了：“年底搞不成，我们都完蛋。我也该退休了。”正在和李新章一起做实验的高级工程师宋炳麟听后大吃一惊：“李老师，以往遇到困难都是您鼓励我们，今天让我鼓励鼓励您吧。我们一定会成功，现在只差一步，只要我们咬牙再坚持一下！”……

李新章和他的同事们终于坚持到了胜利。经过钟灿涛、黄杰峰等青年科技人员的艰苦调试，1995年9月，我国独立研制的计算机直接制版系统与国际市场同步投入使用，在石家庄日报社制版印刷《人民日报》第八至十二版。1995年12月30日，这套系统在北京通过了电子工业部产品定型鉴定。经过12年艰苦创业，他们终于走到了产业化的门口！让我们看一看鉴定会上专家们的评论吧：

中科院院士王选：20年前我就有这个梦想，现在实现了。李新章教授在任何情况下都硬着头皮干，这种艰苦奋斗的精神值得我们学习。这个成果如果在外国至少需要10倍以上的投资。

鉴定委员会主任郭平欣教授：这个成果的取得使我国在今后的国际竞争中处于领先地位，说明我们中国科学家是有才干的。

中国的《陋室铭》有句名言：“山不在高，有仙则名。水不在深，有龙则灵。”英国也有句谚语：“最出色的成绩往往出于最简陋的房子。”看来，古今中外，此理相通。中关村里这间破旧的小屋，因为有了李新章教授和他的同事们，有了他们创造的那些一流水准的成果，而变得四壁生辉，成为科技工作者为祖国强盛而拼搏的阵地。我仰慕你，中关村北二条3号！

10. 为东方科学之星立传

当发现一位真正有故事的人时，就要有为他立传的决心，尽力把稿子写饱满，写成一件作品。这个机会如果没有抓住，就会留下遗憾。

1997年6月我接受了一项采访任务，要与中央新闻单位采访组赴上海，采访回国留学人员、上海瑞金医院血液研究所陈竺院士。陈竺的简要情况是：(1)他从分子生物学和细胞学的角度阐明了用全反式维甲酸和三氧化二砷(砒霜)治疗急性早幼粒细胞白血病的机理，使这一疾病的治愈率达到90%以上；(2)他44岁就当选了中国科学院院士，在国际医学界享有很高的声誉；(3)1989年回到祖国；(4)他与妻子陈赛娟均为法国巴黎第七大学博士。采访这样高层次的科学家，我非常希望能深挖他的内心世界，写他与别人不一样的地方，而不是用一些高帽子和套话来敷衍。但是到上海之后，央媒记者们与上海当地的同行一起采访，很多人聚在一个大屋子里提问，问题五花八门难以集中。尽管陈竺十分配合，有问必答，但还是无法作深入采访。我抽空跑到陈竺父母家去，请两位老人谈谈他们的儿子。老人给我讲了陈竺在江西插队时的情形，讲他工作之余坚持学习医学和法语，还谈到陈竺废寝忘食的工作，忽视了身体健康。采访老人之后，我提出单独采访陈竺，他答应了。我便单刀直入地问他为什么要回国，希望他把回国时和在机场及飞机上十多个小时的思想活动详细讲给我听。他谈得很坦率。我还跑到陈竺、陈赛娟的实验室，拍了他们的工作照，并采访了几位实验室的研究生。回到北京我用了一个通宵写出一万字的稿子，并给这篇稿子起了一个扬眉吐气的标题《东方科学之星》。我明白，在《人民日报》新闻版上发万字长文绝非易事，大清早在把稿子交给樊明经主任时对他说："这不是正式的稿子，这几天要在驾校考杆，怕耽误统一发稿时间，先写个初稿您看行不行。"下午，樊主任把稿子退还我，改了好几个错别字，但只批了一个字："行!"接到稿子，我高兴得几乎跳了起来。发排后出了一米多长的小样，被一位老同志看见，他说："这是谁的稿子，这么长！"长稿子有长稿子的麻烦。本来总编辑已经批示安排头版，但因要闻爆满挤不上去，只好在一版作导读、全文放五版。不巧又遇上五版有一条广告，稿子需要删掉3000字。我迟疑不动，总编室同事跑过来催。最后《东方科学之星》一文被删掉3000字，以7800字刊出。

如今陈竺已是全国人大常委会副委员长、国家领导人，在科学研究上仍屡有新的建树。前几年我见到他时问他为什么还这么忙，他说以前做的一些研究工作现在到了收获期，如果放弃十分可惜，所以还在继续做。

《东方科学之星》这篇文章是20多年前的作品，今天翻开重读，依然觉得没有过时。特别是对于陈竺在回国途中心理的描写是真实传神的。在他心里，当时正是这样想的，朋友的话还在影响着他的心情。因为飞机需要转弯，塞纳河、埃菲尔铁塔都是可以看得到的，触景生情，他回忆往事，5年留法生活自然会一幕一幕地浮现出来。这些描写，包括对巴黎上空的描写，对飞机上座位的描写，都在烘托他这个人此刻的复杂心情。这些情节是记者跟他详细交谈之后得到的，不是杜撰出来的。这些情节铺垫在这里，对下文故事的展开，对刻画这个人物，都非常有用。通讯的成败确实就在于构思。如果没有一个巧妙的构思，好的故事材料也可能无法打动人。

◎ **附录：**

东方科学之星

——记中科院院士、上海瑞金医院血研所所长陈竺

（《人民日报》1997.06.12 第5版 作者：贾西平）

一个高科技研究群体，一个在治疗白血病的国际前沿争创第一、不甘第二的群体，在东方的地平线上崛起了。它的带头人就是年仅44岁的中国科学院院士、上海第二医科大学附属瑞金医院血液研究所所长陈竺。

白血病，又称血癌，虽然它在癌症死亡率的排位表上列第六位，但对于青少年癌症患者来说，则高居各类癌症之首。8 年来，这个研究群体在白血病的细胞和分子生物学领域以及临床诊断治疗中获得重大突破，取得了 8 项世界先进水平的成果，为千千万万个白血病患者打开了一条重返健康的希望之路，摘下了美国凯特琳奖、瑞士布鲁巴赫奖等多项世界癌症研究领域的桂冠。日前，法国全国抗癌联盟又决定，将 1997 年度卢瓦兹奖首次授予一位外国科学家——陈竺，以表彰他在这一领域的杰出成就。

特定时空下的漫长旅行

1989 年 7 月 3 日，一架有鲜红国旗图案的中国民航飞机在巴黎戴高乐机场升空后，向着东方的天际飞去。

这是一次特定时空下寂寞而漫长的航行，飞机上大约 2/3 的坐椅都空着。紧靠舷窗的两个坐席上，年轻的中国留学生陈竺博士和他的妻子陈赛娟博士，肩并肩地坐着，显得格外自信和镇静，似乎刚刚在机场送别时，老师们对他回国后能否继续搞研究的担忧以及早些时候有关他回国准备“吃政治饭”的传闻，丝毫没有影响他的心情。

陈竺向窗外望了望，依稀可见塞纳河的碧波和埃菲尔铁塔的雄姿，心里默念道：“别了，巴黎。”五年的留法生活像历史的画卷，一幅一幅地在他的眼前闪过……

改革开放的春风刚刚吹醒神州大地的 1978 年，已经自学了高中数理化课程，并初步掌握了英、法两门外语的“工农兵中专生”陈竺，以专业考分第一名的成绩成为上海第二医科大学王振义教授的硕士研究生。列于第二位的，就是日后成为他妻子的陈赛娟。在王振义教授的指导下，陈竺学业进步很快，在《中华医学》英文版上发表了三篇有关血友病的论文，引起国际医学界的关注，被接纳为国际血友病联盟会员，成为该联盟中第一个中国人。1984 年，陈竺来到法国巴黎圣・路易医院血液中心实验室任外籍住院医师，一年后攻读博士研究生，主修分子生物学。这个欧洲最大的血液病研究中心，汇集了诺贝尔奖得主让・道塞等一大批著名学者。在这个研究生班里，共有 19 名同学，而来自非法语区域的学生只有陈竺一人。陈竺在这里如饥似渴地学习，常常通宵达旦。在一次用法语应答的理论考试中，陈竺一鸣惊人，竟考了第一名。紧接着在第一年的考试中，陈竺以“白血病T细胞受体基因的研究”的论文，再一次夺得全班第一。对于陈竺，他的导师是这样评价的：“陈竺的整个工作显示了高质量的科学精神，以及在实验过程中非常高度的逻辑性，所有论文均发表于高水平的国际杂志上，而他则是大部分论文的第一作者……”

导师的诺贝尔奖也是在艰苦条件下奋斗出来的

此时此刻，坐在丈夫旁边的陈赛娟心情很不平静。1986年1月，她狠心抛下不到两岁的儿子，来到陈竺学习和工作的研究所，攻读细胞遗传学博士学位。她接手的第一个课题，就是一个高深的细胞遗传学课题，攻了整整半年，未见一丝成功的曙光。陈竺来助战，几个月后依然因技术原因陷于困境。

1987年的圣诞之夜，法国的同行都回家去了。在这万家灯火的时刻，陈竺夫妇仍像往常一样来到实验室。实验室一位老技术员无意间给他们讲述了圣·路易医院研究所领头人之一——让·道塞教授的故事：第二次世界大战结束后，弃医从军的让·道塞脱下军装，回到圣·路易医院继续搞科研。当时他草创的实验室根本不像今天这样现代化，只有几间破旧的房子，设备也十分简陋。但让·道塞教授沉迷于科研之中，坚持数年奋斗不辍，在经历了无数艰辛与挫折之后，他终于发现了“移植抗原”，并以此荣获了诺贝尔奖……

这个故事深深地打动了陈竺夫妇，他们明白了，导师的诺贝尔奖也是在艰苦条件下奋斗出来的，科学研究无坦途，当荆棘丛生，茫然不知所措之际，也许就是你已走到成功边沿之时。

他们抖擞精神，再度上马，此后的两年中，科研工作出现重大转折，灵感的火花时时迸射，实验操作一路绿灯。夫妇俩合作发表了6篇论文，在白血病分子生物学研究领域取得了被法国同行称誉的“突破性成果”。这一成果找到了染色体断裂的确切位置，并提出了新的断裂点集中区域的概念，之后被国际同行广泛采纳……

回国去，与王振义教授会师：教癌细胞“改邪归正”

飞机在阿拉伯联合酋长国城市沙加停留，这是从巴黎飞往北京中途的一站。同行的旅客有的在这里凭栏远眺，欣赏异国风情，有的到机场商店去购买金首饰。而陈竺夫妇，却小心翼翼地从行李架上取下试剂箱抱在怀里。这些试剂是他们回国前向法国抗癌基金会争取的10万法郎购买的科研器材的一部分，也是他们回国后开展工作的基础。

多少年来，人类对于白血病束手无策，直到本世纪40年代化疗的出现，才使这种状况有所改变。然而化疗的负面效应显而易见，打一个比方，化疗是将人体细胞不分良莠地“集体枪毙”。自70年代末国际上提出诱导分化治疗白血病的思路后，王振义教授就成为这一思路的积极探索者。他设想找出一种会分辨“敌我”的药物，在不伤害“无辜”的前提下，对癌细胞进行“教养改造”，使之“改邪归正”，变成正常细胞。现在，他终于找到了这种药物，即“全反式维甲酸”。而该药过去仅用于皮肤病的治疗。

1986年，正在法国求学的陈竺，接到导师王振义教授从国内发出的信：用诱导分化法临床治疗白血病获重大突破。一个9岁的白血病女孩在化疗后出现高烧，感染，出血，肛周脓肿，生命垂危。王振义在征得患者家属同意后，尝试用全反式维甲酸药物对患者进行抢救治疗。结果，奇迹出现了：用药一周后，病人高烧退了，感染好转；三个月后，病情完全缓解；一年、两年过去，病人康复了(十几年后的今天，当年的病孩还健康地活着)！

这是世界上第一例用全反式维甲酸成功治愈的白血病患者。

陈竺兴奋不已，对妻子说：“临床药物的成功，需要得到机理研究的支持，才能具有普遍意义。我认定了今后的研究方向，从分子生物学的理论高度来进一步阐明王老师的临床效果。这也是我们自己研究特色的基础。我们回去，和王老师会师！”

听说陈竺夫妇要回国，法国的老师们劝他们说：留下来，你们会有灿烂的前程。甚至有人预言：回国，你们将一无所有。

一无所有也要回去。原因很简单：科学无国界，而科学家有祖国。在法留学几年来，他们魂牵梦萦的正是自己的祖国。就连他们博士论文的扉页上也工整地写着：献给我的祖国。1989年初夏的一天，即将回国的陈竺再一次来到巴黎金碧辉煌的卢浮宫。他在为无数放射着人类文明之光的艺术杰作赞叹之时，也为过去被侵略者掠夺而来的一批祖国瑰宝而感到压抑和痛苦。

“已经站起来的中国，有着五千年文明史的中国，应该有能力，应该有信心，应该有精神，高昂起头，站立在世界民族之林！”想到这里，一股无比巨大的力量传遍他的全身。他一定要回国，要用自己的智慧和力量去报效自己的祖国。

小小实验室的灯光常常亮到黎明

飞机从沙加起飞不久，便进入了祖国辽阔的领空。陈竺感到机舱里顿时温暖起来。

陈赛娟的心里也非常激动。她1986年去法国时，孩子刚刚会走路，会讲话。白天实验室的工作非常忙，他们有时干到夜里十一二点，才乘末班地铁回家。躺在床上虽然很累，但睡不着，她为远在上海的父母担忧。想到父母身体不好，还为他们带小孩，刮风、下雨、下雪，把身体累坏了怎么办……

1989年7月4日，陈竺、陈赛娟博士回到了上海第二医科大学附属瑞金医院。当时，担任血液研究所所长职务的王振义教授只是一个“皮包所长”，条件很艰苦。陈竺要建血液研究室更是缺人、缺设备，甚至没有一间像样的房子。他们一路上小心翼翼带回的试剂也没有低温冰箱来存放。一个星期后，因寄放的低温冰箱故障，这些价值几万法郎的试剂竟全部报废了！陈赛娟后来说：“那真是哭也哭得出来。”一开始做实验，由于没有相关设备，他们要到外边的实验室去“借做”；没有交通工具，陈竺就骑着自行车，把那些贵重娇气的标本、试剂、试管及实验材料轻轻地放在车筐里，四处奔走。艰苦的条件，并没有吓倒陈竺。他们小小实验室的灯光常常闪亮到黎明。学校和医院也各尽所能，在物力和财力上给予支持。医院在房源极困难的情况下，腾出两间屋子给他们作实验室；“试剂泡汤事件”之后，院方特批给实验室一台低温冰箱；人员，要谁给谁，全力支持；市科委、市教委、国家自然基金委、863计划的经费，在竞争中，也在许多前辈科学家的关照下源源而来。在各方面的大力支持下，陈竺实验室的研究工作迅速展开。

美国纽约西奈山医院魏克斯曼实验室，是当今世界癌肿分化诱导最先进的研究单位之一。陈竺有赴该院作为期三个月访问研究的机会，他动员妻子自费随同前往，以便于通过国际合作把高层次的研究工作开展起来。

起初，对方并不怎么看重他们。陈赛娟在实验室里只是一名“义务打工者”。一次魏克斯曼与陈竺谈了话，发现这两个中国人的水平不一般。于是请陈竺在实验室作一次报告。结果令美国同行刮目相看。他们对陈竺说：“没有想到在你们中国能做出如此出色的工作。”魏克斯曼教授又建议陈竺在全院学术大会上作报告，陈竺再次登上讲台，再次受到欢迎。一个月后，陈竺夫妇的研究获得实质性进展。魏克斯曼教授终于按捺不住地提出：“你们留下来，在这里你们将得到最优厚的待遇。”陈竺夫妇相视一笑，说：“如果想在发达国家搞科研，1989 年我们就不会从法国回到中国了。”一句话，说得魏克斯曼教授的眼眶有些湿润，他被这一对年轻夫妇的爱国情怀打动了，说：“我懂你们了，我会帮助你们，帮助你们在中国的事业！”

陈竺夫妇在西奈山医院的三个月里，合作写出了三篇有关维甲酸诱导分化治疗白血病基因研究的论文，对监测急性早幼粒白血病的残余病变及该病的早期预报复发具有重要的临床意义。这三篇论文也被魏克斯曼教授称为“我们整个实验室的骄傲”。临行前，魏克斯曼给陈竺实验室一份 22.5 万美元的厚礼，以支持双方的合作研究。

巧遇张庭栋教授：携手让癌细胞凋亡

当陈竺得知哈尔滨医科大学张庭栋教授等用砒霜治疗早幼粒细胞性白血病，取得时间长短不一的完全缓解的消息后，便开始与哈尔滨同行的合作，全力以赴地投入到癌细胞凋亡机理的研究中。所谓凋亡理论，是一种设想让癌细胞“自杀”的理论，诱导那些无法“教育改造”的癌细胞走向灭亡。

“文革”期间的哈尔滨医科大学曾派遣从事中西医结合的张庭栋教授和一支医疗队到农村去寻访古方。张教授等发现一种用于治疗关节炎、皮肤病的秘方，其成分是砒霜。尽管这种药物口服时会偶发严重的不良反应，包括肝损害甚至导致恶性肿瘤，但是低剂量静脉滴注可以大大减轻它的毒性。他检验了这种药物对许多癌症的疗效，发现对急性早幼粒细胞性白血病特别有效。

陈竺不赞成某些人把古方、验方一概贬为旁门左道。他认为临床有效，就一定有其科学的道理。作为一个理论工作者，正是要用现代科学去揭示其中的机理。一年多后，陈竺带领的研究小组与哈尔滨小组合作在国际权威杂志《血液》上发表论文，揭示了三氧化二砷(即砒霜)是通过诱导癌细胞凋亡(细胞程序性死亡)而发挥作用的。这一发现使砒霜这个古老的药物，正式步入了现代药物治疗研究的主流。

谈起成就，陈竺认为自己是在前人的基础上取得的。如果没有王振义教授首先使用全反式维甲酸和张庭栋教授首先使用三氧化二砷在临床中取得成功，就不可能有后续一系列的理论突破。

只有推翻不了的成果才是真正的成果

有一天，一个奇怪的数据在实验室引起一阵轰动。有人认为这是一个新发现，陈竺高兴，陈赛娟也高兴。科学的发现是所有从事这一科研领域的科技工作者的共同财富。于是，陈竺通过互联网络向国外同行作了通报。但此后的重复实验却证明，这个“发现”是个错误，是由于实验操作中的污染而引起的。陈竺异常痛苦！科学的生命是真实！他决定引咎辞职。这天晚上陈赛娟洗衣服时从丈夫的衣袋里偶然发现了辞职报告，走过来深情地说：“事业离不开你，重要的是吸取教训，引以为戒。”

从此以后，陈竺对自己、对所有研究人员的告诫是：严谨严谨再严谨！宁愿少产出，也不能掺一丝假！他们对奇异的实验结果百测不厌；对博士生硕士生的论文从头到尾修改多遍，对引证的参考文献反复核对。即使对自己的实验结果，也要毫不留情地加以“批判”。

有一次，一位患急性早幼粒白血病的病人在接受常规治疗后未见好转，这一特有的现象引起了细心敏感的陈赛娟的注意。经显微镜下反复观察，她发现该患者具有一种变异性染色体异位！陈赛娟兴奋，陈竺却扮演起质疑与批判的角色。

陈赛娟：“我看这真是一个染色体新的畸变。”

陈竺："从未见过文献上有这个报道。"

陈赛娟："这次我相信自己的眼睛。"

陈竺："这或许是常见畸变不典型的表现而已。"

陈赛娟有点火："你睁大眼睛看看!"

陈竺看后依然道："实质内容真的改变与否，要通过进一步的研究来证明。"

经过几天几夜不断变更检测手段，连续反复做了上百次实验，证实此例染色体变异确实存在。乘胜追击，一年后，他们终于发现了17号染色体的维甲酸受体a基因与位于11号染色体上一个新的人类基因发生融合，继而克隆了这一基因，从而实现了我国在生物学领域中人类疾病新基因克隆零的突破!

科研自有其严谨的规则，这就是你要永远抱着自我批判的态度；一个新做出的科研成果，你要有勇气千方百计去推翻它，只有推翻不了的成果才是真正的成果。

承上启下，让科学之树枝繁叶茂

说起集体，副研究员陈国强作了一个形象的比喻。他说，如果把我们研究所比作一棵大树，王振义老师称得上树之"根"，陈竺老师就是树之"干"，我们就是这棵树上的分枝。为了科学之树长青，陈竺既要为自身的壮大奋斗，又要为其枝叶的繁茂操心。

陈竺日臻成熟，成熟了就应该让他承担更重的担子。王振义几次跑去找院领导要求退下来。于是1995年，陈竺升任血液研究所所长，王老这位中国工程院院士，心甘情愿地当了科研"一兵"。

科学研究强调协作与团队精神，但是一旦有了研究成果，尤其到了涉及到晋升、评奖时，团队精神就面临着严峻的考验。在发表科研论文时，人们往往看重第一位作者和最后一位作者。陈竺当研究生时，王振义坚持把陈竺放到第一作者的位子上，自己的名字退后。而到陈竺已成大器之时，王老又把最后一名的位置腾出来让给陈竺和陈赛娟。而他们俩最近也决定，凡不是他们指导的课题，他们一律不占最后一位论文作者的位子，而把机会让给比他们更年轻的学术带头人。近年来，全所在国内外一流刊物上发表论文69篇，其中35岁以下研究人员为第一作者的就有45篇，占65%。

他们这样做，不仅仅是一种为人的风格，而是出于对现代科学研究深刻的理解。现代科学研究多学科交叉，需要大协作，需要团队精神，需要思想极少约束、敢想敢干的年轻人。

33岁的副研究员茅矛，在1994年还是个在读博士生时，陈竺就将癌症基因一项重点研究——分离维甲酸诱导白血病细胞分化的靶基因任务交给他。一年后，这位年轻的博士生终于找到了一个新基因！茅矛现在领导着一个9人研究小组。

34岁的副研究员陈国强，在陈竺带领下，进行开创性的三氧化二砷治疗白血病的基础研究。如今陈国强已成长为细胞生物学研究室副主任。与茅矛、陈国强站在同一梯队上的还有血栓与止血研究室副主任诸江博士，他今年只有32岁。

陈竺对学生学术上提携，生活上关心，作风上则严格要求。人们常常看到，他自己动手擦桌子，收拾试管，扫地，倒垃圾。有人问陈竺：你作为一个高层科学家，这些杂事还要管吗？陈竺说："我不认为院士就不该做这些事。在法国学习时，一位老师对我讲，每天早上用5分钟把自己的桌子收拾得干干净净，你可以在这5分钟里考虑今天应做些什么事。"

陈竺常对学生们说，一个乱七八糟的实验室绝对出不了一流的成果。他要求每一个青年人都养成严谨的工作作风。

这里有良好的学术氛围。研究所不惜重金，订了国内外一流的专业学术刊物。每周一次文献报告会，由一名研究生主持，报告人将自己读到的国内外最新研究动态报告给大家，然后大家一起讨论。每两周举行一次数据分析会，各研究小组将自己发现的数据拿出来供大家分析。在这样的学术会上，无论导师还是学生，大家都是平等的，有时为一个问题大家争得面红耳赤，气氛十分热烈。

在这样一个集体中学习、生活，能够把自己的命运与祖国科学事业紧紧连在一起，时时刻刻拼搏在国际前沿，青年人感到有一种幸福的成就感。

令同行瞩目的科学劲旅:“中国陈竺组”

上海瑞金医院血液学研究所这个团结奋斗、充满活力的高科技群体,在陈竺院士的带领下,已成长为一支令国内外同行瞩目的科学劲旅:“中国陈竺组。”

从1993年以来,这个所的重点实验室共承担课题17项,其中863计划、国家自然科学基金、国家攀登计划、国际合作项目10项。这些项目的实施,为研究带来了大量科研经费。

世界血液学最权威杂志《血液》在全文发表他们的论文时,还将他们发现的实验图像大幅刊于杂志的封面。

国际最著名的科学杂志《科学》与《自然》也曾数次发表过他们的论文,并对他们的研究工作进行了专访报道。

1996年8月2日,《科学》杂志再次介绍他们用三氧化二砷治疗白血病的研究工作时这样写道:“这是使所有人感到震惊的研究小组的又一个出人意外的发现!”

最近一次到上海访问的魏克斯曼教授对陈竺夫妇说:“过去你们到西奈山医院是我的学生,而今,在你们创新的研究与治疗方面,我是你们的学生。”

日本是世界上化疗最先进的国家,但在他们对某些白血病回天乏术时,医生对患者说:你们到中国的瑞金医院,那里的神药会救你们。

科学研究工作的突出成绩为陈竺带来了许多荣誉:国家有突出贡献的归国人员、首届中青年医学科技之星、第二届中国青年科学家、中国科协常委、目前国内最年轻的中科院院士等等。

在鲜花与荣誉面前,陈竺表现得异常冷静:“在国际舞台上,外国人不会因为你曾拥有多少荣誉和头衔而承认你今天的科研实力,他们只看你有没有新的科学数据拿出来,有没有令人信服的新观点,在临床医学领域你有没有新的诊断和治疗招数,以及你这些成果是不是按照科学方法检验的,否则,人家照样不会接受你。所以,无论从自身工作的需要,还是从为国家多做贡献的角度来讲,我还是要在科研第一线更努力地工作,特别是在现在这样的‘顺境’中，更要如履薄冰，夹起尾巴做人。”

陈竺，共和国地平线上升起的一颗科学之星；上海瑞金医院血研所，一个充满活力的高科技群体，愿你们在科学探索的国际前沿上奋勇挺进！

11. 要当好一名记者很难

看到这个小标题，有人会说，别无病呻吟了，新闻记者整天吃香的喝辣的，何难之有？

近期网上关于“996工作制”违反劳动法的讨论很热烈，我发现新闻记者发表意见的不多，原因可能是大家都明白，干我们这一行压根就没有时间界限，工作强度甚至高过“996”，好在大家都是自愿的。报馆上下班当然有法定时间，但记者下班后还是会想工作上的事，节假日约见朋友，看书看资料，多少与工作有关。在现在这个商业大潮中，最不在乎加班费的恐怕就是新闻记者了。所以我说过，新闻记者是一群有理想的人，是一个讲究奉献的群体。位于广州市的黄埔军校旧址门上仍保留着当年的对联：“升官发财请走别路，贪生怕死莫入此门”。新闻记者这一行也决定了进入此门的人都有追求社会公平正义的良心，都有行侠仗义的风骨。

2018年记者节那天，我在微信朋友圈转发了一则报道《福彩黑幕，水落石出！源于这位新华社记者的殊死举报》，点评一句话：“谁是记者楷模？‘经参’记者王文志。”我知道王文志的大名是在2013年，他举报香港华润集团公司董事长宋林贪腐。华润集团是大央企，副部级公司，宋林仗着财大气粗和有上层关系网的优势，不把王文志放在眼里，照旧高调出席香港和北京的大型活动。王文志举报之后长时间没有结果，自己反倒承受了来自各方面的巨大压力。在这种情况下，他毅然来到香港，巧借媒体力量反抗强权。直到他拿出宋林与情妇的一张床照之后，案情开始反转，中纪委出手，宋林应声落马。后来我看到王文志殊死举报打着公益旗号的民政部14位高官的事迹，从心底里为这位同行骄傲。王文志在他的朋友圈里慨言：“担当记者事，何惧身后评！”这是何等豪迈的气概！

新华社还有一位记者，因举报鲁炜在北京长安俱乐部吃“人奶宴”，而遭到残酷对待。鲁炜曾经是新华社高管，后来当了国家网信办主任，被外媒称为“网络沙皇”。据说这位举报鲁炜的记者不久就被“精神病”，接着调离了采编岗位。

然而，等待鲁炜的“最终一刻”还是来到了。中纪委 2017 年 11 月 21 日夜宣布对鲁炜“组织审查”；2018 年 2 月 13 日对其“立案审查”，措辞用语之严厉可称历来之最：“鲁炜身为党的高级干部，理想信念缺失，毫无党性原则，对党中央极端不忠诚，‘四个意识’个个皆无，‘六大纪律’项项违反，是典型的‘两面人’，是党的十八大后不收敛、不知止，问题严重集中，群众反映强烈，政治问题与经济问题相互交织的典型，性质十分恶劣、情节特别严重。”

王文志举报贪官并不是靠上访，而是靠新闻记者的专业本领——调查取证，写出深度报道。王文志的名字早已随着这些深度报道广为人知了。记者的名片上其实无须写上“高级记者”“主任记者”，深度报道就是记者最好的名片。

要成为一名受人尊敬的记者，从入行的第一天起就应拒绝平庸。创新是记者生命力的体现。

有一位在京城央媒的老记者，每次会后都把手中的新闻稿删一下，编上几百字的一条稿。其他记者忙着补充采访，他坐在饭桌旁一动不动。这样的“会议记者”以前较为多见。不仅有平庸的记者，也有平庸的编辑。我曾见过报社后勤部门一位员工因琐事与一位编辑吵架，引起很多人围观。后勤员工骂道：“你干那点事有什么了不起，给桌子上放个馒头狗都会干！”如果说这句骂人的话还有什么积极意义的话，就是它深深地刺痛了我，提醒我要珍惜自己的职业声誉，远离“鳝”稿、红包和免费招待。

如今我国新闻界已经发生了很大变化，记者实行公开招聘，干部实行全员聘任制，打破了大锅饭，那种“会议记者”一当几十年的现象已经绝迹。在同业竞争越来越激烈的今天，记者更要加强自身修养，给自己提出更高的标准，并持之以恒地朝着既定目标迈进，才能永葆记者本色。

第二章　新闻写作

12. 名人改稿趣事不少

新闻写作少不了改稿。名人改稿会给我们很多启发。

人民日报社社长张研农先生访问香港时，亲手送给我一套线装本《毛泽东周恩来刘少奇朱德邓小平陈云为人民日报撰审稿手迹选》。翻开这套书，首先看到的是毛泽东修改的《论人民民主专政》手稿。他改稿不用龙飞凤舞的草体，而是相对正规的毛体行书。修改虽多，但看起来还是清清楚楚的。

据毛泽东身边人员回忆，写这篇文章之前好多天，他饭不想吃，觉睡不着，把秘书胡乔木叫来，本想让胡乔木起草一篇文章，后来又放弃了这个想法，干脆自己动手写了起来。《论人民民主专政》一文发表于 1949 年 7 月 1 日《人民日报》头版。此文奠定了中国人民民主专政国家政权的理论基础和一定发展阶段的政策基础，为即将成立的新中国做了政治理论准备，对日后中华人民共和国宪法的制定具有指导意义。

从毛泽东手稿可见，他把文章的原标题划掉改为“论人民民主专政”，原标题已经无法辨认，通读文章后会感到这个改题更直接明了。他加了一套副题“纪念中国共产党二十八周年”，既标明了文章的新闻由头，又使文章对中共 28 年来的历史经验进行总结顺理成章。他在“没有读过马克思主义的刚才进党青年同志们”一句中，“马克思”之后加“列宁”，加这两个字为下文将要讲到的“学习列宁缔造的苏联的经验”预设了伏笔。再比如，“眼前的国民党反动派”后边加上“被我们所推翻”，“过去的日本帝国主义”后加“被我们和各国人民所推翻”。这些改动，看起来似可改可不改，但如果联系下文作者强调的“在帝国主义存在的时代，任何国家的真正的人民革命，如果没有国际革命力量在各种不同方式上的援助，要取得自己的胜利是不可能的”，就会认识到这些改动对于文章在前后逻辑上的贯通是十分必要的。看毛泽东改稿手迹，会感到他每一句话都是字斟句酌的，改动之后会使全句的意思得到升华。

有一次，我跟《人民日报》国际部老记者崔奇合乘一辆车外出采访。车先送他到中南海，然后再送我到科技部。崔奇是国际问题专家，曾参加过中苏论战"九评"文章的写作，是外交部长乔冠华的助手，也因工作关系被周恩来总理多次召见。1997年江泽民主席访美，在美国各种场合的多篇讲话需要一个专门的起草班子，崔奇虽已年迈，但还是被请过去，担当一定角色。就在从报社去中南海这段路上，崔奇老先生给我讲了几位领导人的改稿故事。

崔奇说，与乔冠华在一起工作，感到乔冠华的文章已经很不错了，但稿子送给胡乔木，胡乔木退回来的稿子明显高出一筹；而胡乔木的稿子再呈报毛泽东，毛改过的稿子就是另一个境界。他们就是这种感觉。他们有时也想，为什么自己就没有想到呢？其实就是想不到，不在一个层次上。一个人的水平如何，改一篇稿子高下立见。党内像毛泽东这样的人，在文章上是绝对的大家，没有人能够匹敌的。他过去在中国革命的各个历史阶段，总是文章先行，以理论指导实践。革命运动正在进行或者刚刚开启的时候，他就写一篇文章，然后这篇文章就指导了这一段时间的整个行动。比如他提出"枪杆子里面出政权"，当时枪杆子里边还没有出政权嘛。在井冈山很艰苦的时候，他写了"星星之火，可以燎原"，果然这个"星星之火"在之后的几年里燎原了。再比如全民抗战刚刚开始的1938年，毛泽东就写了一篇56000字的长文《论持久战》，对未来的抗战作了三个阶段的预测：战略防御阶段、战略相持阶段和战略反攻阶段。他在这篇文章中提出的策略和对战争发展的预言与后来的实践惊人地吻合。

毛泽东不会打枪，也很少拿枪，被称用"文房四宝"打败了蒋家王朝。青年时期的他还是一位报人。1919年7月14日，湖南学生联合会创办《湘江评论》，毛泽东担任主编和主要撰稿人。仅在创刊号上，他撰写的宣言及长短文章就多达20余篇。《湘江评论》第二期开始连载他的长文《民众的大联合》，在全国都产生了很大影响。可惜这个进步刊物只维持出版了一月左右，到第五期时就遭到湖南军阀查封。《湘江评论》被查封后，毛泽东借用《大公报》湖南版鼓动革命。据李贞刚《毛泽东与湖南大公报》一文记载，1919年11月8—10日，湖南《大公报》连续三天在第2版刊登"本报特别启事：本报添约毛润芝先生为馆外撰述员，此布"。这一年毛泽东才26岁，第一次担任报纸的职务，并由此开始为该报撰稿。

从11月16日起至12月1日，长沙《大公报》辟出专栏，对一女子因反抗封建婚姻自杀的事件进行讨论，共发表讨论文章36篇，其中有9篇为毛泽东所写。

有的人改稿，对自己的文字缺乏信心，前面改后边涂，字体变形甚至写错字，接到这样的改稿，就像接到一份谜语，要让大家去猜。

编辑记者修改的稿子是要给别人看的，必须遵守一些大家公认的符号。有的同学会说，我们都是电脑写作，不用改稿符号了。的确，电脑写作和编辑系统应用后，纸质小样大样都少多了，但并没有绝迹。比如，校对科还是用纸质版样进行校对，重要的文章、版面送审时需要各级把关人签署意见以便分清责任，也得在纸样上修改，因此作为一位合格的媒体人，认识、会用改稿符号是一项基本要求。

排版操作员如果不认识编辑的改稿符号，也会闹出笑话。有一个改稿笑话说，编辑在“请用黑体”四个字下画了小圈，用一带箭头斜线指向某领导说的一段话上，意思是请用黑体排某领导的话。但这位打字员看不懂这个符号，就改成了“某领导说请用黑体……”把一旁站着的编辑吓出一身冷汗。

13. 为谁写？写什么？怎么写？

新闻记者每日每时都处在竞争中，只有把自己的长处充分发挥出来，写自己最拿手的东西，才容易出成绩。

为什么老编辑会抱怨某位新入职的同事写稿子总是不对路子？原因很可能是那位新同事没有解决好“为谁写”的问题。同学们走上工作岗位后，面对的第一个问题就是“为谁写”。你找工作的时候肯定对这家媒体已经有所了解，但还不够深入，对它的市场定位和传统特色没有准确把握。有的媒体高雅一点，有的比较大众化一点，有的是都市报，有的是党报，有的是网络媒体，有的是电视广播媒体，等等，它们的市场定位和媒体特色都有区别。以影响力来评价，报纸已经不应该再算“第一媒体”了，但从新闻写作这个角度来讲，报纸的优势还是不可取代的。报纸是个文字的载体，具有反映生活的广阔性、丰富性，表达思想的深刻性和较强的保存性、选择性。在纸上写文章，跟制作视频、音频不一样。走进纸媒的同学不必羡慕其他同学工作现场的光怪陆离，在这里你的写作水平可能提高更快。

第二个是“写什么”。你也许会说领导让写什么就写什么呗。这样想可能被动了一点。你要自己考虑“我能写什么”，自身优势是什么，特长是什么，在哪一方面知识储备多一点。比如从小就喜欢读中外古典名著，背了很多诗词，具有较好的文学基础，那你最好去副刊。有的同学是经济脑瓜，对金融、股票、房地产很感兴趣，那你争取去做经济报道，可能对你更好。如果没有分配到自己喜欢的专业部门，写稿时也要注意发挥自己的优势。一位普通学生，没有特别明显的优势，那也不要急，从工作的第一天起，就注意积累本专业的知识，慢慢就会形成自己的优势。

第三个问题是“怎么写”。承担一项采访任务后，是写消息好呢还是写通讯好，需要分析。一般来说，硬新闻宜用消息，简洁明了，干净利索；带故事性人情味的新闻事件宜用通讯。假如决定写消息，在几个要素收集齐全后，就得用心锤炼导语。消息的主体部分可能一次写成，不用大改，但导语这个地方改动比较多，需要反复推敲修改。如果你打算采用通讯或特写方式，那么就要多留心事件的故事情节，细节越多越好，越感人越好，在通讯的谋篇布局上下足工夫。

写完稿子以后，喝口水，放松一下自己，回过头来认真改几遍。鲁迅先生说："写完之后至少看两遍，竭力将可有可无的字、句、段删去，毫不可惜。"① 文章大家尚且如此，我们初学者应当更加小心，稿子修改四五遍不算多。初学者写稿子容易心血来潮，觉得自己写得特别好，就急着去发。发完了之后才发现有遗漏的地方，有欠妥的地方。这时候再撤回稿子就有些麻烦，因为你的稿子一旦发出，就进入新闻机构的出版流程了，如果传到了主管库里你撤都撤不回来。

当把以上三点都搞明白之后，相信你投稿的命中率会提高。发表几篇稿子之后，情况熟了就会得心应手。

---

① 鲁迅．答北斗杂社问[M]//鲁迅全集·杂文集·上．北京：北京理工大学出版社，2016：614.

14. 记者贵在多跑多想多积累

报界前辈有一种说法，叫做“六分跑，三分想，一分写”，强调当记者要多跑腿，才能发现新闻。我刚入职时老同事给我这么讲过，现在我把这个话再传给你们。你们工作之后，要趁自己年轻多跑跑，多跑不仅是发现新闻的一条捷径，也是积累知识和经验的不二法门。

《人民日报》教科文部原主任李新彦先生就是一位多跑多思多积累的典型。他当主任时常说“不做新闻官，要当记者头”，一有机会就会带着记者去采访。直到70多岁时，他还深入太行山区采访，在《人民日报》上发表几千字的长篇报道。他的这种深入实际的采访作风，也影响了我们部门的编辑记者。

有一位同学要到北京一家大报实习，临行前我给他讲，到那边后不要老坐在办公室，不要等新闻，要多参加活动，多接触人。走出去才会发现新闻线索。作为大新闻机构的实习生，你去采访的时候，人家都会很尊重你，很认真地对待你，所以要珍惜这个机会。

我有一位同事，40多岁从后勤部门调入编辑部当记者。他知道自己的不足，所以非常勤奋。20多年前，北方冬天还很少见到青菜。北京市为了解决市民入冬后的吃菜问题，在郊区种植了大片大白菜供市民冬储。初冬时节，北京街头的一景是每天早上汽车源源不断运来大白菜，各家各户拉着小推车去买大白菜。要采访北京冬储大白菜的供应情况，简单的方法是到北京市商业局去，拿到他们的统计数据，再采访一下有关领导，就可以发一条消息完成任务。但我的这位同事没有这样做，他早上四五点钟起床，骑自行车、搭运菜车，跑上百里路，来到北京郊区的白菜地里，采访四面八方来的司机，采访菜农，采访现场收购的商业局人员，获得了大量一手材料，完成了一篇生动鲜活的报道，被报社评为精品稿。范敬宜总编辑在表扬这位记者时，就特别强调了记者一定要多跑。

新闻工作是一项复杂的脑力劳动，光跑是不够的，还必须多动脑。强调多跑，针对的是许多人不爱跑这一现象。当大家克服了不爱跑的毛病之后，就应该强调多动脑了。新闻记者的跑，应该带着头脑跑，带着思考跑。无论多忙，记者每天都要做一份功课：看书，读报，浏览网页，研究资料，寻找新闻线索。你发现的一些线索，开始可能是朦胧的，可能互不相关，但随着研究的深入，线索会越来越清晰，有些线索会显示出相互关联性。记者研究资料时的心情，就像一位侦察员在分析敌情，也像一位战壕里的战士在选择出击方向。当采访经验和知识储备达到一定程度之后，你就会比较容易地抓住新闻。

新华社记者张继民最近出了一套书《历险天涯》，写他在南极、北极和珠峰世界三极的采访探险经历。南极北极那些地方冰天雪地，记者如果不听别人介绍，即使到了那里侥幸看到企鹅北极熊，也采访不到太多的东西。到过那里的记者不少，不是每个人都写了书。张继民对我说，促使他去这些地方采访的动力之一，就是他早已积累了大量资料，只有去了实地，这些资料才能被激活，否则就只能待在文件柜里。他书里的许多内容是在北京多年采访学习积累的。他常年跑图书馆，跑资料室，采访中科院的专家，不仅积累了资料，自身的科学素养也不断提高，可以与科学家讨论问题，成为知心朋友。雅鲁藏布江大峡谷最深处达6009米，是世界上最深的大峡谷。张继民在发现这个大峡谷中的过程有一份特殊贡献。他从雅鲁藏布江大拐弯处采访回来，到资料室查阅世界各地的大峡谷资料，对比发现雅鲁藏布江大峡谷应该是世界上最深的峡谷。他把自己的意见告诉中科院的专家，后来经过科学家论证，并得到国际组织确认，雅鲁藏布江大峡谷成为世界最深的大峡谷。

由于有了丰富的知识储备，张继民在地球三极看到海水可以写，看到企鹅可以写，看到冰雪可以写，看到岩石可以写，科技人员的一个谈话、一个发现，都能引出他更多的联想，文思如泉涌，发稿源源不断。

15. 写消息关键“五个字”

消息是以简明扼要的文字迅速报道新闻事实的常用新闻体裁。关于怎么写消息，教科书上应该有更详尽的讲解。新闻工作的实践性非常强，理论不多，但做起来变化多端。我们通常讲，消息的5W或者说5W+H，意思是在一篇消息里，记者应该向读者交代清楚与新闻事件相关的何时、何地、何人、何事、何故、(过程结果)如何等信息，这些信息被称为消息的“五要素”或“六要素”。要素不全，肯定不是一篇好消息；要素齐全，也未必是一篇好消息。一篇好消息，关键是写好5个字：“真”“新”“快”“短”“实”。

“真”，真实性是新闻的生命，也是新闻记者应该遵循的职业操守。无论写消息还是写通讯，真实都是第一位的。“新”就是新鲜的活鱼，陈旧的东西没有报道价值。“快”，指时效，发稿一定要快。现在自媒体都是随时发稿，记者慢慢腾腾不行。饭迟点吃可以，稿子要及时发掉。“短”，消息要尽量短，绝对不要长，要惜字如金，写得啰唆没人看。“实”，材料扎实，有内容，有信息量。

在国内，就消息写作来讲，通讯社比报纸好一些。通讯社的稿子要在媒体落地，质量太差就不会有媒体选用，特别是对外发稿，完全按新闻价值选取。《中国日报》的消息写得也比较好。其他的媒体因为自产自销，不太注意提高消息的质量。照顾各种关系，哪位领导的讲话要多少字，谁前谁后依次列队，消息结构按固定套路，记者没有多少发挥的余地。从历年中国新闻奖的评选结果看，通讯社消息获奖多，党报评论获奖多。

外国通讯社的消息多用“倒金字塔”结构，特别是报道一些突发事件的新闻。因为这种结构符合读者希望尽快了解新闻事实的心理，突发新闻发生后读者最想知道事实的次序是最重要——次重要——一般，与“倒金字塔”结构的消息写法完全一致，把最重要的东西放在最前面，接着按照重要性依次排序，将必要的信息告诉读者。这种写法在报道非事件性或富有人情味的事实时，显得有些生硬，因此人们又采用另一种被称为“金字塔”结构的写法。

“金字塔”结构是按时间或逻辑顺序展开，最后把事件的结果告诉读者。这种写法，要求被报道的新闻事件要有一定的趣味性、故事性，能够吸引读者一步一步地读下去。如果趣味性不足，这种写法就容易失败。

由以上两种基本写法可以演变出多种形式。“非金字塔”结构，即吸收“倒金字塔”结构把最重要的新闻放在导语中的优点，接下来又采用“金字塔”结构，以时间为序进行报道，既突出了新闻，又使事件脉络清晰。另外，还有所谓“积累兴趣式结构”“设置悬念式结构”“华尔街日报体”“新华体”等，都是记者为了吸引读者而变换的手法。记者在实际工作中，根据需要可以灵活运用。

消息主要靠事实来支撑，写作形式是第二位的，事实不足不可能通过变换形式来补充。现在网络媒体上的消息，写作形式五花八门，再加上“标题党”“惊吓体”作祟，可信度大打折扣。老百姓常说“看到网上传什么了，但不知是真是假”，就是网络传媒公信力在公众心里的反映。

我的学习笔记本上记录了两个例子。第一个是路透社消息《肯尼迪遇刺》，全文不到一百字：

> 路透社，达拉斯(1963年)11月22日电，急电：肯尼迪总统今天在这里遭到刺客枪击身亡。
>
> 总统与夫人同乘一辆车中，刺客发三弹，命中总统头部。
>
> 总统被紧急送入医院，并经输血，但不久身死。官方消息说，总统下午1时去世。
>
> 副总统约翰逊继任总统。

这则消息语言极其简练，文字虽短但要素齐全，内涵丰富，不愧为新闻史上的佳作。1963年的美国，通讯业已经很发达，肯尼迪遇刺的新闻世界各家通讯社都会发稿，为什么人们只记住了路透社的电讯稿？因为它简短；事情已经过去50多年，为什么这篇消息仍被教科书引用？原因还是它短。消息贵在简短。如果路透社当年发的是千字的电讯稿，恐怕就不会被人津津乐道。

下面举一则“金字塔”结构的消息《冻死的小孩复活了》：

美国威斯康星州。一名叫麦肯罗的小孩，今年只有两岁半。1月29日，在家人没有注意的情况下，她穿着一身睡衣，只身来到零下29度严寒的户外，家里人发觉后把她抱回屋里。麦肯罗的一部分血液已经冻结了，手脚都已经僵硬了。当他被送到医院时，体温下降到15.5度。但是在经过了包括使用心肺泵等先进设备抢救之后，麦肯罗竟然奇迹般地复活了。像这样处于低温状态下的人能够死而复生，在世界上是没有先例的。就是参加抢救麦肯罗的医生也对此感到惊叹不已。

这个消息有很强的人情味，也有很强的新闻性，故采用“金字塔”结构是合适的，如果采用“倒金字塔”结构也可以写成一篇不错的新闻。有兴趣的同学可以试写一下。这是个世界上没有先例的事件。一个体温已降到摄氏15.5度的两岁半小孩被奇迹般地抢救活了。新闻本身很容易感染读者，不同的国家、不同的宗教、不同年龄的人，都会接受这样的新闻。

通过上面两个例子来说明消息的结构，至于消息的写法，我们在后面具体讲。

16. 消息的导语与结构

有关消息的写作实例，建议大家多看参考消息网，那里面有许多短小精彩的消息。消息的结构，一般为“导语+主体+背景+结尾”，结尾有时也可以省略。导语是消息里面最新鲜、最重要、最有价值的核心部分。

参考这些实例，可以看出，常用的消息导语有直叙式、描写式、议论式、说明式、抒情式、引导式、特写式、悬念式等。介绍这些不同的写法，不是让大家去模仿。常言道，文无定法。采用何种方法，因人而异，因事而异，不可生搬硬套。记者撰写导语，目的只有一个，就是吸引读者。第一句就要力争把读者抓住，不要等到第二第三句。在第一句话里面，要把最重要最有价值最新鲜的东西放进去，把读者最关心的东西放进去。只要能抓住读者，导语的目的就达到了。你不一定今天写个直叙式导语，明天写个议论式导语。为了加深对导语的印象，下面讲一个故事给大家听。

我在青海柴达木盆地工作时十八九岁，因感冒引发严重咽炎，说话困难，喝水都咽不下去，要把脖子上的皮揪一下，水才能下去。水下去了，胃里的气出不来，还得再揪一下皮。山里面又没有药，只得向领导请假去200公里外的大柴旦镇就医。那时候没有公共汽车，也没有铁路，更谈不上高铁，唯一的交通就是在青藏公路边拦截过往的大货车。从大山深处的工作点步行到公路要走20多里。站在公路边，我一次又一次地向大货车招手，那些司机就像没有看见一样，呼啸而过，留给我的是一阵阵黄尘。从中午等到傍晚，已经有些累了。青海柴达木盆地的天气，早晚温差很大，号称“早穿棉袄午穿纱”。天已经快黑了，戈壁滩上冷风袭人。如果再搭不上车，到了晚上会冻死在那里。这时看到远处有汽车灯光向这边走来，我急中生智，在车靠近的那一刹那，使出平生力气大喊了一声：“老王！”突然，急刹车，这辆车停了！我连忙跑上前去，拉开车门，坐进驾驶室，递上香烟说："老师傅！您一定要把我拉走，不然我会冻死的。"师傅打量了我一下说："你怎么知道我姓王？"

"老王！"这一嗓子，就相当于导语中的第一句话，这是能抓住人的一句话。如果我喊别的什么话，就不一定能进司机的耳朵，他可能还是呼啸而过，那我就惨了。所以导语的第一句话就要争取把人抓住。

有的人写导语，把重要的内容埋在一堆话中，拎不出来，这叫埋没导语。还有的人写导语，也是一长段话，但没有新闻性，不知道作者想说什么，这叫糊涂导语。

写消息的主体部分，要选用有说服力的材料，根据新闻事件的内在逻辑，紧扣主题一步步交代清楚。新闻背景一般在消息的后半部分，如果导语或次导语需要解释，也可以把背景适当提前。新闻背景是对记者的采访深度和知识积累的检验。记者掌握了足够的背景知识，就能在消息里面灵活穿插一些解释性的语句，让读者阅读时感到特别舒服。一个知识贫乏的记者写出的消息会让读者感到晦涩难懂。

最近有我国领导人去意大利访问的新闻。如果你跟随去采访，那么就应该提前准备一些有关古丝绸之路和中意历史文化交往方面的知识，了解马可波罗的故事，了解中国政府"一带一路"倡议的内容和报道口径，这些知识准备很可能会在你的稿子中用作新闻背景。

一般来讲，消息里面是不宜议论的，记者报道新闻事实，把判断权留给读者。记者若要表达倾向性，可以通过直接引语，或通过对事实的选择性报道来表达。但在强调宣传力度的情况下，这种客观报道的写法会让一些人感到没有立场。

我国媒体肩负的一项重要使命就是宣传。为了强化宣传力度，新闻稿常常就是宣传稿，消息的倾向性非常明显。有一种消息+议论的写法，也被称作述评，使用频率很高。特别在对某项重要工作进行综合性报道时，会使用夹叙夹议的述评。著名报人、前《经济日报》总编辑艾丰先生在《人民日报》工作时，曾主张写消息要夹叙夹议。这些做法都是为了强化新闻的宣传功能。

消息的主体材料要与导语密切相关，注意避免或尽量减少与导语部分的重复，但有时也有例外。我在人民日报上夜班时就出过一次错。一位夜班同事看到新华社播发的李岚清副总理新闻电稿中，有七八百字长的一大段导语在消息主体部分再次出现，认为是没必要的重复，于是在没有请示的情况下大笔一挥，把主体部分那几百字删掉了。第二天有关部门打来电话批评我们，并要求把电稿原文重登一遍。

有关高层领导的新闻稿，都经过了权威部门审定，有些考虑外界并不知晓，因此不可按照一般的新闻规条进行处理。如果稿件中确实有硬伤需要修改，也得先汇报，征得同意之后才可进行，切不可想当然贸然行事，铸成错误。

关于消息的结尾，有时有结尾，有时没有结尾，不必强求。如果记者感到事实已经交代清楚就可以打住，不必画蛇添足。比如连续报道，事件正在进展中，没有必要硬安上一个结尾。但对于事件已经完结或工作总结性的消息，有必要写一个结尾，告诉读者该事件的结果及其影响。

17. 借鉴外电　改进写作

第一个实例，新闻事实是“特朗普与金正恩河内会谈不欢而散”。

先看 CNN 怎么抓新闻点。CNN 的标题是“特朗普在河内心碎”。特朗普与金正恩这次会谈雷声大雨点小，原计划签订协议之后共进午餐并举行联合记者招待会，外界期望值很高，未料想最后不欢而散，饭也不吃，提早分手了。特朗普会谈前调子也很高，这时无法给国内选民一个交代，十分尴尬。CNN 就抓住他的软肋，写特朗普的心碎了，被小金给玩了。CNN 这个点抓住了要害。在新闻的主体部分，写会谈失败导致美国股市和欧洲股市全面下跌。这一点也打到了特朗普的痛处，因为振兴经济是他自我标榜的一张王牌。CNN 的消息不长，但很有力量。

再看国内某媒体的消息。首先用一大段引语作导语，先是美国白宫发言人桑德斯说，然后是中国外交部发言人陆慷说。把两个国家的官方表态搬了一次家，没有表明媒体的态度，也没有对两个国家的官方表态进行任何分析。这样的报道貌似客观，其实是懒惰或者水平欠佳。读者从其他媒体上也可以获得这些信息，为什么非要看你的呢？而且导语冗长，没有提炼。网上还有一条消息，导语说金正恩、特朗普目前已经离开这个酒店，据美国白宫的消息，朝美领导人第二次会晤非常好，且富有建设性，两位领导人讨论了无核化，等等。这又是把白宫发言人的讲话搬出来，重复了一遍，且有替美方粉饰的意味。作为一名中国记者，单位把你派去采访，你在那里只抄别人的讲话，没有任何自己的料，没有任何自己的分析和观点，这种报道算不算合格？我看是不合格的。

同样是“金特会”，让我们看一下其他国家的同行是怎么报道的。韩联社：“美国和朝鲜两国领导人在河内举行的首脑会晤没有达成协议，此后朝鲜威胁要退出与华盛顿谈判，在这种情况下，局势面临着越来越大的不确定性。”一看这个消息导语，就知道这是韩国人写的，因为他们关心朝鲜半岛的局势。记者通过对导语的提炼，表示对新闻关注的角度和立场。在消息的主体部分，记者用相关的事实材料，把会谈失败给朝鲜半岛和平带来的不确定性一层一层地展开报道。同样一个消息，人家写出来就跟我们国内一些媒体写得不一样。我们的媒体要么搬白宫讲话，要么搬外交部讲话，自己没有任何观点，就像一个局外人。如果是局外人，为什么还要去采访？既然派你去采访，就说明受众关心此事，就不是局外人，因此记者就有责任报道受众关心的新闻。

不错，消息报道的是新闻事实，记者一般不加议论，但报道事实不等于引语搬家。再看美国媒体关于中国降税减费保经济增长的一个消息。这是一则软性的新闻，我们看看人家是怎么样把自己的观点写进消息里面的。导语："中国领导层正采取所谓的鸡尾酒式的方法来阻止经济减缓，其配方是增加赤字支出、减税或放松信贷的结合。"如果是我们的记者去报，可能又是中国外交部发言人怎么说，中国发改委官员怎么说，或者中国商务部发言人怎么说，引一堆话，没有自己的东西。美国媒体就直接讲，给中国政府治理经济加了一个标签"鸡尾酒疗法"。"鸡尾酒疗法"是一种治疗艾滋病的世界公认有效的方法，其特征是把几种药物调和在一起使用。中国政府的"鸡尾酒"包括什么？它说包括"增加赤字支出、减税或放松信贷"。这则消息新闻事实讲得非常清楚，但是这些话完全是记者自己对这个新闻的概括提炼，读者看了以后非常明白，这就是合格记者的做法。接下来进入新闻主体，第二段说，中国宣布全年减轻企业税和社保交费 2 万亿元人民币。这是在解释导语。第三段说，此次减费规模超出市场预期。中国还宣布大额支出计划，包括完成铁路投资 8000 亿元，公路水路投资 1.8 万亿元等。再往后他又引用资料，继续解释中国政府的减税举措，如据报道减税支出将注入经济 4.6 万亿元等。这条消息写到这个份上，应该说是写到位了。读者希望知道的信息都有了。相反，前面的那种语言搬家式的写法，读者看完了还会有不少疑问，而记者自己恐怕也没有弄明白。

为了说明提炼导语，再举一个例子。新闻事实：新西兰一家清真寺发生枪击恐怖事件，凶手是美国总统特朗普的一个粉丝，白宫发言人出来辟谣。外电的消息这样写，导语："美国白宫否认特朗普总统与新西兰枪击事件中认可白人至上主义的枪手有任何牵连。"这个消息的导语非常直接地指出，特朗普跟凶手没有关系。因为这是读者最关心的一点。紧接着第二段写，白宫办公厅主任马尔瓦尼说："总统不是白人至上主义者，我不知道我们需要重复多少次。星期五发生的新西兰事件是一个可怕的邪恶悲剧行为。"进一步划清了特朗普跟这个枪手没有任何关系。第三段，马尔瓦尼说："我认为把这个人说成是特朗普的支持者是不公平的。此人精神不正常，是一个恶人。"这条消息是一种倒金字塔式的写法。接下来记者又写此次在新西兰行凶的澳大利亚枪手是怎么回事，写了一个新闻背景，然后交代一些次重要的新闻事实。

外电也不一定都是精品。《纽约时报》消息的导语："过去几个月来，面对正在考虑使用华为设备建设第五代 5G 无线网的国家，美国试图展开施压谴责以及越来越多的威胁，但美国的行动已经搁浅，包括英国、德国、印度、阿联酋在内的国家已经发出信号，他们不太可能响应美国的要求，完全禁止华为参与其 5G 网络建设。"如果我写，我就会尝试把导语写成"美国打压华为的计划面临搁浅。英国、德国、印度、阿联酋等已经发出信号，他们不太可能响应美国的要求，完全禁止华为参与其 5G 网络建设。"第二段才写："过去几个月来，面对正在考虑使用华为设备建设第五代 5G 无线网的国家，美国试图展开施压谴责以及越来越多的威胁。"尝试把原来的导语次序打一个颠倒。

相对于事件性新闻，科技新闻显得软性一点，可以采用倒金字塔的写法写导语，然后按金字塔手法叙述事件的来龙去脉。例如，美国消费者新闻与商业频道关于太阳能开发的消息，标题是"开发太空太阳能，中国悄悄走在了美国前边"。导语："中国计划在太空展开美国航空局几十年前放弃的太阳能发电活动，这让中国走在了美国的前面。"在消息主体部分讲，约翰·曼金斯在美国航空航天局和加州理工学院喷气推进实验室工作的 25 年中，提出了关于扩大利用太阳能的多个想法，其中包括由太阳能提供动力的星际运输工具和基于太空的发电系统。讲到美国以前是怎么搞的，实验室怎么搞的，为什么没有推行，等等。这条科技报道的写法也称"非金字塔结构"。

《参考消息》编辑外电稿件，一般是围绕一个新闻事件，综合摘编多家外国新闻机构的报道，比如围绕波音 737MAX 等，其编辑手法也较多地采用倒金字塔结构。

18. 导语最易犯的10种毛病

第一个是塞满事实。导语里面全都是事实，把五个W或者一个H全塞进一段或两段里面去，这样就让读者透不过气来。说话要分层次，引导读者兴趣一步步展开。

第二个是没有新闻。一段无厘头的话，提炼不出新闻或者不容易看懂。上面举例中有一条关于太阳能的软性新闻，美国记者在导语中写了“中国悄悄走在了美国前边”。这句话就是记者为了点出新闻，避免读者看不明白。无论事件性新闻还是软性新闻，导语都要有新闻。只有吸引人，导语的提炼才算成功。

第三个是数字含义不清。导语里出现含义不清的数字，不仅无助于读者理解新闻的重要性，而且会造成视觉障碍。因此，在写数字时要进行必要的比对或解释。比如“增长10%”，应该写成“同比增长10%”；“多收1200亿元”应写成“多收1200亿元，占全年应收款的20%”等。

第四个是主次颠倒。最重要的新闻和次重要的新闻颠倒了，如上文讲的美国遏制华为计划搁浅的那个例子，应该把导语中一句话的前后次序调动一下。

第五个是埋没导语。导语中虽然有新闻，但交代得不清楚，被埋没了。例如：

> 某网消息：昨天(2019年4月8日)，国家发展改革委印发了《2019年新型城镇化建设重点任务》，公布了加快农业转移人口市民化，加快城乡融合发展等在内的19项重点任务。其中，加大非户籍人口在城市落户推进力度的内容，成为关注的焦点。
>
> 根据重点任务安排，2019年我国户籍制度改革的力度继续加大。在此前城区常住人口100万以下的中小城市和小城镇已陆续取消落户限制的基础

上，这一次，城区常住人口在100万~300万的大城市，要全面取消落户限制；城区常住人口在300万~500万的大城市，要全面放开放宽落户条件，并全面取消重点群体落户限制。超过500万人口的超大特大城市，要调整完善积分落户政策，大幅增加落户规模、精简积分项目，确保社保缴纳年限和居住年限分数占主要比例。

这两段文字中包含着极其重要的新闻，将对我国经济社会发展产生重大影响，可惜作者没有认真提炼，让导语十分沉闷。其实这段文字中关键的一句话是："城区常住人口在100万~300万的大城市，要全面取消落户限制。"若把这句话写进导语，这篇消息的面貌就焕然一新。

第六个是滥用提问式导语。这类似拿一个话筒，满大街找人问："你幸福吗？"这会令人十分尴尬。"幸福"是一个很复杂的心理情绪，不同的人对幸福的标准也不一样，你幸福并不意味着我也幸福。你满大街问这种问题，就让人家没法回应，所以要慎用这种提问。如果在导语里提出了问题，那么你必须要尽快回答。比如你在导语里写："今天的小学生幸福吗？"你就应该列举事实数据说明他们与其他年代的小学生相比，确实是幸福了。

第七个是滥用否定式导语。比如"北京长安街明天下午将不限制社会车辆通行"，应改为"北京长安街明天下午恢复正常交通"，否定式导语读起来别扭。

第八个是滥用引语。为了突出消息的重要性，记者常引某一领导人的话。但对于领导人的话，你是直接引用还是间接引用，会不会断章取义，都要仔细考虑。一般来说，引语未必满足一个导语的所有条件。

第九个是滥用介词结构短语。比如"在……条件下，在……关心下，在……支持下"很啰唆，非常缓慢，容易冲淡人们对新闻的兴趣。

第十个是滥用悬念式导语。悬念式导语中的悬念，必须是受众群体中大部分人关心的事，不是记者自己认可的悬念，否则会给人一惊一乍的感觉，弄巧成拙。

以上所指的几种"滥用"现象只是一种提醒，并非不能用，写稿时如能把控好度，也可以写出精彩的导语。

19. 选准主题　讲好故事

现在我们开始讨论通讯的写作。在中国新闻记者中，以写通讯名扬天下的第一人当数范长江。他20世纪40年代的旅行通讯《中国的西北角》和战地通讯、名人专访等作品的水平之高、影响之深远，都是后来人望尘莫及的。

通讯是记者才华的集中展现。教科书中把通讯定义为运用记叙、描写、抒情、议论等多种手法，反映新闻事件或典型人物的报道形式。简单地说，通讯就是以写故事的手法报道新闻。通讯具有新闻属性，即它具备及时性、真实性，但不同于小说可以虚构，又不像消息那样简单，而是通过对新闻素材的选择提炼，以叙述故事的手法形象化地进行报道，具有较强的可读性、感染力和说服力。通讯与报告文学非常接近，但通讯首先是新闻报道，文字比较精练，不会刻意追求文学性而大肆铺排。国内有不少新闻记者后来成了知名作家，但差不多都是报告文学作家，鲜有成为小说家的。《人民日报》有位老记者，他写的报告文学很有影响力，由于涉及真人真事引起不少纠纷，有人劝他改写小说，小说也不是不能说话。他说当记者报道事实惯了，脑子转不了弯。那人推荐他一个方法，让他把自己关在屋子里读小说，半年后肯定能把脑筋转过来。但直到2005年去世，也没有听说他发表过小说。通讯还与作文非常接近。同学们从小学开始都写作文，能考到新闻学院说明作文写得都不错，所以你们写通讯不应该有困难。

第一要选准主题。所谓选准主题，就是要与大事件、大形势相关。特别是在国内，写大通讯的时候，一定要与大形势相关。主题是基础，主题准确了作者才好围绕主题，展开其他工作。

新华社穆青等人采写的《县委书记的榜样——焦裕禄》这篇通讯，影响了中国几十年，之所以产生这么大的影响，关键是主题选得准，呼应了大形势的需要。焦裕禄1964年5月4日去世，穆青等人1965年12月才开始采访，通讯在人民日报发表已经是1966年2月7日。在近两年的时间里，《河南日报》发表过报道焦裕禄事迹的通讯，新华社其他记者也采写过焦裕禄事迹的通讯，篇幅均有两三千字，为什么都没有产生大的影响？穆青认为“报道不充分”。而这一次《县委书记的榜样——焦裕禄》长达数万字，确实写得非常充分，但这可能还不是成功的关键。关键是当时中央需要找一位带领人民用“精神原子弹”战胜“三年自然灾害”的典型人物。作为基层党的代表人物，带领人民与自然奋斗“被活活累死”的县委书记焦裕禄，无疑是一个绝佳典型；把他写成县委书记的榜样，就是树起了一个执政为民的党的领导的高大形象。这才是焦裕禄几十年屹立不倒的关键。

第二要谨慎选材。记者在采访的时候会获取大量材料，其中有的材料对报道典型有用，有的不够生动，可用可不用，有的甚至是负面材料有损典型，绝对不能用。记者对采访得来的素材要认真甄别，精心挑选。作为党报记者一般都是带着报道任务去采访的，要求展现报道对象的正面形象，以达到宣传目的，当然只会选取正面材料来报道。实际上，纯粹的客观报道对中外记者来说都是很难做到的。大家经常看到，我国外交部发言人斥责某外国媒体“罔顾事实”，因为外国的一些媒体专拣中国的阴暗面来报道。为什么？因为以西方的新闻观来看，只有人咬狗才算新闻，加上有的媒体对社会主义国家怀有偏见，记者来华采访就是要“揭露中国”，正面的东西在他们眼里不算新闻。如果他们既写好的一面，又写阴暗的一面，那就冲淡了新闻性，交不了差。我初入职时，一位老记者告诉我，你如果想写一个好人，就把他的优点集中起来写；你如果想写一个坏人，就把他的缺点集中起来写。我听后困惑半天，记者手中的笔岂不是变成了一把杀人刀？其实从新闻原理上讲，这个担心也是多余的。新闻有四个重要特性：及时性、真实性、新鲜性和公开性。其中“公开性”是“真实性”的保障条件，具有纠错功能。新闻报道只能做到相对的真实和相对的客观。如果一家媒体的报道太片面，那么，其他媒体就会纠正你的偏差，任何一家媒体都无法永远一手遮天掩盖事实。因此，在保障“公开性”的新闻自由的环境中，新闻报道才能比较接近事实真实。

第三要有故事情节。一篇通讯总要给人留下一点印象，这个印象就靠故事情节打动人。故事情节假如不能催人泪下，也要跌宕起伏，决不能让人读后感到平淡无奇，浪费了时间。如果故事情节不够，一定要及时补充采访。我在采写《东方科学之星》这篇通讯时，与同行的记者一起参加问答会，会上说的多是一些套话，比较抽象，缺乏打动人的故事细节。我觉得这样采访没有办法写通讯，于是就对陈竺说，希望他挤出一点时间接受单独采访，补充采访获得的许多细节，成了这篇通讯打动人的关键。此文发表后被《新华文摘》全文转载，被《北京周刊》翻译成五种外国文字转载。

第四要巧妙构思。构思指的是文章的立意、架构和段落安排，怎么才能不落俗套，新颖一点，出人意料一点。既要有精彩的开头，还要有耐人寻味的结尾，段落之间转换过渡都要自然顺畅。在通讯写作中，所有修辞手法都可采用，设置悬念，烘托气氛，刻画人物的内心活动，都是允许的。

1987 年 5 月，我国大兴安岭发生特大森林火灾，时任《中国青年报》记者雷收麦、李伟中、叶研，实习生贾永，在火场现场奔波一个月时间，写下了《红色的警告》《黑色的咏叹》《绿色的悲哀》三篇深度报道。这组系列报道能成为范例教材，关键是立意新、构思巧妙。32 年后已是著名记者、作家的贾永说，在他们出发之前编辑部就为报道定下了基本基调，那就是彻底改变以往那种“大灾大凯歌”式的模式，要求他们透过这场中华人民共和国成立以来最大的森林大火，探求人与人、人与社会、人与自然界的因果关系。这三篇稿子的采写过程就是按照最初设定的思路进行的。

《红色的警告》开头：

> 一把火，一把令五万同胞流离失所、193 人葬身火海的火；一把烧过 100 万公顷土地，焚毁 85 万立方米存材的火；一把令五万余军民围剿 25 个昼夜的火，究竟是从哪里、为什么、而又怎样燃烧起来的？
>
> “这是天火。”——灾区一位老大娘说。
>
> “这与‘尼尔瓦诺’现象有关，北纬 53 度线左右有一道燃烧线。”——一位干部说。
>
> “风再大也刮不出火来。”——大兴安岭林管局长说。
>
> “五个火源都是林业职工违反制度和操作规程造成的。”——迄今一系列的报道这样告诉人们。
>
> 是的，现实给人类的答复往往不止一个。今天，大火熄灭了，然而，灾难留给人类的教训却是永恒的。

还是从几个小故事说起吧。

《红色的警告》结尾：

我们准备结束本篇，但并不希望结束这场灾难留给人们的思考。此刻，我们要将如下严峻的数字摆在记者面前：

据大兴安岭林业管理局文件记载，1966 年一场因吸烟引起的大火，共燃烧了 32 天，毁林 52 万公顷。从 1964 年大兴安岭林区开发，到今年五月这场特大火灾之前，森林可采资源减少了一半。其中森林火灾烧毁 4865 万立方米，占可采资源的 30%。按开发 20 年的消耗比，大兴安岭林区只能维持生产 26 年了。大兴安岭开发到 1985 年，22 年间，共发生大小森林火灾 881 起。烧毁森林面积等于这些年来营林更新地面积总和的 164 倍！

大森林——人类的摇篮。

大兴安岭——这个面积相当于浙江省的中国最大的林区，这个生长着祖国未来无数栋梁之材的绿色宝库，竟年年在遭受着如此的戕害！

连年的大火，该烧醒酣睡的人们了！

“我认为这场灾难主要是人祸。”大兴安岭林业局局长邱兴亚语调颤抖：“是我们——犯有严重的官僚主义，而我们僵化的体制，也使得我们成为官僚主义。这场大火，对我们是不烧死的烧死。”

1987 年 6 月 6 日，国务院全体会议。代总理万里严肃宣告：“今天的大会，是与官僚主义作斗争的大会。”

1987 年 6 月 18 日，全国人民代表大会常委会。常委们代表十亿公民审议了国务院《关于处理大兴安岭特大森林火灾事故和处理情况的汇报》。他们说：

“现在官僚主义相当严重，相当普遍。反对官僚主义的根本办法，是加强民主与法制的建设，在经济改革的同时，进行政治体制改革。”

大火向我们发出了红色的警告，也给我们留下了沉重的思考。

（引文详见 1987 年 6 月 24 日《中国青年报》）

20. 通讯种类多　掌握并不难

通讯的种类较多，一般可分为人物通讯、事件通讯、工作通讯、风貌通讯、述评、特写等。

(1)人物通讯

人物通讯是主要以写人物为主的新闻报道。可以报道人物一生的事迹，比如《县委书记的榜样——焦裕禄》；可以写人物某一时段的事迹，比如先进人物、某人的二三事等；也可以把一个集体的事迹综合起来写，例如国产航母的建设者群体等。

人物通讯如同人物画一样，要把人物的精气神写出来，要把独特的个性展现出来。采访前要研究人物的背景资料，采访时要注意观察，捕捉人物的独特与个性。我在采写人物通讯《要为中药争口气!》时，十分注意主人公莫始奎的独特个性：出身——从广西大山里走出的穷苦孩子；专业——医科大学的高材生；抱负——以现代科学技术推进中药现代化。突出了这些个性，这个人就活了，就会给人留下印象。前不久，遇见华西医科大学的一位老师，没想到她曾看过此文，还能讲出文中的细节。

◎ **附录：**

“要为中药争口气!”

(《人民日报》1997.12.17 第5版 作者：贾西平)

身材瘦小的莫始奎发着高烧躺在床上，觉得整个房子都在转。母亲进门，带了一根青翠的竹子，用刀刮下一层皮放进锅里煎成汤给他一喝，过了一会，他烧退了。

莫始奎拿着那根青竹，睁着一双大眼睛：这竹子能治病！以后每次在往返学校的路上，他都注意往山上看。他家在广西博白县长山坡村，一年四季山上绿葱葱的，长满了杂草和灌木，其中有名的药材就有田七、金银花。

“这些植物都能治病吗?”莫始奎第一次向自己发问。

这位对中药着了迷的少年在1985年高考时，5个志愿全是药物专业，以能考取清华大学的分数，走进了华西医科大学药物系。大学良好的学习条件，为他架起了一座通往理想王国的桥梁。他以旺盛的精力学习着，第一年就背了一本辞典，记下了9000多个英文单词。在多达60门课程中，他最爱学的是植物化学、药物化学和英语，因为这些是他明天开发中药的基础。课余，他以勤工俭学的方式，开始推销药品，边学习、边推销、边积累，借以了解药品市场和中药在市场中的地位。

洞察世界药品市场风云，莫始奎了解到，一股寻找天然药物的浪潮正在全球悄然兴起。世界中草药产品的年销售额已达150多亿美元，而且近年来以10%左右的速度递增。我国中药材的出口仅有6亿美元左右。更令莫始奎不安的是，在中药的发祥地中国，许多人竟吃着从日本、韩国等地进口的中药!

“我们的中药为什么落后?”莫始奎又一次向自己发问。作为中国新一代的药学专业大学生，中药打翻身仗的任务责无旁贷地落在了自己这一代人肩上。

通过深入的学习和大量的调查莫始奎认识到，我国中药的落后是由于长期封闭、远离现代科学技术的发展造成的。CT扫描、X光拍片、B超等并不叫西医，那是现代科技成果。西医能用，中医也应该用。西药制造中讲究定量分析，每种化合物都有确切的含量，每种药物都有动物和临床试验数据，中药的制造也应该这样。衡量中药的疗效不能只凭主观观察，更要注重客观指标。只有插上现代科技的翅膀，古老的祖国医药才能腾飞!

认识是行动的先导。莫始奎决心为中药振兴大干一场。1994年，他用自己从事药品营销赚来的钱，与中国中医研究院联姻，创办了中国中医研究院中汇制药公司。公司创办之初，莫始奎就明确地提出，振兴中药，一靠现代化的科技手段制造出一流的产品，二靠现代化的管理保障公司的高效运作，三靠现代营销策略抢占国内外市场。公司作为中国中医研究院科技成果转化基地，直接生产经现代化的研究设备开发出的高精尖研究成果，经过一流的中药自动化生产线生产，用国际一流的进口检验设备进行质量控制。所有新药，都经过大量的病毒、病理试验和临床试验，保证了药品确切的疗效。拿一包中汇出品的中药，外铝箔包装上清楚的文字告诉患者本品的成分与功效，每一种药物的含量都以毫克为单位精确标出。看到这些，人们不能不被这些产品中的科技含量所折服。

在管理上，莫始奎有自己的一套独特做法。他始终坚持以客户为中心的原则，提出“客户为中心，营销是龙头，生产是基础，科研是后盾，管理是保障”，“消费者否定销售者，销售者否定生产者，在肯定的基础上不断引进否定，以求否定不了的肯定”，“大市场大老板，小市场小老板，没有市场就没有老板”等一整套理念。目前中汇在全国有600多人的营销队伍，这些人都是具有大专以上学历的20多岁的年轻人。莫始奎无论多忙，也忘不了员工的父母。员工进中汇是父母担保了的，现在他每月都要向这些父母寄去20元至100元通信费，并附寄上他们的孩子在中汇工作的业绩单。这样做的效果，不仅是职工本人，而且连其父母都在关心着中汇的发展。凡是到中汇工作的员工，他都要求通过三关。第一是法制培训关，请反贪、检察部门负责人讲课，接受不行贿、不贪污公款的教育。第二是业务培训关，要到有关大专院校受训。第三是军训关，要服从命令听指挥，关键时刻冲得上。

靠这几手过硬的招术，莫始奎信心十足。首先，他开发中药，瞄准高起点、高科技和有特色这个目标，专攻西药治不了或疗效差的难症。最近投放市场的中汇糖脉康颗粒是治疗糖尿病Ⅱ型的国家级新药。此药在降糖的基础上突出活血化淤作用，对空腹血糖、餐后2小时血糖、24小时尿糖等都有定量指标，在治疗并发症方面，具有目前西药降糖药不可比拟的优势，因此被列为我国第一个治疗糖尿病中药中的保密品种。他们最近开发的宫瘤消胶囊，是治疗妇女子宫肌瘤的新药。该药是国家新药基金项目，填补国内空白。对于子宫肌瘤，西医的常规办法是外科手术，使用宫瘤消，不用开刀，借助B超确诊之后服用，大部分子宫肌瘤都能缩小甚至消除，极大地减轻了病人的痛苦。痛风定也是国家中药保密品种，填补国内空白，在研制过程中对血尿酸、血沉等指标都进行了深入、量化的观察和试验。

经过多年的艰苦创业，今天的莫始奎已经不是当年大山深处的山娃子了。忘我奋斗，创造出了骄人的业绩。公司先后被授予中国中医研究院科研成果转化为生产力示范基地、四川省“小巨人”计划重点企业、成都市科技成果转化为生产力样板企业……也许这些光荣称号对莫始奎并不重要，因为他朝思暮想的是何日能将中汇建成一座现代中药的大厦。

望着在成都市郊新竣工的中汇大厦，莫始奎按捺不住自己激动的心情。这座投资达1.2亿元、总建筑面积近4个足球场大的现代化中药制药厂，严格按照GMP标准建造，在国内制药行业是一流的，在中药制药行业是绝无仅有的。在这里，中药在制造的各个环节上，具有与西药完全相当的工艺流程。这个现代化的中药建筑群全部开足马力生产，年产值将达50多亿元，占全国中药年产值200亿元的1/4。到那时候，一个现代化的中药大厦就在成都平原、在中药的故乡——中国崛起了！

从广西博白县一个农家子弟，成长为一位高科技企业的董事长，31岁的莫始奎念念不忘的是：“要为中药争口气！”

(2)事件通讯

事件通讯主要写新闻事件的来龙去脉，引出一些经验教训。如南水北调工程、申办奥运等。写事件离不开人物，写人物离不开事件，事件通讯与人物通讯之间的界限在于二者的侧重点不同。

(3)工作通讯

此类通讯分两种情况，一种是正面肯定表扬，总结经验，推广典型；另一种是对存在问题的调查报道，要求查明问题原因，批评其做法，引出几条教训。工作通讯对于推动党和政府的工作起了很大作用，因此是党报上经常使用的一种报道形式，篇幅一般较长，位置较为突出。

2005年9月，《人民日报》副总编梁衡带领我和另外三名记者组成采访组，赴陕西、贵州以“科学发展观”为主题采写年度特稿。每地写一篇3000多字的通讯，对该地区的经济社会综合发展作一个全貌式的报道。其中陕西篇的标题“绿了黄土，红了三秦”改用了宋代蒋捷词《一剪梅·舟过吴江》中的“红了樱桃，绿了芭蕉”。文内小标题：一、黄土地绿了，绿了山峁峁，绿了沙窝窝——绿色成为发展的主旋律；二、苹果红了，红在田间，红在小院——数百万农民走上致富路；三、人的观念变了，思路更清晰，底气更足——科学发展构筑“西部桥头堡”。通讯的开头这样写——

> 秋日的阳光梳理着静静的渭北高原。苹果熟了。红红的果子一个紧挨着一个，压弯了枝头。一路驱车而过，在路旁、在山野、在农家的门前屋后，处处散发着苹果的清香，弥漫着丰收的喜悦。
>
> 古老的三秦大地，呈现出一片红红火火的景象。陕西驶入了发展的快车道，各项经济指标全面提升：2004 年，全省实现生产总值 2883 亿元，比上年增长 12.9%，全社会固定资产投资 1543 亿元，增长 20.7%，财政总收入 415 亿元，增长 27.1%，均创历史新高。
>
> 省委书记李建国说：“陕西还不富，还要继续保持快速发展的势头。但这个‘快’是要讲求效益和质量的‘快’，是更加注重统筹协调发展的‘快’，是既快又好。”定思路、明方向、抓机遇、促实干，陕西正站在新的起点上。

(4) 风貌通讯

风貌通讯有见闻、参观记、访问记、杂记、札记、巡礼、纪行、侧记、散记、游记等多种形式，写作时要求把自然风貌与作者观察思考相结合，写出自然变迁的规律，写出情景交融的意境，写出世事人生的感悟。这类通讯人文色彩较浓，可读性较强。

2014 年 10 月，应韩国文化部的邀请，我赴首尔进行了短期考察访问，写出《访韩散记》(上、中、下) 三篇报道。

《访韩散记》虽是旅行散记，但散中有骨，绵里藏针，对中韩关系走向、韩国产业升级和保卫钓鱼岛等中国人关心的重大问题，都有一番观察和思考。当时，正值习近平主席与朴槿惠总统互访不久，中韩关系尚处于蜜月期。我通过与多位韩国智库人士的交流，已经感到中韩关系暗流涌动。首篇《中韩关系　美日阴影》指出，中韩关系笼罩在美日韩战略同盟的阴影之下，尽管中国是韩国最大贸易伙伴和最大贸易顺差来源国，但中韩也不可能建立起真正的“全面战略伙伴关系”，要让韩国放弃与美国的同盟关系是不可能的。第二篇《产业支柱　脱胎换骨》报道了韩国正从经济危机中爬起，经济转型已经加速。2010 年被称为“韩国元年”，说明了他们产业重铸的决心。第三篇《独岛文宣　保钓可鉴》报道了首尔的“独岛体验馆”，内设实体模型，陈列历史文物，市民不仅可体验独岛的地理地貌和海洋生物，还可通过观看电影和历史文献，懂得独岛自古以来就是韩国领土。韩国通过对国民长期的教育打造保卫独岛的“心理长城”。这种做法值得我国保卫钓鱼岛借鉴。我国除了执法船定期巡航外，国内很少看到关于钓鱼岛的历史和法律的宣教信息，这种状况不利于维持国人保钓的信念。

◎ **附录：**

访韩散记(上)
中韩关系　美日阴影

中国人到韩国会感到十分亲切。不仅因为文化古迹似曾相识，而且遇到的人几乎都识中文。恰逢中国国庆黄金周，韩国首尔的商场到处可见用简体字书写的招牌，来来往往有大批中国游客。

见到中国客人，韩国朋友就津津乐道不久前习近平主席和夫人彭丽媛访问韩国。他们关注的首先是打破了以往先访朝后访韩的惯例，其次作为中国国家元首第一次在韩国大学演讲。“习近平主席在首尔大学的讲演每一分钟都有掌声，而彭丽媛夫人更是‘魅力的化身’。”韩国东北亚历史财团秘书长石东演先生说，朴槿惠总统是单身，习主席可以不带夫人来，但他带来了，而奥巴马总统访韩没有带夫人，以前李明博总统有夫人、奥巴马来访也没有带夫人。韩国人把中美两国元首访韩时的差异进行比较，证明韩中关系更多一份亲情。从习近平主席与朴槿惠总统的会谈，到韩国人民对此次访问的热烈反应，都能感受到中韩关系正处在蜜月期。

然而，当问到如何看待中、美、日关系时，韩国朋友突然露出尴尬的神色。韩国成均中国研究所所长李熙玉教授说，此次峰会前夕，有人提出将中韩两国间外交形式提升到“全面战略合作伙伴关系”的建议，“全面”的意义在于可以超越双边关系，探讨囊括敏感的地区合作问题，对此韩国不得不考虑到美国的亚洲政策与韩美关系的包袱，故没有做出积极响应。韩中亲善协会会长李世基博士说，中国是世界第二大经济体，美国还要继续在亚洲存在，使韩国为难；美国与中国有矛盾，美国又要拉拢日本，使韩国更为难。

上世纪五十年代初，美国分别与日本、韩国签订同盟条约，这两个条约形成的美日韩联盟，是西方阵营横亘在东方对付中苏朝的一个军事联盟。冷战结束二十多年了，苏联早已被俄罗斯取代，中国已经不是当年的中国，但是这个军事联盟却依然如故。随着美国亚洲再平衡战略的推进，美日韩同盟具有强烈的遏制中国色彩。其重要标志就是在美国的纵容下，日本加速右倾化，解禁集体自卫权，叫嚣围堵中国，在中国领海和周边制造事端，严重危害地区和平安全。每当中韩关系热络时，美日就深感不安，提醒韩国要站稳立场，警告韩国朝鲜核武器的危险。中韩关系笼罩在美日韩同盟的阴影之下。

首先对韩国而言，朝核问题没有解决，朝韩没有统一，她的安全要靠美国。在首尔不远处就是美国的军事基地，美国大兵在首尔的大街上走动。在韩国有 80 多个美军基地，4 万多名驻军。另外从国家体制、意识形态和价值观上讲，韩国也是美国的天然盟友。美国以冷战思维处理世界事务，包围中国、遏制中国发展是其一项长期战略。美国的这种对华政策，势必把中韩关系推到风口浪尖。李熙玉教授说：“韩国希望维持好美日韩同盟的同时，维持中韩关系。尽管中韩存在价值观及意识形态差异，但韩对此持开放态度。”

“欲穷千里目，更上一层楼。”唐代著名诗人王焕之的名句，对中韩两国人民来说都不陌生。习近平主席访韩期间，将这句诗的书法作品作为礼物赠送给了朴槿惠总统，此举可谓蕴含深意。中韩两国都有不断深化双边关系愿望，但中韩关系却笼罩在美日韩同盟的阴云中，两国的政治家必须有勇气登高望远，才能辨清正确的方向。

访韩散记(中)
支柱产业　脱胎换骨

韩国对华贸易量已经相当于韩国与美国、日本和欧盟的总和，外贸顺差有近6成来自中国大陆。这说明韩国经济结构在进口和出口两个方面都高度依赖中国。中韩技术和产业互补性强，是中韩贸易迅速发展的主要原因。韩中亲善协会会长李世基说，韩国工人劳务费用高，工会权利太大，三星、现代能在中国建工厂是一个很好的出路。

另一方面，中国的技术产品近年来升级很快，韩国一些优势产业项目渐渐被中国赶上来了。比如在造船业，中韩竞争激烈，世界造船接单量不是韩国第一就是中国第一。韩国三星手机风靡世界，但中国的小米手机据说销量已经超过了三星，只是总销售额还低些。“竞争是好事，竞争可以生产出更好的东西。”东北亚历史财团石东演秘书长说，对韩国来说，中国是一个大市场，世界500强都在华设厂，韩国企业只有比世界500强还强，才能在中国站住脚。

大约在上世纪七十年代，韩国开始向中东等富裕国家输出护士、技工等外劳，引进重工业和化工工业，发展外向型经济，其模式与中国十年后开启的经济开放十分相似。经过约两个十年的发展，以造船、汽车、电子为代表的工业带动韩国成为亚洲“四小龙”之首，正式迈入现代工业化国家行列。

近年来，韩国的支柱产业三星、现代、大宇，不时传出一些销售下滑、亏损加大、工潮等令人不安的消息。记者访问三星公司时，正碰上一群“上访”的人在公司大楼对面的马路上举着喇叭高喊，他们是当年三星半导体工厂的工人，据说因曾从事污染工作使其身体受损，要求公司赔偿。诸如此类的工潮在韩国比较多，常常令资方头痛。另一方面，韩国人口老龄化严重，人工成本很高，一些重、苦、累的工作本国青年不愿做，出现用工荒。据说企业主管曾这样警告工会：如果持续不合作，就将企业外迁到中国去。

去年秋天，香港媒体代表团访问陕西，参观了秦岭北麓正在开工建设的三星电子工厂，据说工程总投资额达两千多亿人民币。但资方代表对这种说法不置可否，因为此消息若传回韩国会引起国人反感。韩国的失业率目前已经达到两位数，青年人就业难，企业大量外迁是原因之一。但企业为什么外迁，却是韩国产业结构的深层原因造成的。

9月24日，INDUSTRY 4.0 for Korean 论坛在首尔举行。所谓工业4.0就是指一种绿色创新的产业模式，它有别于人类已经经历过的蒸汽机、电动机、IT产业模式。韩国产业通商资源部长官尹相直在论坛上介绍了韩国新产业发展模式时代的新战略，来自中国、德国、日本等国家的专家学者也发表讲演。韩国正试图以新的产业模式带动经济再次起飞。创新经济研究院院长李章雨教授说，韩国过去以速度为主，现在追求创新。1997年亚洲金融危机韩国有一半企业破产了，从那时起韩国企业经历了一次产业转型。现在三星等电子企业的业绩不断下降，传统产业的业绩也不断下降，另一方面，“韩聊“(Kakao Talk)、LINE通信软件的用户却达到数亿，发展非常迅速。这一边下降一边上升的事实说明，韩国支柱产业正在经历一场脱胎换骨般的转型。李章雨教授认为，真正的产业变革始于4年前，他说：“2010年可称为韩国的创新元年。”

访韩散记(下)
独岛文宣　保钓可鉴

对于独岛(日本称竹岛)人们都不陌生，因为韩日两国围绕独岛归属争议的新闻，常见诸报端。在首尔闹市区，有一家独岛体验馆，可以逼真展示独岛的海洋生态，满足游人的好奇心。

走进独岛体验馆，迎面矗立着巨大的岛屿模型，林林总总的图片、古文献和文物，详细记载了1500年以来，韩半岛居民对独岛的认识和管理过程，用事实说明独岛的归属。

独岛这个韩国东北大海中的孤岛，距韩国郁陵岛仅87公里，距日本领土却157公里，1905年日本政府通过《竹岛阁议决定》，把独岛列为日本领土。其历史背景是，日本通过明治维新后，迅速崛起为亚洲强国，开始对中国和韩国进行侵略，到1910年已经侵占了朝鲜全境。

在4D视频馆，人仿佛鸟儿高高飞起，独岛全景尽收眼底，一会儿沉入海中，穿越峡谷，与千奇百怪的鱼儿擦肩而过，突遇火山，惊险躲闪，热浪袭人，又遭暴雨，冲出乌云，笑迎朝阳。韩国朋友说，这里汇集了学者60多年来对独岛研究的成果。独岛是韩国的固有领土，但日本对此有争议，韩国东北亚历史财团为了让世人了解独岛的历史渊源，于是建立了此馆。

国与国之间的领土争议司空见惯，但以体验馆的形式，融史料与现代研究成果于一炉，通过现代科技形象地把它展示给世人，韩国人可谓别出心裁。这里的每一细节都体现出韩国人捍卫国土的决心和意志。

中日之间的钓鱼岛之争与韩日之间的独岛之争有许多共通之处。这些岛屿都是先被日本人强占，后又以国内立法的形式把侵略行径合法化。

中国人早在14、15世纪就已经发现并命名了钓鱼岛。1894年12月27日，日本内阁通过秘密决议把钓鱼岛“编入”冲绳县管辖。此时正值中日甲午战争末期，后来中国战败，日本通过《马关条约》正式窃取了台湾及其附属岛屿(包括钓鱼岛)。二战后，按照《开罗宣言》《波茨坦公告》和《日本投降书》，战败的日本理应把它侵占的中国领土台湾包括附属的钓鱼岛归还中国，但由于美国人作祟，《旧金山和约》对该岛语焉不详，此后，美国一面声称对钓鱼岛主权不持立场，另一面却私相授受将钓鱼岛行政管理权交给日本，一手造成了中日钓鱼岛之争。可气的是，日本现政权根本不认为钓鱼岛存在争议，因为他们有所谓国内的“法律依据”，还有所谓“实际控制权”。日本人的逻辑就是如此荒谬：一个强国抢占了弱国领土后，在国内立一个法，于是这块别国的领土就成为日本的合法领土。倘按此逻辑，世界岂不早就被强国瓜分光了！

韩国独岛体验馆给中国人的启示是，有必要把“固有领土”“无可争议”这些外交部发言人常挂在嘴边的话，通过老百姓喜闻乐见的方式告诉国人，建起我们捍卫国土的“民心长城”。

(原载2014年10月香港《大公报》作者贾西平)

(5)述评

通讯还有一种通讯形式叫述评。上文在讲消息写作时说过，述评是“消息+

评论”的模式，有的新闻单位视为消息，有的新闻单位归为通讯。述评写作时可以夹叙夹议，显得很有力度，在党媒中使用的频率很高。每当一项重要工作进展到一定阶段时，党媒都会发长篇述评，对工作进展、存在问题和未来走向发表权威性意见。

毛主席的新闻作品以评论居多。他为新华社、《解放日报》撰写过多篇评论、社论和谈话等文章，也写过多篇军事新闻报道。其中军事报道又以述评的形式居多。述评这种“消息+评论”模式，便于他借助新闻指导战争、宣传人民、震慑敌人。

毛主席指挥战争，站得高、看得远，统揽全局，信息准确，对战局有最权威的判断，这些条件决定了他写的新闻报道任何人都无法比拟。

1948 年 11 月 5 日，毛泽东为新华社撰写述评《中原我军占领南阳》。胡乔木说，此文“在古今中外的新闻史上也没有第二篇。这篇文章，写得很有气魄，很精练，很自然，把解放战争与历史上的掌故很自然地联系在一起，反映了胜利进军中势如破竹的气派”。

毛主席博古通今，思想深邃。实际上解放军占领南阳根本没打什么仗。国民党的绥靖司令王凌云看到解放军把周围据点都给拔掉了，对南阳即将形成包围之势，便闻风而逃了。解放军没有打一枪一弹，就占领了南阳，那么毛主席为什么要对这个不战而胜的南阳专门写一篇新闻稿呢？他关注的不是这里打没打仗，而是占领这片土地的战略意义和历史意义。这里是兵家必争之地，有曹操战张绣、刘秀反王莽等历史掌故，把历史和现实联系起来可以告诉世人，共产党与国民党逐鹿中原胜局已定，人民解放军正是代表正义的不可战胜的军队。

有的学者认为《中原我军占领南阳》“文中没有评论”，其实不然，例如在文尾就使用了评论语句：“王凌云如不再逃，康泽的命运是在等着他的。”因此该文应属于“消息+评论”的述评体裁。

从此文发表之后，作者致信胡乔木一事也可印证。毛主席要求胡乔木以此文为例，加强“综合报道”，“其办法是借着一个题目如像占领南阳之类去写”，对时局进行总的或局部的述评，用以鼓舞士气。毛主席的这一指示，也说明该文属于述评形式。分析毛主席撰写的其他新闻可以看出，他喜欢运用述评这种灵活、有力、便于表达观点的新闻形式。（参见 2012 年 10 月 29 日《解放军报》）

21. 特写要细观察、准聚焦

新闻特写是通讯的一种形式，重点聚焦一个场景、一个瞬间里的人和事。一般来讲，通讯更宏大全面一些，更完整一些；特写关注局部，将这一部分的新闻加以突出，方式更灵活一些，新闻性也更强一些。如果说通讯是全景照，特写就是局部照，从局部反映全貌，一叶知秋，一滴水折射世界。新闻特写又分为"事件特写""场面特写""人物特写""景物特写""工作特写""侧记""速写"等。速写是一个美术术语。画家到一个地方去，白描几笔，画一个速写。以文字形式记录现场新闻，写上几百字，抓取一个场景也是速写。

《拥抱你，英雄!》一文，是对我国首位太空人杨利伟从内蒙古落区返回北京西郊机场这个新闻事件的现场报道。无论是对天空的描写，对机场环境的描写，还是对在场人群的描写，都是为了烘托气氛，以便把全部文气都汇聚于杨利伟出现的那一刻，聚焦在他一个人身上。

◎ **附录：**

拥抱你，英雄!

（《人民日报》2003. 10. 17 第 5 版 作者：贾西平）

16 日上午，北京的天空一片蔚蓝。在灿烂的阳光下，人们仍能清晰地看到挂在天空中的一轮圆月。

9 时 52 分，一架编号为 B-4018 的波音 737 客机，平稳地降落在北京西郊机场。

顿时，军乐队高奏凯歌，身着鲜艳民族服装的200多名青年男女，手舞花束，敲锣打鼓，高喊欢迎！

中共中央政治局委员、中央军委副主席、国务委员兼国防部长曹刚川，中央军委委员、总装备部部长、中国载人航天工程总指挥李继耐和总装备部政委迟万春等有关方面负责人和几十位专家列队迎候。

众人在期待一个历史铭记的时刻，期待那扇舱门徐徐打开，期待实现了中华民族千年飞天梦想的航天勇士杨利伟出现在面前。

“杨利伟出来了！”他身着蓝色宇航员训练服，留着平头短发，精神饱满，眼睛里充满了喜悦。他迈开稳健的脚步，快速走下舷梯，以洪亮的声音向曹刚川报告：“中国航天员大队航天员杨利伟乘坐中华人民共和国第一艘载人飞船‘神舟’五号，经过14圈太空飞行，胜利返航。在太空飞行期间，飞船工作正常，我感觉良好。我为我的祖国感到骄傲！”

曹刚川紧握着杨利伟的手说：“我代表党中央、国务院、中央军委，代表江主席，向你表示欢迎。你为祖国和人民立了一大功，祖国和人民感谢你……”

“拥抱你，英雄！”迅即，杨利伟融入了爱的洪流。领导和杨利伟的亲人迎了上去，照相机、摄影机把他们包围了一圈，再外边更被欢迎的人群团团围住。人们拥抱、握手、问候，似乎这些都不能表达那深深的爱意，最后6个小伙子干脆把杨利伟一次一次地抛向空中……伴着小伙子们欢乐的号子声，广场上的气氛达到了高潮。

在喧天的锣鼓声中，杨利伟一手将妻子拥在怀里，一手将儿子抱在胸前，脸上挂满幸福的笑容。

杨利伟与前来迎接的人们一一握手。从中国载人航天工程总指挥、副总指挥到7大系统的总设计师，一张张熟悉的面孔都洋溢着由衷的喜悦。

欢迎的人群簇拥着杨利伟走向停在机场边上的迎接车队。

在人们的欢呼声中，已经上车的杨利伟，又走下车来，再一次向人们挥手致意。随后，在工作人员的一再催促下，他坐上副驾驶席，将手伸出窗外，不停地向人们挥手告别。

满载着全国人民对这位航天勇士由衷的爱，车队向北京航天城驶去。杨利伟抵达北京航天城航天员公寓后，北京航天工程医学研究所的航天员医监医保专家将对他的身体状况进行一段时间的观察和检查。

22. 往往一句话触发灵感

在采访中，触发记者写作灵感的往往是不经意的一句话。

上文我们讲过，通讯是讲故事的，必须有感人的故事细节，而带出感人细节的常常是一句能打动人心的话。有一次，我应朋友相邀去参加一个饭局，桌前一位来自内蒙古恩格贝的客人说，他们那里有一位日本老头儿，90多岁了，来中国义务治沙绿化。听罢此言，我想，90多岁的老人，一般都应该在家里要人照顾了，他却大老远来到中国，干治沙绿化这种体力劳动，多么不可思议！于是就决定去采访，写出了通讯《治沙老人远山正瑛》。另有一次，我去参加北京大学的一个科研成果鉴定会，即将离开时有个人说："李老师不容易呀，把姑娘的嫁妆钱都花到实验上去了。"这一句话提醒我，这个新闻背后还有新闻，于是就和李新章教授约定再去采访，后来写出了通讯《仰慕你，中关村北二条三号！》。

这两个例子说明，如果能被一句话打动，就说明背后还有文章。有一年我在西藏采访，每天乘车几百公里，被高原上的风沙吹得灰头土脸。给我开车的司机叫多吉，他原来是解放军运输团里的一位连长，藏族，在部队入了党，转业后到西藏测绘局当司机。有一天，我们正在高原公路上行驶，他突然把车停下，从车上取出一个装着牛肉干的布口袋搭在肩上，走到一座山坡前，朝山坡上大喊"扎西！扎西！"，不一会儿，山坡上一个人影子像一块石头一样滚落下来。这影子就是扎西。多吉向扎西转交了他姐姐做的牛肉干后，我们继续开车前行。途中多吉告诉我，扎西原来在西藏测绘局看大门，局里汉族同志教他学文化，后来考上"道班"的工人，有了正式工作。我立刻把多吉与扎西联系起来：这对藏族兄弟，都是在汉族同志的帮助下改变了命运，过上了幸福生活。他们两人既是汉藏民族团结的幸运儿，也是中国政府扶持西藏地区发展的实例。于是我写成一篇人物特写《多吉与扎西》，发表在《人民日报》第四版要闻上。这虽是一篇顺手之作，但稿件质量和社会效果都不亚于我采写的另一篇主通讯。

◎ **附录：**

多吉和扎西

（《人民日报》1997.11.24 第4版 作者：贾西平）

我们的汽车在一条蜿蜒曲折的盘山公路上走着。司机叫多吉，一位在部队开过16年车的复转军人，技术娴熟。多吉参军前不仅不会开车，连一个字也不识，是人民军队培育了他，教他学文化、学技术，成长为一名共产党员。每每回想起这些，多吉都对他的汉族教官无比怀念。

按照西藏自治区测绘局的安排，我们一行从拉萨向西南，过日喀则去定日采访。汽车从一个乱石滩中穿过，路边山坡上有几间小平房。多吉停了车，从后备箱中取出一个面袋子，向那几间平房走去。"扎西！扎西在不在？"多吉大喊，没有人应。

车向前又走了约30公里，我们隐约看见半山坡上有几个人在刨土。在这荒无人烟的地方，刨土的一定是道班工人———他们要从山上采来土石，保养公路。多吉停下车，我们用手掬成喇叭形，朝那几个人喊："扎—西—在—不—在？""扎—西！"

一会儿，从山上下来一个人，远看就像一块石头朝下滚，速度极快。他跑到我们面前，高兴地与多吉握手，也与我们握手。他，就是扎西，1.68米的个头，弯卷的头发，紫红色的脸庞，笑时露出洁白的牙齿。多吉把面口袋递给他，里面是他姐姐带给他的牛肉干。扎西拎着口袋，高兴得直笑。

扎西今年还不到30岁，家在江孜，姐姐是西藏自治区测绘局职工。三年前，姐姐把他接到测绘局，为他找了一份临时工。局里的汉族技术人员手把手教他学习汉语和文化知识。扎西人聪明又勤奋，两年工夫，就基本掌握了汉语，在一次招工考试中脱颖而出。他现在是9、10、11道班的负责人之一，管30公里的路段，月收入1000元左右。据说在西藏测绘局里，像扎西这样的受益者还很多。

我们问他工作忙不忙，他说，各地方建设很快，来往车较多，拉的多是机械设备、建筑材料，道路要畅通，不能耽误。

扎西说着这些，脸上浮现出激动的神色。看得出，他对自己的工作十分满意，也不难理解他对党和政府的感激之情。

告别扎西，走出山口，眼前出现了一片明镜般的湖水，天地间突然变得无比开阔。“这就是羊卓雍湖!”多吉停下车。他说：“它的旁边是刚刚建成的水力发电站……”我们陶醉在这美景之中，一边照相，一边听多吉讲述神湖的变迁。

以后几日，我们都是在盘山公路上行进的。听着多吉讲故事，我心里想起刚刚结识不久的朋友——扎西。在西藏采访的十几天里，我们坐的是多吉开的车，走的是扎西和他的同伴养护的路，而心里凝结着汉藏同胞相濡以沫的深厚情意。

23. 新闻敏感从哪里来？

新闻敏感是记者最可贵的素质之一，那么新闻敏感从哪里来呢？多读书，多动脑，多联想，多跑路，脑子里装满问题，新闻敏感自然就来。过去有成就的记者，常有积累卡片的好习惯。桌子上一个小文件柜，里面的小格子分门别类、整齐摆放着资料卡片。现在使用互联网，查阅资料方便，同学们可在电脑里面建你自己的文件夹，积累资料。自己写的笔记、做的资料卡，会有一种亲切感，印象会更深一些。笔记本可以随时翻，也不怕没电没网。无论是手写卡片或在电脑中建立资料库，都是为了帮助记忆。

积累资料的过程是一个深化学习的过程。一堆资料放在书架上不算自己的知识，只有系统化之后，消化之后装进脑子，才变成自己的知识。脑子里东西多了，新闻的点子自然就多，再去查资料，就会得心应手，对新闻事件越来越敏感。这个时候你会觉得自己越来越忙碌，而新闻作品不断地见诸报端，可谓渐入佳境了。

现任《人民日报》经济社会部主任王慧敏，不仅高产，而且新闻作品质量较高。他还很年轻时，就在《人民日报》开设栏目《下乡手记》，连续刊出100多篇，这在党报历史上是绝无仅有的。他的新闻敏感从何而来？由他的自述可见端倪：20多年前，他研究生毕业被分到人民日报经济部农村组。为了能尽快胜任工作，他在办公室两个书柜后用废弃的木板架起一张床，给自己安了"家"。累了，和衣而卧，并在同事早上上班前爬起来整理好内务。只有休息日，才敢"宽衣解带"放松一下。就这样，他在办公室一住就是六七年。只要不出差，无论刮风下雨，每天吃完晚餐他就到图书馆翻阅《人民日报》。专门看言论：社论、评论员文章、短评、编后、编者按……一篇不落地看，看到好的就抄下来。从20世纪90年代一直抄到创刊号，3年多的时间，抄写的笔记本装满了3个"奇强洗衣粉"纸箱。王慧敏的新闻实践也说明，记者的新闻敏感来自多读书、多动脑、多思考。

第三章　新 闻 评 论

24. 评论是一种主观呈现

新闻评论是媒体或评论员对新闻事件发表的言论，与新闻报道不同。新闻报道是基于事实的报道，要求真实、及时、准确；新闻评论是针对新闻事实进行的评论，其价值判断标准和基于事实的分析结论都有赖于作者的政治立场、价值观、知识素养和创造力。无论媒体如何标榜公允，也无论如何要求作者出于公心客观持平，新闻评论都是作者主观意识的反映，是一种主观呈现。这也就是说，不可能写出一篇绝对客观的新闻评论。对同一件事情，不同的媒体可以发出不同的声音。因此，舆论场中必须允许不同声音出现，让受众兼听则明。

2009 年 4 月 25 日，金庸为《大公报》题词："评论自由，事实神圣。"该题词表达了这位报界巨擘对新闻与评论的深刻见解。所谓"事实"就是新闻报道的事实，这句话的意思是新闻评论作者可自由发挥，但新闻报道必须忠于客观事实。在香港报界历次优秀新闻作品评选中，都没有为新闻评论设奖。这并非歧视新闻评论，也并非评论不重要，而是因为评论本身不属于新闻。因此，从突出新闻的原则出发，社评一般不会出现在头版，这也是一种行业规则。

社评代表媒体对新闻事件所持的立场和观点，无疑是最受人关注的。社评一般由社评委员会集体讨论，商榷意见和主张，然后分任撰述，最后由总编辑负责整理修改审定。由于社评立意很大程度上取决于作者本身，所以常常会出现意见分歧。《大公报》约定，社评观点采取少数服从多数的办法，但当大家各持己见无法形成多数时，以总编辑的意见为准。因此总编辑天天都得过新闻评论这一关，一脚踩空栽个跟斗甚至丢了乌纱帽都有可能。

对新入职者而言，不是马上就要面对新闻评论这个问题，但要成长为一名优秀的新闻工作者，都应该具备这项专业能力。通常我们把写评论的人叫评论人才，说明同仁们对评论员创造性劳动的尊重，也说明要成长为一名评论员是不容易的。在新闻机构晋升技术职称时，都会要求附上一两篇评论文章，评委要通过新闻评论来审查申报人的实际水平。实际工作中新闻与评论总是有所侧重的，优秀的记者和优秀的评论员都是媒体难得的人才。

在新闻史上，《大公报》总编辑张季鸾与著名记者范长江曾因为撰写社评发生过一场激烈争论。

1933年，范长江离开北京大学哲学系之后，在北京几家报刊上发表了一些文章，引起《大公报》总经理兼副总编辑胡政之的注意，遂被邀请加入《大公报》。1935年，他历时10个月行程6000余里，采写关于中国西北地区的旅行通讯，在《大公报》上连载发表(后汇集出版《中国的西北角》)，引起强烈反响。此后采访晋绥军百灵庙战役、西安事变等重大事件的战地通讯，又令范长江名声大振。《大公报》领导人张季鸾、胡政之看出范长江是一个好苗子，有意栽培他做接班人，于是就安排他写评论、上夜班。

没想到这个本属惜才的举动最终导致双方不欢而散。关于范长江离开《大公报》坊间有一种传说，称他不适应夜班工作，对做标题、画版样、改小样、看大样等夜班编辑工作非常生疏，而且也不适应晚上值班、白天睡觉这种昼夜颠倒的生活方式，于是发牢骚说夜班损害健康。这句话激怒了总编辑张季鸾，张说："我们天天夜班，天天都在损害健康。他不愿干让他走!"于是范长江就离开了《大公报》。据我从一些老同事口中得知，这个传说确有其事，但这不是范离开的主要原因。

范长江从西安、延安采访归来，特别是他与中共领导人毛泽东、周恩来等接触之后，在政治思想上更加同情和理解共产党，赞成共产党提出的抗日民族统一战线的主张，与《大公报》主要领导人的政治分歧越来越大。据范自己说，张要他写社评，他写了《抗战中的党派问题》，主张民主团结，坚持抗战，反对一个党、一个主义、一个领袖的主张。张在审稿时大怒，认为不能发表这种观点，必须以蒋委员长的意见为意见。范坚持说："我是《大公报》的人，必须以《大公报》的意见为意见。"反驳了张。张说，《大公报》不应该谈各党派的民主团结，只能是一个党就是国民党，一个主义就是三民主义，或者是融多党为一党。张还向范解释了融多党为一党的理论依据。可是，范长江并没有听从张季鸾的劝导，他将那篇在《大公报》被枪毙了的社评寄到邹韬奋主编的《抗战三日刊》上发表了。这进一步惹怒了张季鸾，最后范长江只得离开《大公报》。范离开《大公报》的举动，得到报社内部中共地下党的支持声援，在武汉报馆的记者徐盈、子冈，在五台山八路军总部的记者邱岗都声言要脱离《大公报》，后来经过党组织做工作，前两位才留下来了(方蒙著《范长江传》，中国新闻出版社 1989 年版)。

范长江离开《大公报》这桩历史公案原来与写一篇社评有关。这一历史故事说明写评论最难做到持平，让各方都认可。《大公报》的评论能在中国新闻史上占据较高的地位，关键在于它尽管也是一家之言，但却能始终站在国家民族的高度，维护中国绝大多数人的利益。这在一定程度上有赖于张季鸾先生的高贵人格和如椽大笔。下面这篇文章，回顾了《大公报》先贤们在抗日战争的艰苦岁月里，以命相搏，坚持“文人论政、文章报国”的事迹，从中可以看出大公报人的民族气节和国士风骨。

◎ **附录：**

全民抗战中的“几支笔”

(贾西平总编辑在“一份报纸的抗战”论坛上的发言，
2015 年 7 月 1 日《大公报》)

要了解《大公报》，要懂得《大公报》在抗日战争中舍生忘死的报国情怀，有必要听一听这段自白：“本报是民营报纸，不受国家津贴，同人等皆愿终身为报人，不兼公职，不受外给，故本报虽有相当长之历史，而始终为书生事业。但愿此报能与国家同休戚，威利不足以动本报的精神，艰难穷困亦不足挠同人之心志。在平时，我们曾本这种志愿与精神，对国家社会略尽微职。抗战爆发以来，我们始终在抗战大势之下，挣扎奋斗，以尽言论界一兵一卒之任务。在第一期抗战之中，本报曾随战局推移而转战于津沪汉三地，尽管财产受损失，同人奔波，而我们的志愿与精神，则愈坚愈奋……在津在沪，经营多年，有相当的基础；但自暴敌进攻，我们的事业财产，已大抵随国权以俱沦。所以报纸出版，实际只是几个人，此外毫无所有。而这些人之可能贡献国家者，只是几支笔与几条命”(1939年4月15日《大公报》社评)。

这就是《大公报》的前辈们的内心自白。读完这一段话，大家就会明白，在抗战中，将《大公报》带入其历史上最辉煌时期的，恰恰就是这“几支笔与几条命”！这几支笔是如椽之笔，这几条命是不怕死的命。

随军转战，在防空洞里办报

抗战的历史证明，《大公报》是一份坚决抗战、坚持团结抗战的报纸。面对在日寇炮火下大片沦陷的国土，国统区有人发出了“亡国论”的哀鸣，可是时任《大公报》社长的胡政之却豪迈地喊出：“吃下砒霜、毒死老虎，以报国仇。”为了抗战夜以继日拼命工作，积劳成疾的总编辑张季鸾，弥留之际仍不忘“驱除暴敌，回复我国族之独立自由”。在八年抗战中，《大公报》全体同仁正是秉持这种忠心报国的大无畏精神，决不在日伪统治区出版一天报纸，报馆六易其址，三次被轰炸，即使在防空洞中仍坚持出报。

有一段时期的办报条件，艰苦到了令人难以想象的地步。编辑部在山洞里办公，铅字、油墨和纸张都是员工自己动手制成。一九四二年，《大公报》记者严仁颖在美国白宫访问罗斯福总统夫人伊莲娜·罗斯福时，送给总统夫人的礼物就是《大公报》使用的油墨、铅字和粗纸印刷的报纸，夫人当时就落泪了，她万万没想到中国人竟能在这么艰苦的条件下办报。

《大公报》在抗战中所做出的卓越贡献，以及表现出的爱国主义情怀，不仅深受全国人民赞赏，也赢得国际新闻界的尊重。一九四一年五月，《大公报》获得了当时最负盛名的美国密苏里大学新闻学院“最佳新闻服务奖”，成为唯一一份获得此殊荣的中国报章。奖状的评语是这样写的：“在中国遭遇国内外严重局势之长时期中，《大公报》对于国内外新闻与国际新闻之报道，始终充实而精粹，其勇敢而锋利之社评影响于国内舆论者至巨。”

这段评语有两个重点：第一，《大公报》的新闻“充实而精粹”，就是说《大公报》新闻的专业水准很高；第二，《大公报》的社评“勇敢而锋利”，就是说《大公报》社评不仅敢言，而且言之精准。

大公社评唤醒了无数人

1986年，85岁的张学良将军与《大公报》总编辑张季鸾之子张士基会面时，还能通背1936年12月18日的《大公报》社评《给西安军界的公开信》。时隔半个世纪，张将军竟然还能背得下来，可见《大公报》社评对他影响之深。

在抗战期间，张季鸾、胡政之、王芸生等大公名笔，撰写了1000余篇抗战社评。

1937年12月14日，占领上海的日军宣布次日对在租界内出版的各报实行新闻检查，《大公报》拒不送检，毅然停刊。在停刊号上，主持编务的王芸生撰写了《不投降论》和《暂别上海读者》两篇社评，在文中，他这样写道："我们是报人，生平深怀文章报国之志。""到今天，我们所能自勉，兼为同胞勉者，惟有这三个字——不投降！"

在当时的陪都重庆，《大公报》日发行量高达八万余份，几乎是包括《中央日报》在内的所有当地报纸发行量的总和。著名报人徐铸成说，《大公报》抗战社评"唤醒了多少意志本来并不坚定的人，使国家一时免于瓦解土崩之局"。

卢沟桥事变发生之后，日本开始全面的侵华战争。1937年12月6日，《大公报》发表题为《国家主权与国际信义》的社评，在分析了国民党政府几年来在对日关系方面种种吃亏忍让之后，大声疾呼："总之一句话：我们为拥护领土主权行政完整之最后立场，一定要抗战到底，不辞任何牺牲。"

毛泽东主席曾经指出："七月七日卢沟桥事变，是日本帝国主义大举进攻中国本部的开始。卢沟桥中国军队的抗战，是中国全面抗战的开始。"这一时期的《大公报》社评，坚持抗战到底的决心，鼓励抗战军民的斗志和信心，充分揭露日本灭亡中国的狼子野心，在国内外都产生了巨大影响。

南京大屠杀发生之后，总编辑张季鸾不顾病弱之躯，写下了《为匹夫匹妇复仇》的社评，怒斥日寇的滔天罪行，唤醒处于悲愤迷茫中的民众，为匹夫匹妇复仇雪恨，他说："复仇本是褊狭心理，但为民众复仇，则是圣贤遗训，为中国道德之精华。"

抗战时中国的最大丑闻，莫过于国民政府主席汪精卫的卖国通敌。对汪精卫的反动本质，《大公报》是最早给予深刻揭露的。早在 1927 年 11 月 4 日，《大公报》就发表社评《呜呼领袖欲之罪恶》，揭露汪精卫忽而联共、忽而反共，反复无常的实质。时隔 10 年，1939 年 4 月 5 日，《大公报》再次发社评《汪精卫的大阴谋》，在汪精卫公开投敌之前，就把他的阴谋与罪恶公布于天下。并劝喻国民政府中央："语云：姑息养奸，正汪事之谓。这是我们的感想。时至今日，中央再不容姑息，应速查明事实，发动国法，各治以应得之罪。庶使全军全民，知忠逆之分，严汉贼之变。现当国家存亡主奴的严重关头，中央的坚定国策，全军全民毫无猜疑，惟对降敌卖国的逆贼，必须治以国法，始足以作士气，振人心，破敌谋！"

《大公报》的社评，还对日本人凶残的本质做过深刻的揭露。有一位日本军人，名叫吉田。他在中国战场已经奸淫了 302 名妇女。1938 年 8 月，当他在扬州的军部慰劳所寻欢时，碰上的恰巧是自己的妻子。于是，这一对夫妻就碰死在皇军慰劳所。《大公报》为这个真实的故事配发社评指出："日本形成国家后，一直是军阀专制。日本社会的中心人物是武士，而武士便是一种奴性十足的阶级，武士的道德也是一种奴性的道德……他们只知对豢养主服从效忠，而对于平民则只有欺凌强暴。"读到这里，我们就不难理解为什么"杀人比赛"、蹂躏妇女、用刺刀挑起婴儿等野蛮兽行，竟能成为日本军人寻欢作乐的游戏！

每凡历史关头，《大公报》都能够及时推出一篇篇振聋发聩的社评，引领全国舆论。社评是《大公报》坚持"文人抗战"的一面旗帜。

《落日》被称为"状元之作"

《大公报》记者是抗战的见证者、记录者、参与者，也是全国军民士气的鼓舞者。在每一场重大的战役中，都可见《大公报》记者的身影。《大公报》记者汪松年，是第一位报道"九一八事变"的记者；《大公报》记者方大曾，是报道"七七事变"第一人，也是第一位牺牲在前线的记者，他牺牲的时候只有 25 岁。

全面抗战爆发后，范长江、陆诒、孟秋江等一批《大公报》记者相继奔赴前线，淞沪会战、平型关大捷、台儿庄战役等重大战役中，哪里危险，哪里就有《大公报》记者。台儿庄战役前，李宗仁将军曾握住《大公报》记者范长江的手说："你是著名记者，你的报道文章给我们鼓舞士气，增加决心，我代表抗战前线的将士们感谢你们。"

在太平洋战场上的朱启平、在东南亚战场上的黎秀石、随中国远征军在缅甸战场采访的吕德润，以及欧洲战场的萧乾……他们在前线的战壕里、密林中，发回一篇篇精彩的报道。为获取一线消息，他们不满足于一般的"随军"，而是要求坐上最前方的战车，被称为永远的"前锋"。吕德润晚年回忆起这段经历时说："采访新闻，哪能在后面?"

《大公报》记者舍生忘死，不是为了追求个人英雄主义，而是为了拯救处于日寇铁蹄下的祖国和4亿5千万同胞。

经过战火洗礼的《大公报》记者队伍，可谓星光璀璨。范长江、孟秋江的战地通讯见报，一时洛阳纸贵；乾萧的通讯与特写，文笔精湛、脍炙人口；女记者彭子冈，文字辛辣，以人物专访享誉其时；登上"密苏里"号战舰，见证日本投降仪式的朱启平采写的《落日》，在当时所有的报道中拔得头筹，被称为"状元之作"。

拥有如此优秀的采编团队，是《大公报》坚持"文人抗战"的实力基础。

"文章报国"没有过时

话说回来，今时今日，我们在香港谈"一份报纸的抗战"，并非为了发思古之悠情，而应有现实的针对性。

虽然70多年过去了，但"文章报国"的精神并没有过时。"文章报国"并非只唱赞歌，而是包含有批评，正所谓忠言逆耳。"文章报国"的思想诞生在救亡图存的那个年代，有它的必然性，也有它的历史局限性。但一般而言，中国的文化人报效自己的祖国，这是天经地义的，也是人生的价值之所在。今日中国的国力，与日本侵华时的国力，已有天壤之别。抗战中，中国军队对日军节节退让，让了东三省，让了华北，让了上海、南京、武汉、长沙……美其名曰"以空间换时间"，根本原因是国力不如人。那个时候的中国人，做梦都在想中国强大起来，那个时候的中国人做梦也不会想到今日祖国已经如此强大，而且还将更加强大。“落后就要挨打。”这是抗日战争给中国人血的教训，我们决不能忘记。可是这些历史，香港的一些朋友，特别是年轻的朋友，并不十分了解。有一小部分人不喜欢学这段历史，甚至故意淡化自己与国家的关系。这是十分令人遗憾的。所以，对于抗战的历史，对于爱国主义精神，《大公报》有责任常讲、多讲。

今天的中日两国早已恢复了正常的国家关系，但只要看看东海，看看南海，环视亚洲，我们就会感到问题似乎没有完全解决。当年，《大公报》记者朱启平在停战后的日本实地考察后写道：“日本目前的投降是临时休战，盟国对日必须严厉公正，以永绝战祸，中国对日尤须慎防万一。”看看今日安倍其人的所作所为，朱启平可谓有先见之明。

“一份报纸的抗战”，既是一部多彩的历史故事，又是一部启迪后人的教科书。

25. 评论要贴时事、改官腔

近年来，有一种怪现象一再出现。一个地区的敏感事件一旦被媒体或自媒体点燃，立即就成为爆炸式的舆情，一夜之间发酵膨胀变得不可收拾，无论官方媒体如何灭火都收效不大，民众宁肯相信谣言，也不相信官方媒体，搞得各级政府很被动。这种情况正是所谓“塔西佗陷阱”：当政府部门或某一组织失去公信力时，无论说真话还是假话，做好事还是坏事，都会被认为是说假话、做坏事。这是政府和媒体失去公信力的严重恶果。

媒体失去公信力，就丧失了引导舆论的功能。新闻评论与老百姓的感受脱节，一口官腔，就难免对牛弹琴。提升媒体公信力，改变新闻评论文风，成为当下一项紧迫工作。

在我国，所有媒体姓党，所以评论必须符合党的路线、方针、政策，也就是说新闻评论大多具有官方言论的色彩。从现在媒体评论运行的情况来看，社评、评论员文章、编者按和以编辑部笔名发表的评论，均代表编辑部立场；来论、专栏文章虽说是“自由来稿，文责自负”，但实际上其观点也与编辑部的观点一致。常见的评论内容有六类：(1)以中央和上级指示为内容撰写的宣传性评论；(2)澄清是非、阐明观点的批驳性评论；(3)为新闻报道配发的按语、短评；(4)为重大活动撰写的评论；(5)对思想理论问题进行阐述的评论；(6)对国际问题阐述中方立场的评论。

新闻评论虽然在形式和内容上都不同于新闻报道，但仍然有时效性、准确性和针对性的要求。在互联网时代，世界各地每日每时都在发生新闻，这些新闻信息几秒钟之内就通过互联网传输到手机终端上。对一般受众而言，信息庞杂，真伪难辨，急需具有一定专业素养的媒体人发表观点，指点迷津。这就是新闻评论越来越受到社会关注的客观原因。也就是说，人们已不满足通过新闻媒体了解新闻事实本身，更需要通过新闻媒体了解新闻事实的意义、背景、产生的原因及发展方向。今天权威媒体的主要标志之一，就是看它能不能及时地准确地发表权威观点。没有观点的媒体必然日趋衰落。党报社论、评论员文章大多是规定动作，具有极高的权威性，除了个别敏感时期外，一般时效性不够强。专栏文章思想性可读性都不错，但针对性略显不足。可喜的是，近年来党报大力改进新闻评论，各版都推出了时评栏目，特别是通过网络新媒体，紧贴新闻事件进行评论，反应敏捷，文风犀利，大大增强了评论的时效性。

现在几乎所有媒体都在做时事评论，原因是时评紧贴时事，跟着评，追着打，有热度，因而受到网民热捧。新闻评论不能高高在上，要想提高影响力和引导力，必须好好改一改官腔，针对老百姓关心的新闻事件，讲实话，讲真话。时事评论也是新闻评论，但与传统意义上的新闻评论已有所区别，它让新闻评论走出书斋，成为了一种公民表达。

新闻评论因为重要所以敏感。新闻评论的改进也必然受到各种因素的制约和牵制，虽然改革的现实紧迫性很强，但也不可操之过急。

26. 靶子要瞄准　语言留分寸

新闻评论属于议论文，包含论点、论据、论证。论点新颖、论据扎实、论证精当就是好文章。靶子要准就是针对问题有的放矢，不讲空话；语言留有分寸就是不要把话说得太满，懂得认识事物的辩证法。为了论述方便，我们还是举例说明。

立意新才有看点。新闻评论的第一要求就是立意新。21 世纪初，中央提出建设创新型国家的战略任务，培养造就创新人才成为社会关切的问题。我就这个问题进行了一段时间的调研，写出了一份上万字的调研报告。在中央组织部举行的一次人才问题座谈会上，我用几分钟对这个调研报告中的观点作了介绍，会后被记者朋友们围住要求采访。感到大家对我介绍的观点感兴趣，回到报社就撰写了一组 4 篇新闻评论。今天回头看，仍有一些针对性。人才问题是一个古老的话题，要在这一方面写出新意，就得对存在的问题有深刻的认识。人才的“黄金时段”这个观点不是我头脑里原有的，而是调研采访过程中发现的，提法比较新锐。一个人的创造力有“黄金时段”，并非越老越好。人的智力、体力乃至创造力都有最佳期。由于社会上普遍存在的论资排辈思想，许多年轻人没有被及时发现和使用，等到他们年龄大了被使用时，其实他们的创造力已经处于下降阶段。第一篇《用好人才的“黄金时段”》针对的就是这个问题。

◎ **附录：**

用好人才的“黄金时段”

（《人民日报》2006. 02. 14 第 11 版 作者：贾西平）

人们常把电视频道某一珍贵的时段称为“黄金时段”，其实在人的生命中，也有一个“黄金时段”，考察中外科学史，觉得“黄金时段”不可忽视。

1905年爱因斯坦提出了狭义相对论，时年25岁。波尔27岁时提出量子论。杨振宁和李政道提出“宇称不守恒”理论时一个33岁，一个29岁。

有人对历届诺贝尔奖获奖者年龄作了一个统计，物理学奖获奖者的创造高峰期大约在25~45岁之间，化学奖获奖者创造高峰期大约在25~50岁之间，而生理/医学奖获奖者的创造高峰期大约在30~45岁之间。这些年龄段，可称为这些科学家的“黄金时段”。

目前在我国科技队伍中，学术造诣高，在国内有知名度，在国际有一定影响的高层次人才很少，而且年龄偏大，业务上能孚众望的领军人物不多，复合型人才短缺，人才区域分布不平衡。用好“黄金时段”，是发挥人才作用的关键。一个人的生命是有限的，真正富有创造力的“黄金时段”并不很长。前段时间，有人撰文指出，国内一些博导甚至个别院士的水平尚不及某些国际一流大学的研究生。此话虽然偏激，但从人才“黄金时段”来看，也不会感到奇怪。事实上，有许多科学家，他们一生中最辉煌的成果常常是他们的博士论文。所以，到底是博导的水平高还是博士的水平高，很难一概而论。如果论资排辈，首先使用的应是博导，而不是博士。但如果此人在当博士时是创造力最旺盛的时候，那么，等过上若干年变成博导被使用时，他的创造力其实已经开始走下坡路了。

人才是动态的，不是静止的。人的年龄在变，身体条件在变，周围的环境也在变。在此地是人才，在彼地不一定是人才；此时是人才，彼时不一定是人才。有些领导同志积极网罗人才，甚至不惜重金从国外引进人才，却不积极创造工作条件使用人才，这种认识显然是有问题的。

古人云：“花开堪折直须折，莫待无花空折枝。”在今天努力提高自主创新能力、建设创新型国家之际，我们更要注意用好人才的“黄金时段”。

用人要用当其时。

论据实才能令人信服。作者要对所评论的问题提出自己的看法和见解，就要运用新的论据、新的事实材料和新的角度来进行论证，要透过现象揭示本质，厘清事物的内部联系，帮助读者认识事物的变化与运动规律。事实论据不可随意编造，信源必须可靠。理论论据或引文不能歪曲原意。在驳斥对方的过程中建立自己论点。用事实说话，用逻辑说话，不要强词夺理。

“离开谁地球都照样转”是人们常说的一句话，似乎没有什么错，但只要仔细分析就会发现，这句话漠视人才的不可替代作用，混淆了逻辑关系，用宏观正确掩盖了微观错误。对于人才，正确的态度应该是“一个都不能少”，而不是“离开谁地球都照样转”。但是要把人们业已形成的“常理”推倒绝非易事。下文使用了一些日常生活中常见的事例作为论据，以小见大，比较有说服力。

◎ **附录：**

“少了谁地球都照转”吗？

（《人民日报》2006. 02. 15 第 11 版 作者：贾西平）

有位同学曾在国内某大学教书，国家公派留学回国后，因对自己的住房不满，怄着气向校长提出离开。谁知校长大话一抛：“走就走吧，少了谁地球都照转。”如今这位远在大洋彼岸的同学谈及此事，仍声声叹息。

“少了谁地球都照转”是人们挂在嘴头的话。对于一个体重一般不过百公斤的人而言，无论你在中国还是在美国，无论在南极还是在北极，也无论是跑还是跳，都不会对重达 59 万 8 千亿亿吨重的地球产生明显的影响。这是人们公认的。

问题是在这句话中，人们所说的“地球”并不是地球，而是社会生活中的一些具体事例。于是，宏观尺度的公理在微观尺度下是否正确就值得考究了。比如，家里装修时会搬来一袋袋沙子，你可以说：“少了哪一颗沙子，我装修照样搞。”但当这粒沙子掉进你碗里时，有它没它效果就不一样了。再比如，两人抬水时缺一人，另一个人只得拎着走，集体外出时司机晚到一会儿大伙只好等着。在这种情况下，缺了“他”，“地球”就不转了。

小平同志在谈到毛泽东同志的历史功绩时说：如果没有毛主席，中国人民还要在黑暗中摸索更长的时间。这句话有力地说明了毛泽东同志作为人才，在中国革命历史上的不可替代作用。

科学技术各个门类的领军人物，就像古时候两军对垒时的大将，不可缺阵，更不能没有。中科院院士何祚庥亲历了1955年底中国科技事业的一次决策会，当时中央正在研究是发展飞机还是发展导弹的战略问题，由于抗美援朝战争刚刚结束，在战争中失去制空权造成的被动记忆犹新，所以主张发展飞机的呼声很高，此时钱学森力排众议，以科学精辟的论证，阐明了中国发展导弹技术的优势所在。钱学森的一席话博得满堂喝彩，许多人欢欣鼓舞："我们中国来了一位大科学家、战略家。"在神舟飞船遨游太空的今天，我们更深切地感到，当初如果没有像钱学森这样的人才，结果将不知如何！

之所以不惜口舌议论"少了谁地球都照转"这句话，原因是这句貌似科学的话，实际上是荒谬的。它漠视了人才的不可替代作用，对人才缺失给事业造成的损失无动于衷。科技竞争的核心是人才的竞争。人才是财富，人才是资源，人才是国家的实力。对于人才，任何时候我们都应说："一个都不能少！"

有胆识才敢立一家之言。评论员对新闻事件有深刻的认识，才会自信有胆，才敢发表惊世脱俗的评论观点。评论文章多少总要有点棱角的，敢言他人欲言而不能言之事，这是新闻评论的价值所在。但如果仅有胆子而缺乏见识胡乱放炮，这样的评论也不会有人喜欢。一般来说，针砭时弊是评论写作的主要内容。《人民日报》办了一个漫画报纸叫《讽刺与幽默》，40多年来很受读者欢迎。漫画要么讽刺，要么幽默，如果一定要它作正面宣传不是不可以，但确乎非其所长。新闻评论也是一样，发挥好它针砭时弊的作用，就能弘扬正气，推动社会进步，其威力与价值方能体现出来。新闻人应该永远替弱者呐喊，世界才会趋于公平。哪里有不平，哪里就应该有新闻评论。当然，针砭时弊要在国家法律与政策允许的范围内进行。评论员首先要吃透国家政策，找出新闻现象的不合理之处，再对不合理现象进行批评，在批评的同时提出建议，这就是一种负责任的批评态度。有的人为了标新立异，特立独行，不作调查，动不动大嘴巴一张，乱批一通，这样的批评很难具有建设性。《焦点访谈》发挥电视媒体的优势，敢于面对一些尖锐的问题，及时曝光、批评社会丑恶现象，确实发挥了媒体监督作用，受到群众好评。1998年10月，朱镕基总理为中央电视台《焦点访谈》题词：“舆论监督、群众喉舌、政府镜鉴、改革尖兵。”这个题词多年来一直被国内媒体人称道，因为它给媒体评论工作者指出了一个比较明确的工作框架，对后来的媒体评论工作也产生过积极影响。

我撰写的《既要“开小灶” 更要“建平台”》一文，对组织部门热衷于搞各种人才工程，却忽视为广大青年建设公平竞争的平台的现象提出了批评，指出这种“开小灶”的方式不是不可以搞，但更重要的是建立起能让广大青年平等竞争、健康成长的大环境，否则将造成新的不平等、不公平。吃“开小灶”的人早早就进了权力的保险箱，早早地享受到了权力的快感。能混来文凭，何必寒窗苦读？能靠关系升迁，何苦扎实工作？不幸的是，此文所担心的情况在后来的十多年间发生了，一大批通过不公开、不公平手段“吃小灶”爬升高位的人堕落成了腐败分子，鲜有真才实学德能兼备者出自这个所谓的“人才摇篮工程”。

◎ **附录：**

既要“开小灶” 更要“建平台”

（《人民日报》2006.02.16 第11版 作者：贾西平）

近几年，舆论对少年班的质疑不断，除了少数大学外，大部分学校陆续撤消了少年班。少年班就是一种“开小灶”的人才培养模式。这种模式受到质疑，反映出社会对人才需求的多样化。

中国工程院院士范本尧是我国著名的卫星设计师，他享受过早期的“小灶”。那是1957年，钱学森、钱伟长等著名科学家为发展新中国自己的空间技术，在清华大学创办了一个研究班，钱伟长当班主任。即将从上海交大毕业的范本尧，有幸被选中参加了这个研究班的学习。尽管由于大跃进的影响，这个班只办了一年半就停止了，但在这里学到的知识、受到的训练却为他终生从事航天研究奠定了基础。在“两弹一星”工程起步时期，国家挑选了一批优秀大学生，给他们“开小灶”，搞培训，为国家培育了一大批栋梁之材。

今天，“开小灶”的模式也在与时俱进，各行各业实施的人才培养计划就是例证。但同时应该看到，仅仅“开小灶”还是不够的。在个别科研部门，已经出现的苗头值得警惕。比如一个培养计划实施期多年，进了计划的人可能以为进了保险箱，未列入计划的人可能以为自己未受到重视；组织部门也可能以为工作重点就是抓计划，而放松了应该做的其他工作。这种状况对人才健康成长是不利的。

迅速发展的多元社会对人才的需求多种多样，预想的模式已很难完全满足多变的人才需求。在对一些重点领域的人才苗子继续“开小灶”的同时，应该把主要精力转移到建立一个面向社会开放的、使每一位公民都有公平成才机会的平台上来。

面对建设创新型国家的繁重任务，我们必须在人才培养和使用的观念、政策方面不断开拓。我们的人才发展战略应该从过去注重人才使用转变到建设有利于人才长期发展的体制上来。人才政策设计思路要从过去伯乐发现“千里马”的思想，转向依靠教育出人才、依靠体制出人才和依靠竞争出人才。在人才的使用上，应从对人才资源配置的直接干预，转向通过市场力量提高人才资源配置的效率，通过良好的环境建设吸引各种人才资源。建设起这样一个大平台，就在人才的源头引入了源源不断的活水。

在中国，官本位主义盛行。无论文科理科，多以行政级别论高低。这种恶习已经侵蚀到了大学，侵蚀到了社会的精英人群。有些人追求虚名到了令人发笑的程度，总是把“享受国务院特殊津贴”印在名片上，招摇过市。《人民日报》原副总编辑梁衡写过一篇评论《享受岂能是头衔?》，对此种现象进行了尖锐批评。他说，常见报刊上或会议上介绍某人时，或在名片上印头衔时称：享受国务院特殊津贴，甚至追悼会上也不忘加这一条。梁衡说，无论是大的还是小的知识分子，无论做事还是做学问，一个最基本的素质就是脚踏实地，不欺世盗名。我们常说，知识分子是国家和社会的精英。精英者，思想之精，品德之英，然后又学有所专，能沉下心来做事情，做学问，为社会之脊梁，公民之师范。区区津贴，念念不忘，也要挪做虚名，非知识精英之所为。国要强，先强国民；国民要强，先强精英；精英尚如此，泡沫何其多，国事实堪忧！我们常批评世风浮躁，怨青年人不成熟，文艺圈太浮浅，干部少学识，等等。殊不知精英之浮，才真正是社会的危机。知识分子如何对待名利，实值深长思之。

官本位的另一种表现就是“学而优则仕”。许多专业人士，专业刚干出了一点苗头，就被提拔当官，开始可能还是在本专业内提升，等官做大了，就不论专业，横行天下了。因此在专业队伍中造成博士想升官，小官想大官，几十年下来，没有长成几个令人敬仰的大师，倒是生出了一群面目可憎的官迷。《由大树想到大师》针对的就是这一现象。

◎ **附录：**

由大树想到大师

（《人民日报》2006.02.17 第11版 作者：贾西平）

春寒乍暖，在北方城市的大街上行走，很少看到大树，不免让人失落。不仅百年以上的少有，五十年以上的也不多见。大树都哪儿去了？砍了。今天栽一批，明天拓宽马路砍一批；再栽一批，市区改建再砍一批，栽了砍，砍了栽，城中无大树就不奇怪了。

树木成长要有一个稳定的环境，人才的成长也同此理。今天让你这样，明天让你那样，你就离大师的目标越偏越远了。

创新型国家的大厦，有赖于人才队伍的支撑。鼓励科技人才成长，重要的事情之一，就是着力建设创新文化，营造青年人才公平竞争的良好环境和优秀人才脱颖而出的社会氛围。

这几天，许多人都在为王选院士流泪。他发明了汉字激光照排技术，让中国印刷告别了铅与火。在晚年，让他几乎倾注了全部心血的还有一件事：培养新人。王选生前说过，对已有充分证据确认是杰出的人才，建议采取12字政策：给足钱、配备人、少评估、不干预。理由是优秀的学术带头人往往痴迷于科学技术，具有很强的科技“攻关”能力，但往往缺乏“公关”

能力。

这让我想起曾经采访过的年轻物理学家彭练矛。这位著作曾被英国剑桥大学选为教材的博士，对回国后大量行政事务缠身叫苦不迭，当时他那种无奈的表情几乎到了无能的程度。对于烦琐的考核与评定，许多年轻的研究人员也疲于应对。一些老科学家最看不惯的，就是一位年轻人刚露头角就被委以行政职务。所有这些，也许都可归结为人才环境方面的不尽如人意之处吧。但是环境建设不是造温室，没有必要搞得弱不禁风。

现在有一种倾向，一提为人才成长提供良好环境，就一味溺爱，如同抚养“小皇帝”。一年多前，某校在对待一位青年学子抄袭论文的问题上产生意见分歧。领导说，青年人嘛，政治可靠，业务不错，只是抄袭了一篇文章，不应该一棍子打死。导师说，既然爱才就应该要求他承认错误，青年人不能养成这个坏毛病。导师说的，我以为是对的。只有加强科研职业道德建设，遏制科学技术研究中的浮躁风气和学术不良风气，才能保证人才的健康成长。

树人如同树木。严格透明的管理，客观公正的评价，相对稳定的环境，宽松和谐的气氛，科学严谨的学风，如同树木成长所需的阳光、水分和营养一样重要。风气正了，体制顺了，人才脱颖而出的条件就形成了，我国科技事业这一片茂密的森林，必然会长出参天大树！

这篇评论的不足是对造成人才成长环境不稳定的问题开掘得不够深入，刚刚提出问题很快就分散了笔墨。实际上造成这一问题的根源是组织部门不懂得专业人才的不可替代性，只知道用行政级别来框定专业人才，却忽视或根本没有认识到应为其提供宽松优良的科研环境和与国际接轨的优厚生活待遇。

27. 怎样才能写好新闻评论?

写评论的人肯定要比读评论的人站得高、见识广，否则人家凭什么读你写的评论？再说，各家媒体都会有评论，特别是现在自媒体那么多，为何读者专挑你的评论看？这两个问题说明，一位评论员要在舆论场中站住脚多么不易，第一要超越读者，第二要超越同行，其难度可想而知。

我没有专职担任过评论员工作，也没有经受过每日撰写一篇评论的压力。在《大公报》担任总编辑的近十年里，每晚都要修改几篇重要评论，对于社评和其他专栏评论文章的整体把握是经受住了各种考验的。

以每日 1200 字的《大公报》社评为例，有的评论员稿子改动不大，有的就会多一些，个别情况下修改量会占到三分之一左右。修改的多与少取决于总编辑对这个话题的把握尺度。一般社评小样送来离截稿只有几十分钟时间，要在这么短时间内审定稿件并保证准确无误，必须提前有所准备。就是说，在评论员撰稿的同时，我也在打腹稿。一般在编前会商定选题后，我会在笔记本上写一个提纲，把我的思考包括社评的题目、需要阐明的立场、关键性的话语都写下来。等到晚上稿子送上来，通读一篇，与我准备的提纲对一下，就动手改，能保证在十几分钟内搞定。当然，改别人稿子与自己撰述还是有区别的。

凡我自己撰写评论，历来小心谨慎，如履薄冰，没有充分占有资料绝不敢动笔。本章列举的四篇评论有我一个多月调研和一万多字的研究报告为基础，所涉及的问题，所引用的论据，所提出的对策，都有依据。我早年写的《气功师的预测及其他》批评气功预测火箭发射的评论，引起社会强烈反响，一些人大动干戈、问罪于我，搞得报社领导人不得安宁，但由于有坚实的事实根据，最终能狂澜不倒，几十年后仍然经得起时间的检验。若问我撰写评论的经验，那就是一句老话：“没有调查就没有发言权。”

对于专业评论员来讲，他们不可能事事都去实践，都去采访调研。各行各业门类庞杂，绝大多数知识都需要借助读书。世间文献浩如烟海，又不可能把该读的书都读遍才来写文章，因此间接获取知识，纵使拾人牙慧、耳食之论也在所难免。

说起读书，我便想起教科文部樊明经主任，他简直是一位百科全书式的人物。我们工作中遇到的所有知识性问题都可与他讨论，总能得到有参考价值的意见。我印象比较深的有两次关于古语的引用问题。一次是有人在稿子中引用《诗经》“七月流火”形容天气酷热。老樊说，此言差矣，火是星座名，“七月流火”指该星七月之后偏西下沉，天气就要转凉了。另一次，有人为形容中央关于西部大开发的决策引起的热烈反响，引用唐诗：“忽如一夜春风来，千树万树梨花开。”他说作者肯定没有读过原诗，岑参的《白雪歌》并不是写春天景色的，开头四句是：“北风卷地白草折，胡天八月即飞雪。忽如一夜春风来，千树万树梨花开。”这里说的是寒流和大雪，绝不能用来比喻中央的政策。

学习新闻评论的同学，多读书仍是快速成长的一条捷径。多读书，多看报，多练笔，多思考，勤做笔记，勤积累资料，都是前人的宝贵经验。脑子空空是没有办法写评论的，到了要写评论时去查资料根本就来不及。必须学习在前，长期积累，问题分类，专题研究，步步深入。对于自己报道的领域要一条一条地积累资料，按问题做深入研究。对积累的资料要经常更新，及时淘汰，保证到了写评论时，观点论据准确无误。

新闻评论大家梁衡说，文章变化再多，基本的东西只有几样，概括说来就是形、事、情、理、典五个要素，我们可以称之为“文章五诀”。其中形、事、情、理正好是文章中不可少的景物、事件、情感、道理四个内容，又是描写、叙述、抒发、议论四个基本手段。四字中“形”“事”为实，“情”“理”为虚，“典”则是作者知识积累的综合运用。

凡是好的文章，少不了这五点。反过来说，满足了这五点，用好了这五点，便是一篇好的新闻评论了。

第四章　科 技 报 道

28. 科技新闻可分四大类

在新闻工作实践中，经常接触的科技新闻大概有以下四大类：

第一类是基础科学研究的新发现、新创造、新进展。这类新闻能拓宽人们的认知范围，新鲜生动，知识性趣味性强，受到广泛关注。基础科学研究是人类认识自然现象、揭示自然规律，获取新知识、新原理、新方法的主要途径，对于提高国民的科学文化素养，培养高水平的人才，建设创新型国家，都具有极其重要的意义，但短期内尚无法实际应用，没有经济效益，需要高强度投入。这一类科技新闻与讲究投入产出效益的经济新闻有明显的区别。近年来，我国科学家参与或独立从事的一些重大基础研究活动，取得了举世瞩目的成就。高能粒子加速器的研究，“人造太阳”装置(EAST)研究，“墨子号”量子科学实验卫星，“蛟龙号”载人潜水器，“中国天眼(FAST)”，以及在月球背面着陆的“嫦娥四号”探测器等，都属于第一类科技新闻报道的内容。

第二类科技新闻是指科学技术进入经济建设、生态建设、社会建设、文化建设等应用领域，产生的新成就、新纪录、新突破、新景观、新业态。科学技术转化为现实生产力，就可为社会创造出巨大财富。第二类科技新闻跟普罗大众的日常生活密切联系，比如中国互联网用户数量突破 8 亿，“复兴号”高铁列车投入使用，首艘国产航母下水等都属于第二类科技新闻。粤港澳大桥建成通车这条新闻，既可以当作经济新闻来报，也可以当作科技新闻来报。若作为科技新闻，就要选择建桥过程中攻克的科技难题作为报道重点；若作为经济新闻，则应突出报道大桥对促进粤东、粤西及粤港澳大湾区的经济发展将要发挥的巨大作用。国内有的新闻单位在进行业务整合时，将科技新闻划归经济部管理，这种安排有利于第二类科技新闻与经济新闻的协调，但很可能照顾不到第一类科技新闻，特别是第一类科技新闻中有关科学教育的内容会被弱化，这对保持科技新闻的完整性和健康发展不利。

第三类科技新闻是有关党和国家的科技战略、科技规划和科技政策的新闻报道。这类新闻报道带有宣传意味，处理需要技巧，否则很容易把宣传与新闻混为一谈，导致传播效果不理想(将在下文作专题讲解)。

第四类是科技争议问题的新闻报道。这类问题是人们对客观事物产生的认识分歧，有待科学发展加以验证或揭示，还可能涉及伦理问题、宗教问题等。比如“基因编辑婴儿事件”引发的科学伦理问题，长期以来争论不休的中医存废问题、气功问题、转基因问题等。另外，科技诈骗行为本不属于科技争议问题，但由于这些违法行为披着科技外衣，在没有被揭穿之前，暂且划归科技争议问题。

29. 怎样写宣传鼓动性新闻？

宣传鼓动性科技新闻属于第三类科技新闻。事实上党和国家关于国家发展的战略性文件中一般都含有科技新闻的内容。比如2013年发布的《中共中央关于全面深化改革若干问题的决定》中，第13个要点就是“深化科技体制改革”。国家发展的“十三五规划”、每年的“政府工作报告”、领导人的历次重要讲话等文件中也都少不了科技新闻。但在这些文件中，新闻被高度浓缩成了文件语言，淹没在宏大叙事之中。记者需要从文件中把事实拎出来，再做一番“新闻化”的工作，才能写出合格新闻稿。但实际工作中有一种倾向，记者或因怕出错或想图省事，一味照抄文件中的句子和段落，不肯做“新闻化”的工作，于是一家抄变成家家抄，全国的舆论机器同声大合唱。这是多大的媒体资源浪费！我想新闻学院毕业的学生不能再干这种蠢事了。

报道这类科技新闻的目的是把中央的战略思想宣传出去，让民众知道，鼓动民众为实现这一目标而奋斗。围绕这个宗旨，记者应该首先吃透中央的精神，遵循新闻规律进行创造性的报道。所谓“新闻化”应包括：以新闻视角对文件进行再发掘，把文件语言变成新闻语言，把文件叙述变成新闻故事。

方法一：分拆解读法。拿到一篇长文件，在认真研读之后，以简洁的文字把它拆分成几个认识、几个方向、几个重点、几个关键、几项突破、几项改革等，分别利用图表、照片和专家访谈等形式，对文件要点进行分拆解读，然后一次性刊出，或以专栏形式分期刊出。

方法二：联系实际法。找出文件中涉及本地区发展或与老百姓生活相关的内容，联系实际，抓住读者关心的问题进行访谈，制作专题报道。

方法三：系列评论法。把文件的主要精神提炼成几个论点，撰写系列评论，配合新闻报道。

方法四：撰写述评法。抓住文件的核心要点撰写述评。

中共中央1978年3月18日召开全国科学大会，1995年5月26日召开全国科学技术大会，1999年8月召开全国技术创新大会，2001年2月召开全国科技奖励大会，2016年5月30日召开全国科技创新大会。每次重要会议前，《人民日报》都要发表宣传鼓动性的报道和评论，比如发表系列述评，对前几年的工作成绩进行综述；发表社论，宣传中央的科技决策，鼓励广大科技人员勇攀高峰等。这类报道由于分量较重，放的版位都比较靠前。

全国科学技术大会开幕之前，领导要我写一篇关于科技对提升国力做出贡献的稿子。虽然科学技术对提升国力的贡献显而易见，但范围那么广，从哪里着手，从何点切入，一时没有头绪。经过苦苦思索之后，我把问题进行了分解，选择了几个对国力影响最大而科技贡献最突出的领域来写。这一分解就把问题化简了，抽象的问题变成了具体的问题，解决起来就容易了。钢铁——国家的筋骨，石油——国家的血液，船舶——国家的脉络，我就选择这三个领域来写，题目确定为《科技壮国力》，稿子交出后，刊登在《人民日报》头版头条。

撰写科技类宣传鼓动性报道首先要吃透中央精神，寻找中央精神与科技界的共鸣点，以最新的新闻事实作为材料，及时报道最新的动态和人们关心的大事。

1999年8月，在北京召开的全国技术创新大会即将闭幕，《人民日报》已经按计划完成了规定的报道任务，参加会议的副总编辑李仁臣突然把我叫去，他认为与会代表群情激昂，一股追踪、赶超世界先进水平的精神感人至深，《人民日报》应该及时把代表们的这种赶超精神报道出去，并嘱我和他合写这篇稿子。我遵命连夜在京西宾馆展开采访，很快就写出了初稿。李总把标题改成两个字——“跨越”，这二字较好地概括了会议的主题，反映了代表们的心声。他在对内文进行了大量仔细修改后，报送国务院有关领导审阅。会议刚一结束，《人民日报》就在头版头条位置刊出长篇述评《跨越》。“跨越式发展”这个口号经《人民日报》这样的权威媒体再次强调之后，立刻成为舆论跟进的对象，成为全国科技界叫得最响的一个口号。

◎ **附录：**

科技壮国力

（《人民日报》1995. 05. 25 第 1 版 作者：贾西平）

我国学者新近完成的一项综合国力研究报告显示：在与几个主要国家的比较中，中国有 17 项指标居第一位，有 21 项指标居第二位，在一些重大工业和科技领域已经达到国际先进水平。

考察国力既要看高技术，也要看基础产业。钢铁是材料的基础，石油是能源化工的基础，船舶是国际海运的基础。那么就让我们选择这几个产业部门，窥视一下科技所发挥的巨大作用吧！

组织科技战役　钢铁巨人由“大”向“强”

在如今已发黄的报纸上，依然可见 1958 年的口号：“钢铁元帅升帐”“全民大炼钢铁”“为 1070 万吨钢而奋斗”……

全民大炼钢铁的结果，不但没有使我国的钢产量从 594 万吨上升到口号中提的 1070 万吨，而且酿成了一场众所周知的灾难！

今天，我国的钢产量已突破 9000 万吨，居世界第二位，钢材居世界第三位，生铁雄踞首位。一些为新中国钢铁事业奋斗了一生的“老钢铁”们对此感慨地说：“离开了科学技术，就不会有今天。”

连续十几年大规模的新建和改造，使我国钢铁工业装备面貌焕然一新。武钢一米七轧机系统、鞍钢三炼钢系统、首钢高炉系统达到了 80 年代国际技术水平。宝钢和天津无缝钢管厂成为国际一流的大型现代化企业。

钢铁工业突出的特点是复杂、庞大，使用的往往不是一二项技术，而是一个密集的技术群。对此精心组织科技兵团，进行科技战役就显得十分必要。

曾获国家科技进步特等奖的武钢一米七轧机系统新技术开发与创新，可称为一次成功的科技战役。一米七轧机是国家为实现热轧带钢板、冷轧薄板、冷轧硅钢板的国产化，花40多亿元巨资从日本和德国引进的。由于不是整套引进，只在原厂新增了一个后工序，这样一来，前工序和生产条件与一米七轧机要求不适应；备品备件、材料供应与一米七轧机不适应。于是，冶金部以武钢为中心联合武汉钢铁研究院等5个单位组成攻关队伍，展开了一场规模宏大的技术开发与创新活动。这场战役历时10年，共开发新技术197项，其中47项达国际先进水平，用不到7年时间还清了国家贷款，还创造经济收入21亿元。一米七轧机的改造成功，从整体上把我国钢铁工业的水平大大提高了一步，为打更大的技术引进战役积累了经验。

迄今为止，最大的科技战役可称宝钢。这个具有国际一流水准的钢铁企业的引进，实质上是世界最新科技注入我国钢铁工业的过程。把宝钢一期工程与二期工程进行比较，出现两个不同的88%，即一期工程引进量为88%，二期工程的高炉系统设备国产化占88%。据了解，即将动工的三期工程将以国内为主制造设备，少量引进单机和小成套设备。可以想象，在宝钢的背后，全国有多么大一个科技兵团在作战！

据统计，仅1992年宝钢就针对生产实际问题立项695个，对外合作立项186个。不断的技术创新使宝钢保持了90年代国际一流的水平。科技进步对宝钢的贡献率超过60%。这个只有2万多名职工的企业，去年产钢730万吨，雄踞全国经济效益最佳之首。

近年来，冶金工业部创造科技成果近万项，7000多项申报了专利。这些成果的推广使我国钢铁工业在质量、品种、能耗、环保等方面上升到一个新水平。现在我国国民经济和国防建设需要的专用钢材有2/3可以自己生产。到本世纪末，全社会钢材需要的满足率将上升到85%。

经过几十年的发展，我国钢铁工业已实现了由“小”到“大”，正在由“大”向“强”！

创建自己的石油理论体系，把油气勘探开发推向世界一流水平

“石油滚滚流，我的心里乐开了花”。这句脍炙人口的歌词，道出了石油工人的心声，也道出了全国人民的心声。

但是，近年来我国石油资源增长速度缓慢，老油田稳产难度大，生产成本上升，能否确保石油这个工业血液源源不断，成为人们关注的问题。

按照国外大油田的惯例，大庆油田在稳产8—12年之后，随着含水量增加产量将逐年下降。但是，大庆油田却连续稳产高产了19年，去年还创下了年产原油5600万吨最高纪录！

创造奇迹的是科学技术。大庆油田组织了“油田高含水期采油方式研究”、高含水后期增加可采储量的研究，还组织了有关薄层砂岩油气藏勘探等领域的研究，涉及几十个配套项目，数百个研究课题，逐步探索出一条勘探开发大型砂岩油田的地质理论和技术，成了大庆油田继续稳产高产的保障。

我国地域辽阔，地质构造十分复杂。外国许多找油理论在我们这儿不适用。换句话说，如果依了那些理论，我们还得把“贫油”的帽子再拣回来。

继老一辈地质学家创立的陆相生油理论推翻了“中国贫油论”之后，我国新一代地质学家又创立了低熟油理论，油气分布源控论、陆相湖盆地沉积体系与模式等理论。低熟油理论突破了国外公认的石油演化温度范围，在渤海湾地区和江苏油田已累计探明储量8亿吨，预测储量25亿吨。我国科学家的一系列理论建树，成为与国际海相油气藏形成与分布并列的中国石油理论体系。

1991年冬季，我国第一个完全按科学程序设计的水平井在胜利油田诞生。这是我国钻井技术的一大突破。水平井是让钢钻在地下沿着水平方向位移，把地理上分散的若干块儿油层串起来，能极大地提高油井产量。

从1991年到1994年，中国石油天然气总公司取得科技成果几千项，其中重大成果150项，科技成果应用率达80%以上。科学技术使我国油气勘探和开发保持了世界一流的水平。最新统计表明，我国已在24个省、市、自治区发现了陆上油气资源。石油产量自1978年突破1亿吨之后，连续17年稳定增长，1994年原油产量达1.46亿吨，居世界第五位，成为我国现代化大业的强大后盾。

出口、引进、创新船舶工业百舸争流

那是在50年代初期，黄浦江畔一个码头上人头攒动，我国自己设计的第一艘小炮艇就要下水。可是，出人预料的事情发生了。只见小炮艇刚一下水，摇晃了几下，船体就侧向倾斜。顿时人们的心头笼罩了一层阴云。

100多年来，帝国主义列强对我国的大部分入侵都来自海上，现在新中国成立了，有海无防应该成为历史，但我们竟连一艘小炮艇也造不了！许多参加试验的科技人员、老船工、军代表都伤心得哭出了声。他们发誓一定要把中国的船舶工业搞上去！

光阴荏苒，斗转星移，我国的船舶工业走过了近30年发展壮大的历程，但由于长期处于技术封闭状态，在改革开放初期，我国船舶工业整体设计与工艺水平至少与国际水平相差20年！

落后的根源是科学技术的落后。中国船舶工业领导部门提出，充分利用改革开放的条件，一手抓船舶出口，一手抓技术进口，以出口养进口，再促进船舶出口和国产化。

大连造船厂承接的第一艘出口船是2.7万吨散装货轮。当时，他们对国际船用技术标准一无所知，而要出口船只，就必须按照国际规范。“与国际接轨”成为一个响亮的口号。他们学习、翻译英国、日本等著名船级社的规范、标准，并在此基础上引进先进的技术设备，终于保证了第一条出口船的成功。在为挪威建造6.9万吨化学成品油轮时，大连造船厂引进了具有世界一流水平的特涂技术设备，创造了日涂670平方米的世界纪录。挪威船东高兴地说：“我到过世界许多地方，还没见过这么高的水平。”

从60年代我国造第一艘万吨轮开始，到70年代末，我国共造了130艘万吨级以上的船舶，可以说成绩不小，但这些船舶的心脏——大功率船用柴油机基本上全依赖进口。欲后来居上，须独辟蹊径。我国瞄准当时占世界船运市场90%的瑞士苏尔寿和丹麦B&W公司的产品组织引进，并组织力量消化吸收。目前我国制造的大功率船用柴油机不仅能满足国内市场，而且能随船出口。

引进、消化的结果，大大提高了我国自主造船的能力，形成了百舸争流的喜人景象。十几年来，中国船舶总公司开发和设计了500多个新船型，60%被国内外船东选用。1994年9月，我国设计的全铝合金高速水翼客船“北星”号在上海顺利交船出口。这种船目前只有美国和日本可以制造。在中船总公司的组织下，我国采取厂所结合联合攻关方式，攻克了18项高科技难关，仅用三年时间建造完工，并获得了美国ABS船级社的认可。我国制造的6.5万吨散货船和4.4万吨与9.8万吨成品油轮，分别以“中国江南型”和“中国大连型”享誉国际船运界。到目前为止，我国已累计出口船舶500万吨，承接出口700万吨，成为世界公认的船舶重要出口国之一。

科技壮国力，这就是钢铁、石油、船舶工业发展所带给我们的启示。

30. 科技争议新闻的报道

科技争议问题涉及面广，其中大部分问题经过一段时间的争论后会水落石出。只有中医、气功和“转基因”食品这三个问题长时间争论不休，有时还会趋于激烈形成新闻热点，引起社会广泛关注。凡属科技争议，理应由专业人士通过学术争鸣的方式来讨论，新闻报道应秉持客观持平的报道原则。我们报道此类新闻的目的不是炒作新闻热点，而是着眼于提高民众的科学素养，促进科技事业健康发展。报道科技争议新闻，要求记者对这些问题进行长期的学习研究，并有自己的独立判断。

中医是我国的传统医学，其基础理论起源于《易经》。《易经》认为，这个世界上原本只有一种物质，叫“气”，然后“气生阴阳”，阴阳交汇，万物诞生。中医药有文字记载的历史有 2500 多年，集大成于四大经典《黄帝内经》《难经》《伤寒杂病论》《神农本草经》，但自汉代以后，一两千年来，中医理论鲜有大的突破，与近代蓬勃兴起的西医形成截然不同的两套语言体系。

数千年的临床实践证明，中药确有疗效，但与西药的化学分子式、结构式、成分表及含量一应俱全不同，中药是模糊粗放的，一服药包含十几味、几十味中草药材，煎煮出来的汤剂是多种化合物的混合体，成分极其复杂，药理作用难断。中医讲“治未病”，“内病外治，外病内治”，“同病异治，异病同治”，“阴阳平衡”，“扶正祛邪”……这些诊治理念也很难与西医展开对话。在民间，中医坚守着自己的传承与经验，家传秘方“传男不传女”，因此老中医和中医世家特别吃香。中医治疗疑难杂症、不孕、老年病的专科医院随处可见。

70 多年来，中医药事业有了很大发展，中医药大学、研究院相继建立，中医与现代科学的结合日趋紧密，科研也有不少成果，但中药成为国家一类新药的数量非常少，得到世界承认的更寥寥无几。中药由于缺少详细的临床试验数据，其药效和毒性难以量化，很难通过美国 FDA 认证。外国人对中医药的认可程度不高，一部分人只对针灸等物理疗法比较感兴趣。这些都是中医走向世界的拦路虎。

2015 年 10 月 5 日，屠呦呦研究员因研制青蒿素等抗疟药方面的卓越贡献获得 2015 年诺贝尔生理学或医学奖。她在卡罗琳医学院诺贝尔大厅用中文作题为《青蒿素的发现——中国传统医学对世界的礼物》的演讲，提到青蒿入药在《神农本草经》《本草纲目》中都有所记载，但是没有明确青蒿的植物分类品种，而药用青蒿资源混乱，后来团队还是从葛洪《肘后备急方》中获得启示，联想到提取过程可能需要避免高温，由此改用低沸点溶剂的提取方法，最终制取青蒿素。

“气”是中医理论的基础，这也决定了中医与气功相伴而生，以气功给人治病被称中医养生气功，而另一类“气功”宣称具有特异功能，能预测火箭、地震等，不幸走到“伪气功”的邪路上去了。

另一个在全球范围内引起争议的话题是“转基因”食品。反方比较著名的代表人物是崔永元教授和郎咸平教授。郎咸平在广东一档节目里面举了很多证据反对“转基因”，指认美国孟山都公司研究的“转基因”食品导致很多人和牲畜罹患肿瘤。正方代表人物中，方舟子博士一直认为“转基因”食品无害，国内许多农口的专家是赞成“转基因”食品的，甚至国家主管部门也对“转基因”食品开绿灯。

有一个视频流传很广，说南方某省因食用“转基因”食品导致 8000 万妇女不孕。我们简单计算一下，8000 万名育龄妇女，加上配偶就是 1.6 亿，再加上老人和孩子，这个省的人口应在 2 亿以上，我国南方哪儿有这么大的省区？

从正反两个阵营来看，反方基本上对生物知识一知半解甚至完全不懂，只凭传说和想象来反对，而正方都是专业人士。一边是专家团队，一边是民间人士，这样的讨论不是同一级别的较量，为什么还辩得不可开交呢？一个根本的原因是，目前正方还拿不出无懈可击的实验数据，说明转基因对人体无害。

人类在地球上生存就需要食物，最初这些食物与杂草生长在一起，经过人类数千年的筛选、培育，才变成今天大规模种植的小麦、水稻、大豆。这个筛选种植的过程包括了自然杂交和人工培育，当然也不排除基因的变异。人工操控的基因改变与自然界里偶然发生的基因改变并没有本质上的不同。

全球人口已 70 多亿，人们对食物的要求不断提高，而城市化和改善环境使得农业用地不断减少。为了提高产量，农民开始大规模使用农药、化肥，带着过量农药、化肥残留的食物来到了人们的餐桌上，对人们的身体健康构成了很大威胁。“转基因”作物可以减少农药化肥使用量，增加农业产量和改善食物品质。利用“转基因”技术改良一些作物，可以让餐桌食物变得更健康。

但反方认为“转基因”食品不安全，他们举出很多例子，什么地方有动物吃了“转基因”食品之后就发生了变异，什么人吃了“转基因”食品得癌，哪些国家已经禁用“转基因”食品，等等，所以“转基因”食品有风险。

正方讲的是理论，反方举的是例子。

正方要说服反方需要几代人的对照试验数据，这个时间他们耗不起。因此，“转基因”食品的安全性讨论目前只能停留在一个各说各话的阶段。国家的政策是“不推广”，但因为“转基因”作物产量高，用药少，对农民来说可以获得更高的回报，所以有人偷偷地推广，“转基因”作物的种植面积也越来越大。

“转基因”作物、“转基因”食品的问题目前难以形成社会共识，在反对与赞成两个极端之间是沉默的大多数。由于食品事关身体健康，所以一般的人都会选择保守的取态，甚至内心赞成“转基因”，但也不会不假思索地把“转基因”食品塞进自己孩子的嘴里。因此可以判断，在相当长时间内，由于反对方具有人数优势，“转基因”食品的研究与推广困难重重。

31. 科技新闻的真实与准确

科技新闻由于具有客观性、新鲜性、显著性、趣味性和知识性而广受读者关注，也吸引了大批有才华的新闻工作者投入其中。科技新闻首先是新闻，具备新闻的属性。教科书中对新闻的所有要求，对科技新闻都无一例外。科技新闻记者除了要具备普通记者的基本素养之外，还应具备一些科技常识，因为他们需要对新闻事实进行一番“翻译”的工作，使之变得通俗易懂，才能完成科技新闻的报道。

把专家的话或者研究论文里面的话抄一段直接贴到稿子里行不行？除非这些专业文字浅显易懂，一般情况下是不行的。一则让读者无法看懂的科技新闻没有传播效果，因而就失去了新闻报道的价值。科技新闻虽然是中文写作，但“翻译”的过程不能省略。

大翻译家严复翻译《天演论》时，把长长的英文句子翻译成简洁的文言，像“物竞天择，适者生存”读起来朗朗上口，文字工整，含义准确，成为唤醒一代又一代中华儿女的座右铭。他当时提出翻译的理想状态是：信、达、雅。他在翻译《天演论》的过程中确实做到了。事实准确，谓之信；言辞畅达，谓之达；文采斐然，谓之雅。这三个字不是随便排列的，而是按重要性排序的。“信”是最重要的，“信”就是真实、准确，这一点最难把握，是科技新闻报道的难中之难。

所谓真实、准确，就是要求客观公正地报道新闻，不能把“无”说成“有”，把“假”说成“真”，把“小”说成“大”，把“劣”说成“优”，把“未来”说成“现在”，把“几乎不可能”说成“可能”。我们国内的科技新闻经常出现报道不准确的问题。许多科技新闻中有这样一句“国内首创，达到国际一流水平”。对科学研究来说，只有做到第一，或取得了专利权，这才能算是自己的创造；不能把外国人的技术拿回来改头换面造出一个东西，就说“国内首创，达到国际一流水平”，还要在国内评奖、评职称。

尽管造成科技报道失实的客观原因多为采访对象不诚实地夸大成果造成的，但我们不能去责怪采访对象，因为记者的职责就是发现新闻、揭露真相，所以报道失实还是应从记者身上多找原因。有的记者为了抢独家、抢时效，没弄明白来龙去脉就赶着报出去，结果出现差错。有的记者喜欢在新闻里加进无新闻来源的观点，既然无新闻来源，那么就是记者本人的评判，这是有失专业水准的。最近几年，随着我国探月活动的展开，国内媒体爆炒质疑美国人登月的新闻。面对媒体炒作，我国月球探测首席科学家欧阳自远指出，那些质疑听起来似乎有道理，其实是对月球环境缺乏了解的表现。有人说月球上没有空气，为什么美国国旗会飘起来？殊不知那面美国旗是硬体材料制作的，不会下垂，它不是在飘动，而是受到航天员插旗时传递的力的作用在抖动。部分媒体热衷于炒作美国登月话题，除了自己判断不清外，可能有迎合国人自大心理的因素，以为美国 1969 年登月如果是骗人的，那么中国探月就是人类首次了。造成国人这种长期疑惑，媒体难辞其咎，因为美国“阿波罗”计划 1969 成功登月的新闻国内媒体只字未报。

在当今互联网时代，一家媒体报错一项科技新闻，除了引起同行讥笑外，一般不会产生大范围的假新闻灾难。但对记者本人来讲，报错了新闻自己的公信力受损，不仅不会因抢到独家而立功，反倒会受到处罚，是一件非常不合算的事。

综上所述，造成科技新闻不真实、不准确的原因有以下几点：

为个人出名不顾职业道德故意炮制假新闻；

受利益集团收买故意不如实报道；

为抢新闻未认真核实造成报道不准确；

为迎合政治需要夸大事实造成报道不准确；

采访不深入造成不实报道；

知识素养不够造成误报；

过分使用文学语言造成报道失真。

一篇合格的科技新闻稿件首先是文字干净、用词准确，不出现可有可无的字，不使用太多的形容词和夸张语句。所谓“雅”是更高一级的追求，但不是刚性的要求。

32. 培养对科技问题的兴趣

就提高科技记者的素养而言，兴趣是最好的老师。搞科技报道，首先要培养自己对科技问题的兴趣。科技人员搞研究，探寻自然界的奥秘。他们搞出结果了，请记者去报道，记者没有像他们一样辛苦就了解了自然界的奥秘，这是多么便宜的事啊。

科技记者日常会接触到很多新鲜的东西，如火箭、导弹、卫星、潜艇、核电站等，需要边采访边学习，不断丰富自己。记者学习科学知识并不要求多深，但要求尽可能广博。从新闻工作的需要出发，遇到不懂的赶紧翻翻书，上网查查资料，或是向内行人请教，把基本原理搞清楚。受过新闻学院教育的同学，信息搜索抓取的能力都很强，一定能够胜任科技记者这一工作。工作的时间长了，知识积累就多了，一个文科生同样会在众人眼里变成“科技专家”。

我当科技记者时负责跑的口中有一个是国家地震局。当初对地震也没有多大兴趣，但为了工作，还是硬着头皮学。既要学习这个行业的政策文件，也要学习专业知识。等到入门之后，与专家交流有了共同语言，学习就有了兴趣。可以这样说，只要钻进去，所有的科学技术门类都是十分有趣的，否则它就不会形成一个学科。

地震新闻中有一个问题长期困扰着人们，就是地震预报问题。一些民间人士说，既然专家预报不了，他们能预报为什么又不让报？这可是千万人性命攸关的大事呀！

1966年邢台地震后，周总理制定了中国地震减灾工作方针：“地震工作要以预防为主，专群结合，土洋结合，大打人民战争。切实抓好地震专业队伍和群测群防运动，加强防震抗震工作。”国务院成立了中央地震工作领导小组，全国人民都被动员起来，搞“群测群防”工作，无论是谁，一旦发现异常，都可以到当地地震部门汇报。这是在当时的科技落后的条件下，政府为预防地震不得已采取的办法。现在我国的地震科研水平已经与邢台地震时大不相同了，大量尖端的地震监测仪器设备已经遍布大江南北，海量的数据每天都在通过大型计算机进行处理，地壳的轻微变化都不会遗漏，这样强大的国家预报监测体系是任何民间人士都无法相比的，因此今天的“群测群防”土办法已经失去了用武之地。至于说专家做不到短临预报，日本、美国以及其他任何国家的专家也都做不到。这就是人类目前对地震认识的局限性。至于民间人士宣称自己可以做短临预报则肯定是不靠谱的，不值得采信。

另一个令人困扰的问题是关于哥德巴赫猜想。我国著名数学家陈景润在1966年证明到了“1+2”，被称为“陈氏理论”，迄今无人超越。中科院数学所所长杨乐院士多次通过新闻界传话，在人类没有开发出新的证明方法之前，这个皇冠上的明珠“1+1”不可能摘下，希望民间人士不要再宣称自己证明了哥德巴赫猜想。但是有些人听不进去，他们信誓旦旦地说自己证明了“1+1”，一麻袋一麻袋的信寄往新闻单位，搞得人哭笑不得。这些来信的人大多是一些清苦学人，长年累月埋头演算，梦想着有出人头地的一天。

新闻记者学习了这些知识之后，再遇民间人士找上门来发布惊人成果时，就会向他们解释不要再做这些无谓的劳动了。

33. 写稿不要被舆论左右

新闻的真实性原则说起来就是一句话，要捍卫它则需要勇气。有时候舆论对记者有利，顺势而为，稿子见报一片叫好；有时候舆论对记者不利，逆势而动，写出的东西迎来一盆冷水，甚至会承受压力。传媒学者郑保卫说："一个新闻记者应当有一种强烈的事业心，不是把新闻工作仅仅看作挣钱吃饭、借以谋生的一种职业，而是将其视作一种为国家服务、为社会服务、为人民服务的社会工作。这就需要新闻工作者抛弃一切个人杂念，用一种执著的事业追求和职业热情努力工作，为促进社会进步和人类文明而不懈奋斗。"①新闻工作者就是要为促进社会进步和人类文明这个目的，善于思考，敢于采访，勇于发声。

国内的反日情绪十分强烈，一些人对涉日报道望而生畏，甚至以民族气节为由连一句公道话也不愿说。我采访日本治沙老人远山正瑛正是冒着这种舆论压力。远山正瑛曾经参加过侵华日军，他的部队在中国犯下了累累罪行。他在被强征入伍之前是日本的农学教授，中日邦交正常化之后，他带着一种赎罪的心理来到中国。这位耄耋老人，放弃含饴弄孙的美好生活，离乡背井来到中国，经常迎着西北风吃着带沙子的饭，还曾经被村里的狗咬伤。他从甘肃干到宁夏，再从宁夏干到内蒙古，植树造林、改造沙漠，播撒了一路绿色。在他的带动下，许多日本人来到中国，参加义务治沙劳动。这样的老人、这样的精神，难道不应该报道吗？中国人仇恨的是日本军国主义，但如果连日本人的善意也加以拒绝，那么我们到底需要什么？是仇恨还是战争？在对日问题上中国人应该表现出自信与大度。

我国改革开放之后，日本对于中国的援助是很大的。日元无息贷款直到2018

---

① 郑保卫. 新闻理论新编[M]. 北京：中国人民大学出版社，2007：289.

年日本首相安倍晋三访华时才停止。40 年的对华援助，总金额在 2900 亿人民币左右。我们不应该因为过去的日本人干的坏事，而无视现在的日本人干的好事。任何不公正都会埋下怨恨的种子。

日本对华政府援助始于 1979 年，当时正值改革开放的第二年，中国面临资金、技术紧缺和能源供应紧张、基础产业落后等问题。日本通过提供 3 万亿日元的援助，包括有偿资金合作(日元贷款)、无偿资金合作和技术合作，援建项目均为规模大、周期长、技术要求高和施工难度大的基础项目，几乎遍布中国所有省份。具有代表性的包括：京秦铁路电气化改造、南昆铁路、北京首都机场、上海宝钢、上海浦东机场、武汉长江二桥、北京污水处理厂建设项目等。

《播撒生命的绿色》这样一篇稿子本来没有特别的地方，但是它却承受了一定的政治风险和舆论压力。作为一个记者如果怕风险、怕担责，只做一些平平稳稳的报道，那就没有办法把中日之间的一些真相告诉读者，而社会舆论就会被一些激进仇恨的情绪继续牵着走，最终给我们的国家带来新的伤害。令人欣喜的是，这篇报道发表后，许多读者被远山正瑛老人的事迹感动，大部分网上留言属于正面。可惜的是，像远山正瑛这样的日本老人现在基本上绝迹了，作为中国人，我们除了怀念远山正瑛，还应该想些什么呢？

34. 怎样判断科技新闻稿的价值?

新闻行业竞争激烈，记者的压力很大。有时记者辛辛苦苦采写一篇稿，却被编辑说成“抄袭”，感到很委屈，编辑不退让。这个矛盾怎么解决呢?

2013 年 10 月，复旦大学计算机科学技术学院的研究人员发明了一种利用室内可见光传输网络信号的技术。记者去了现场，采访了研制人员，回来参考学校的新闻通稿写成一篇新闻稿传回报馆。编辑没有用她的稿子，却转载了上海一家报纸的稿件。编辑的理由是，记者稿件和《新民晚报》的报道多处雷同，认定记者抄袭，所以不予采用。记者不服编辑意见，矛盾转到我这里。

我让编辑把记者稿件和上海某报的稿件打出来，进行对比发现，记者稿件中对这项技术的新颖性、先进性和知识产权归属都交代得比较清楚，而外报稿件在这三点上有不清楚的地方，还有错误的地方。这三点是判断科技成果的重要指标。至于稿件中几个部分内容雷同的问题，要考虑到国内新闻采访的实际情况，通稿中关于这项技术的原理、技术试验指标等内容记者不能改动，专家的鉴定意见也是不让改动的，各家媒体的新闻稿中都有这些相同的内容。我又调出《科技日报》的稿件进行验证，情形果真如此。从上述关键的三个要素判断，本报记者稿不仅不应算抄袭，而且还多少优于外报稿，编辑应该采用本报稿，故对编辑的做法提出了批评。

35. 写作能力是记者一生的财富

在媒介融合的大环境下，报纸日渐式微，于是有些同学找工作时躲着报纸，生怕去了以后没饭吃，其实大可不必。

白纸黑字是最练写作能力的，而写作能力才是记者一生吃饭的本钱。无论你到哪里，拥有一支健笔，何愁无用武之地。

写作能力是人的素质的集中体现。文字记者写稿，要通过不会说话、没有彩色图像的文字来表达，把什么人、什么事、为什么、在何时、在何地交代清楚，就必须遣词炼句，认真地组织文字。交稿后编辑主管要把关，提出修改意见。这样一个过程日复一日，锤炼了记者的文字功力。俗话说“冰冻三尺非一日之寒”，在报纸练就的写作能力将使你享用终身。电子媒体由于有图像视频，一图胜千言，许多话就可以省略，加之有嘉宾互动，嘉宾的话一般更精彩，记者(编导)的功夫主要体现在组织策划上，而不是文字表达上。有的电影导演拍出来的电影水平不差，但写出来的文章比较一般，可能就是这个原因。平面媒体锻炼记者的写作能力，电子媒体考验记者的策划功夫。

也许是我对报纸的偏爱，我希望同学们毕业后不要嫌弃报纸，先去干一干，练练写作，写作能力是记者的财富，吃饭的本领。如果你在报纸干得出色，走出去无论到哪个新闻单位你都会同样干得很棒。如果你在《人民日报》《光明日报》《中国青年报》等这样的纸媒上是一个写重头稿的记者，那么你到了电子媒体当一个栏目的主笔，同样会很出色，反过来就未必。今天，举目望去，报纸培养的新闻人才活跃在新媒体的各个层面。在新媒体里面当老总的、开专栏的、做公众号的人，写得最好的、最有水平的人，基本上都是纸媒出来的。

写作强的人不一定能做主持人，因为主持人有一些特殊的条件要求，另当别论。贾平凹是一位著名作家，但他不是一个出色的主持人，当然，人家也可能不愿意做主持人。

记者不是作家，也不是科学家，号称杂家，即百科知识样样都懂。这是从“博”的方面说的。一般认为，记者首先应该具备良好的文史哲知识，熟练运用外语，具备数理化的基本常识，受过新闻理论、新闻采编、新闻史教育。具备这些知识还不足以成为一个合格的记者，还必须要有“专”。“专”是针对某一领域而言的。记者工作之后必须负责某一领域的具体新闻工作，比如时政、经济、金融、科技、教育、卫生、体育、军事、文艺等，记者要对自己工作的领域有知识准备，这就是“专”。“专”就是懂行。跑文艺口，就需要对戏剧、歌曲、文学有研究；做副刊编辑，就需要跟作家、艺术家、画家打交道，你得用他们的行话跟他们聊，交朋友。如果一个跑经济新闻的记者不懂经济学、不懂股票、不懂金融，你就没办法采访。记者在具备了“博”的基本要求之后，就要培养自己的专业爱好和强项。“博”与“专”是记者成长中一个不断学习的动态过程，没有什么先后之分。一般很专业的记者也具备渊博的知识，而具备渊博知识的记者做起新闻来同样很专业。

第五章 深度报道

36. 写深度报道记者得先有深度

20 世纪 90 年代初，《中国青年报》的《冰点》，《人民日报》的《记者调查》，中央电视台的《焦点访谈》和《新闻调查》可以说都是非常出色的深度报道栏目。新华社随后打造的《新华视点》也十分犀利。央媒顺应时代潮流，带头进行新闻改革，创造了中国新闻业深度报道的黄金时期。

2005 年，我担任《人民日报》教科文部主任，提出“抓独家、抓深度、抓策划”，把这九个字作为教科文部的采编工作指引。与以前只搞一个栏目不同，这次是从部门采编工作整体上提出的要求，有的同志担心这么提会导致“报纸杂志化”。我说，所谓“报纸杂志化”是相对时效而言的，过去报纸每天一期，杂志一月或一周一期，报纸比杂志快，有时效优势；现在是互联网时代，网上信息一秒钟可以绕地球好几圈，报纸还是每天一期，早已经“杂志化”了，全无时效优势可言，因此必须发挥报纸的人才优势，搞深度报道，才能遏制颓势。

实际上早在电视出现之后，报纸就已经面临危机了。广播仅有音频，尚无法取代报纸的版面，电视出现之后，图文并茂，信息量大，时效快，加上有主持人和嘉宾互动，报纸就难以匹敌了。报纸必须变法图存，办法就是抓深度报道。

关于什么是深度报道的说法多种多样：

深度报道是一种系统地反映重大新闻事件和社会问题，深入挖掘和阐明事件因果关系以揭示其实质和意义，追踪和探索其发展趋向的报道方式。

深度报道是把一个新闻事件的来龙去脉搞清楚的报道。

深度报道是挖掘受众希望知道的深层内幕的报道。

深度报道是比一般报道更深入的报道。

深度报道是包括解释性报道、调查、典型报道、预测性报道等在内的一种报道。

上述说法见仁见智，虽难说严谨，但各有侧重，有助于我们理解深度报道的含义。

深度报道应有或不限于下列五个特征：

(1)更丰富的信息量；

(2)更多的内幕故事；

(3)更接近于真相的事实；

(4)更深刻的思想内涵；

(5)更强的新闻性。

深度报道不能丧失新闻性。报纸是一张新闻纸，稿子越短越好。不是说稿子长了自然就变成深度报道，而是新闻性应该更强才符合逻辑。有些所谓的深度报道，其实只是加进了更多的新闻背景、时政套话，缺乏思想内涵，没有内幕故事，新闻性差又文字冗长，版面编辑推来推去谁都不愿意采用。这类稿子不具备深度报道的特征，不应该叫深度报道。

一般来说，深度报道的采访手段比较多样，甚至会使用特殊手段获取信息。深度报道可以策划，但有时也有不可预见性，当记者进行一项普通的采访时，可能随着调查的深入发现更大的新闻，这时一项普通报道可能升级为深度报道。有的深度报道不是只进行一次报道，而是长时间的连续追踪报道。

新华社新闻研究所冯建、李峰主编的《通讯名作100篇》中有不少深度报道，其中录用了我的一篇《利在当代　功在千秋》，此文后来又被收入国家规划教材《大学语文新编》。下边以此文为例，对深度报道作进一步分析。

首先看讲授“大学语文新编”课程的老师在其课件中对这篇课文的分析：

> 这是一篇入情入理，解释充分，分析透彻的深度报道，有以下几个特点：
>
> 第一题材的重要性。这篇报道涉及的是当今发展与环境的重大问题，它是关系到中华民族的成败与兴衰的大问题，作者立足全局，高瞻远瞩，提出了这一重大问题，作为一篇深度报道，题材的重要性体现出来了。

第二是主题的深刻性。记者对所写的题材开掘得相当深刻，首先从国情出发，分析了中国历史的现状，鲜明地提出了“中国应该走一条社会、经济、人口、资源与环境相互协调的发展道路”，接着在决策和实践上肯定了“可持续发展道路”的正确性。最后更进一步提出并论证了“可持续发展战略与科教兴国战略相互依存，共同发展”的观点。全文对各种情况作了深入的观察和分析，采访的面相当广泛，写作中又善于通过纵横联系对比、引用确切的数据与权威论证，对主题作透辟的分析，剖析深刻，材料翔实，论证有力，它不仅是报道现象，而是抓住事物的本质；不仅是要叙述清楚事件的本质，而是要揭示“可持续发展”的深层含蕴；不仅是要确认事件的现状，还有预测“可持续发展道路”的发展趋势。

第三是析情明理。这篇深度报道条例清晰，层次分明。导语部分用悬念设问的方法，列举了几个中国发展可选择的道路，提醒人们认真思考。然后提出可持续发展的重要性和必然性，使文章内容向主题——可持续发展利在当代功在千秋过渡。文章接着引述了我国实行可持续发展战略所取得的进步。既以激情扣动情怀，又用思想照亮心田；既有对中国以往发展的欣喜，又有对未来的担忧和展望；既以情感人，又以理服人。

对老师的夸奖实不敢当，但老师点评深度报道的几个要点同学们应该明白。《通讯名作100篇》的编辑收入此稿时要我写一篇采访体会，我写了《积累一点有好处》。也许他们接到我的采写体会后会大失所望，因为其他入选作者可能谈自己如何下工夫深入采访，而我谈的却是偶然之间“捡了一只兔子”。其实对记者来讲，正如梅兰芳先生所言“功夫在戏外”。要写深度报道，记者自己首先得有思想深度，否则，纵使有深度报道的材料放在面前也不认识，认识了也驾驭不了，根本不可能写出一篇合格的深度报道来。记者必须勤学习，善积累，多思考，不断提高自己的思想水平，以适应采写深度报道的要求。一些写深度报道的名记者，他们本人就是有一定水准的思想家，值得我们好好学习。

◎ **附录一：**

积累一点有好处

刚开始做新闻工作时，老同志就告诫我，平时要注意积累一点，紧急时用得着。采写《利在当代　功在千秋》这篇通讯，给我感受最深的是积累的好处。这篇通讯是人民日报为纪念十一届三中全会20年组织的一系列特稿之一。由于编委会将我所在的教科文部的稿件安排在后边，时间拖得长，并且题目不断调整，等到确定要我们部门写一篇关于可持续发展战略的稿件时，负责环境报道的同志恰恰在外地出差，而我在上夜班，领导就把这个任务交给了我，要求四天之后交稿。这四天中有两天是周末，这对于上夜班的我来说，是个好机会，有两天的整块时间。我利用前两天到图书馆查资料，包括50年代的旧报纸，用后两天集中进行构思和写作。在写作时，以前分题做的采访笔记，收集的资料和读书心得都排上了用场。这些积累使我对"可持续发展"有了一个比较清晰的概念，知道从何处下笔，写到何种程度，哪些问题可以肯定地说，哪些问题要留有余地。

可持续发展是1992年巴西环发大会之后才慢慢在媒体上出现的，比改革开放晚了五六年。新中国成立之后很长一段时间，"人定胜天"是我们世界观的一部分。大规模改造自然的壮举，从1958年延续到"文革"后期。从"人定胜天"到"人与自然协调发展"是认识上的一个大飞跃，突破了思想上、理论上的误区，确实可以说是十一届三中全会确立的实事求是的思想路线的重要成果。可持续发展战略思想的建立，基本上是由党的第三代领导人完成的。

关于"可持续发展"，理论界也有几种观点，其中有两种观点是具代表性的，简单地说，一种认为是可能的，另一种认为不可能。显然，人类追求的可持续发展是以"人类为中心"的，在自然面前无所作为并不符合人类的利益。但人类必须走出以往的"人类中心主义"的误区。要强调以人类整体的和长远的利益为出发点，营造一种能维系人类长期生存的基本环境和生态系统。这一点，就今天人类的认识水平和科技水平而言，应该能够做到。

写这篇通讯的难点在于现成的成型的说法的材料很少，可商榷的内容多，有些话自己认为是对的，但找不到权威的佐证。这样一些带有不成熟思想的文字，能否在《人民日报》的头版头条站住脚？下笔时心里很虚。文章见报后，我没有留意兄弟媒体是否转载过、摘播过，只听到新闻界同行有些好评，获得了《人民日报》好新闻特别奖。现在这篇稿子被本书编辑选中，给了它再一次经受读者检验的机会。我感谢编者，也在小心翼翼地等待着读者的批评指正。这篇文章的写作，使我尝到了积累的甜头，更感到自己知识的欠缺。

贾西平

1999 年 11 月

◎ **附录二：**

利在当代 功在千秋

——实施可持续发展战略

（《人民日报》1998. 12. 08 第 1 版 作者：贾西平）

改革开放后，我们党的工作中心转移到经济建设上来。中国是一个发展中大国，人口占世界总人口的 1/5，中国的经济起飞必然令世界瞩目。然而，中国是按传统的粗放模式发展经济，或是像某些国家那样进行掠夺式经营，还是走一条发展与环境相协调的新路？

一切关心中国命运的人都在关注着。

十一届三中全会确立的解放思想、实事求是的思想路线，是指引我们打开未知领域之门的一把钥匙。在以江泽民同志为核心的党中央领导下，中国人民毅然选择了一条可持续发展之路。

一个陌生的名词，从世界传入中国——可持续发展战略的确立是思想解放的重要成果

“可持续发展”一词变成中国老百姓的口头语是近几年的事。

在相当长的时间里，我国人口急剧增加，生产力水平低下，亩产徘徊在三四百斤。为了解决吃饭问题，人们以为只有扩大耕地面积，才能生产出足够的粮食。修筑梯田、围湖造田、开垦荒地，遍及神州大地。这种指导农业的思想，在工业生产过程中也不同程度地存在。翻开如今已发黄的报纸，赫然一个标题：“大家动手，把960万平方公里的宝藏都找出来!”不错，发展是硬道理。中国落后，求发展的心情更加急切。但是，这种粗放型生产方式，不仅生产效率低下，解决不了真正的发展问题，而且造成了资源的浪费和生态环境的破坏，严重威胁着后续的发展进程。显然，这种方式在中国这样一个人口多、底子薄、人均资源贫乏的国家里是难以为继的。中国应该走一条社会、经济、人口、资源、环境相互协调的发展道路，既要满足当代人的需要又不危及后代人满足其需求的发展，即一条可持续发展的道路。

走可持续发展道路，实质上就是对发展作理性的限制。为了全局的利益，而放弃局部的利益；为了长远的利益，而放弃眼前的利益；为了多数人的利益，而放弃小团体的利益。这种选择是需要眼光和胆识的。

以江泽民同志为核心的党中央是实践解放思想、实事求是思想路线的表率。党中央审时度势，对中国经济发展的国情作出科学的分析，毅然突破常规，作出了走可持续发展道路的决策。1992年在巴西举行的联合国环境与发展大会上，李鹏总理代表中国政府向世界庄严承诺：中国作为最大的发展中国家，将保持经济与环境保护协调发展，把《21世纪议程》付诸行动。

为了把一个富强、民主、文明的中国带入21世纪，江泽民同志更进一步高瞻远瞩地指出：“在社会主义现代化建设中，必须把贯彻可持续发展战略始终作为一件大事来抓。”“经济的发展，必须与人口、环境、资源统筹考虑，不仅要安排好当前的发展，还要为子孙后代着想，为未来的发展创造更好的条件，决不能走浪费资源、先污染后治理的路子，更不能吃祖宗饭、断子孙路。”

几年过去了，可持续发展战略在我国已深入人心。经济社会的协调发展使人们进一步认识到，走可持续发展道路是中国社会经济发展的客观需要和必然选择。

一个发展中的大国，保持经济与环境基本协调发展——可持续发展战略的实践创造了世界经济史上的奇观

为了实施可持续发展战略，党中央、国务院制定了一系列适合中国国情的方针政策，正确处理和协调了环境与发展二者之间的关系，为遏制环境质量恶化、改善生态状况做了大量工作。

我国大力开展了江河污染治理、国土资源整治、荒漠化治理、防护体系建设、生物多样性保护等工程。黄河、长江等7大流域水土流失综合治理已经展开。加大荒漠化治理力度、推广节水灌溉技术、加强草原和生态农业建设等项工作的开展，使我国生态环境建设和保护进入了一个新阶段。目前“三北”防护林体系已长达4500公里，全国已设立自然保护区600余处。

治理污染，果断决策。淮河流域水污染治理是我国空前的水污染治理工程。经过流域4省人民的共同努力，依法取缔、关闭污染严重的小造纸、小印刷、小制革、小土焦等“十五小”企业，基本实现了国务院要求1997年全流域工业污染源达标的排放目标，干流水质趋于好转。

太湖流域历史悠久，富庶美丽，是我国文化经济生活十分重要的地区，还太湖一片净水已成为从上到下的共识。党中央、国务院要求，太湖流域排污单位到明年1月1日必须达标排放。

为了保护环境、控制污染、合理利用资源，我国制定了一系列法律法规。据不完全统计，迄今我国已制定了6部环境保护法，9部与环境相关的资源法律，30多件环境法规，70多件环境规章，900多件地方性环境法规，90多项强制性污染排放标准和环境质量标准，近期还将完善污染防治和生态环境方面的法律法规。可以说，一个基本适合我国国情的环保法律体系已初步形成。我国颁布的《刑法》，首次将严重破坏环境与资源的行为定为犯罪。截至去年底，我国依法取缔和关停了污染严重的6500多个小企业。

按照国家环境保护“九五”计划和2010年远景目标规划的要求，我国正

在认真执行污染物排放总量控制计划和跨世纪绿色工程计划，全面实施“三河”(淮河、海河、辽河)、“三湖”(太湖、巢湖、滇池)、“两区”(二氧化碳、酸雨污染控制区)、“一市”(北京)的污染防治重点工程，力争在2000年使环境污染和生态破坏加剧的趋势得到基本控制。

实施可持续发展战略，就是要坚持人与环境协调和谐统一的原则，自觉地将自身的社会实践限定在自然界所能承受的范围内。由于我们有中国共产党的坚强领导，实行社会主义制度，全国人民有统一意志，就能较好地协调各种矛盾，处理好发展与环境的关系。改革开放20年来，我国国民生产总值平均每年增长9.8%。在人均耕地资源低于世界平均水平、自然灾害相当频繁的情况下，1997年农业总产值比1978年增长了2.4倍，基本解决了12亿人口的温饱问题。中国的成就举世公认，创造了世界经济史上的奇观。

可持续发展战略与科教兴国战略相互依存，共同发展——奏响了社会经济发展的协奏曲

邓小平同志说：“科学技术的发展和作用是无穷无尽的。”走可持续发展道路，就必须紧紧依靠科学技术。被国际上誉为“杂交水稻之父”的袁隆平院士培育成功的杂交水稻优良品种，至1993年已在我国推广1.6亿公顷，增产粮食2400亿公斤。他率领科研人员又相继培育成功三系法杂交稻、二系法杂交稻，近年来，超级杂交稻育种已初露端倪。

在经济社会发展的方方面面，科学技术总是在创造着奇迹。许多人类所面临的热点、难点、重点问题，必须而且只有到科学技术中去寻找答案。

几十年来，我国科技工作者培育的农作物优良品种已有三四千种，目前我们所能见到的农作物，差不多都是更换了四五代的新面孔！

焦炭是冶金工业的主要原料。过去炼焦厂用水将灼热的焦炭熄灭，称为湿法熄焦。这种做法要造成大量的水污染，成为钢铁工业主要污染源之一。上海宝山钢铁公司在我国率先采用干法熄焦技术，即用冰冷的氮气灭火。用这种方法不仅制取的焦炭质量大为提高，还能将熄焦后的高温氮气用来发电，发过电的氮气再制造合成氨，不仅治理了污染，还进一步创造了经济效益，实现了资源的循环利用。

1997年底，我国登记的重大科技成果达30566项，鉴定成果23878项，获国家奖励的优秀成果626项。这些科技成果在我国经济建设中广泛使用，成为推动社会经济协调发展的强劲发动机。

科学技术是实现可持续发展的强大手段。离开了科学技术，可持续发展就成为空谈。科教兴国战略与可持续发展战略二者相互依存。只有这两个战略同步实施，才能奏响中国社会经济发展的协奏曲。

我国人口众多，资源缺乏，生态环境脆弱，所承受生存与发展的压力特别大，实施可持续发展战略任重道远。今年长江、嫩江、松花江特大洪水给人民生命财产造成的损失再一次给我们敲响了警钟。

然而，不论前进的道路上有多少艰难险阻，只要我们沿着以江泽民同志为核心的党中央开辟的可持续发展道路走下去，就一定能用我们劳动的双手迎来伟大祖国山清水秀的明天！

37. 在《人民日报》组织深度报道

《人民日报》是党中央机关报，历来是中国政情舆情的风向标。正因如此，《人民日报》的版面编辑非常考究，用稿十分谨慎。像其他媒体上屡见不鲜的深度调查报道，在《人民日报》十分罕见。远在20世纪80年代，《人民日报》的发行量曾一度高达600多万份，是现在300万份的两倍多，而且有相当数量的个人订户。为什么会有这么多读者喜爱《人民日报》呢？因为那时的党报经常推出平反"文革"期间的冤假错案的深度报道，为改革开放鸣锣开道。

2006年6月，《人民日报》教科文部科技组接到西安交通大学教授司履生的来信，举报一位中科院院士(W院士)发表在国内学术刊物《中华肿瘤杂志》和国际学术刊物《自然医学》的两篇论文涉嫌"学术造假"。

在综合了其他方面的信息之后，科技组派出记者，兵分三路，分别在北京、西安、成都，对这一举报线索进行调查，试图在深度报道方面作了一次新的尝试。

司履生在致信《人民日报》之前，曾将质疑公开信递交给了中科院，但一直没有收到回复，于是2006年3月26日递交新语丝网站刊发了。同年3月29日，W院士在新语丝发出《对司先生提问的答复》。两人互不相让，是非难断曲直。

这本来是司、W两人在学术领域内的争论，经过新语丝网站论坛的发酵已超出了学术范围，且涉及中国科研体制、院士评选、学术道德等复杂问题，各种人物、权力交杂其中。对于媒体来说，如能揭开这团迷雾，就能一窥中国高层学术领域的腐败乱象，并为打击治理腐败提供决策依据。

采访展开后，北京一路的记者采访中科院、科技部、国家自然科学基金委、中国科协、《中华肿瘤杂志》《自然医学》杂志等单位的有关专家和主管领导；到西安交通大学一路采访司履生教授，了解举报人的学术资质、人品口碑、真实举报动机等；第三路记者去往成都，暗访W院士的实验室和相关科研人员，并采访主管部门负责人。

去往四川的这一路记者遇到的困难最多。记者进入实验室暗访老师、同学，有的很配合，说了自己知道的事情；有的拒绝采访，更有人还追打记者。W院士和单位负责人都没有接受记者的访问。按原来设想，我们希望被举报方能够出面接受采访，为自己辩护，从而使报道内容更加均衡，但不幸的是一些同志对新闻记者采访存在戒心，一味拒绝，使他们失去了为自己辩护的机会。这不能不说是一个遗憾。

经过半个多月采访后，各路人马先后回到北京。我们对记者提出严格要求："谨慎行事，反复核查，不抢时间，不追求轰动效应。"在采访过程中和成稿过程中，都十分注重保密工作。报道内容涉及的专业性极强，记者多次向专家请教。为了使报道均衡，我们要求记者再次联系当事人采访，可惜均遭拒绝。稿件最后由科技组组长杨健执笔，完成了长达万言的总稿，上报报社主要领导审定后见报。

《七问"论文迷局"》的编者按中说："司履生教授对W院士的举报，是近年来少有的实名举报……调查和采访并不是评判谁对谁错，只是把七个问题提出来，希望引起有关部门的注意，并希望这个问题能够尽快得到解决。"

文章发表之后，在全国引起了非常大的反响，科技界一片赞扬声，网上的支持声浪很大，有的网友写道："为《人民日报》能这么快关注这个学术事件大声喝彩！"另外，反对者也不少，特别是当事人和所在单位的一些人士反应激烈，有的甚至强烈要求状告《七问"论文迷局"》的作者。

在这次报道中，最令人感动的一句话出自《人民日报》校对科一位老同志，她说："好像《人民日报》以前那股劲儿又回来了。"

在《人民日报》教科文部主任岗位上工作了三年之后，我奉调远赴香港《大公报》任总编辑，把深度报道引向调查报道，使其成为舆论战中短兵相接的利器。

38. 调查报道　除暴安良

深度报道的另一种形式是调查报道或侦查报道。美国新闻界20世纪20年代的揭丑运动，20世纪六七十年代的"水门事件"等报道，都属于调查报道。中国的调查报道虽迟来了半个多世纪，但也出现了不少佳作。像《中国青年报》《南方周末》《南方都市报》《财经》《财新》《新京报》等媒体，都曾经凭借直击社会阴暗面的调查报道赢得了口碑，赢得了市场，其代表作如《被收容者孙志刚之死》《周永康的红与黑》等。

我曾认真阅读过《财新》的调查报道《周永康的红与黑》。早在周永康落马前该报道就已陆续推出，文章揭露的种种内幕令人瞠目结舌，后来这些报道内容都被一一证实。记者在采写这组报道中表现出的调查能力令人赞叹！

平日里，内地媒体上调查报道并不多见，相对而言香港报纸上要多一点。在香港的舆论战中，调查报道成为新闻记者手中除暴安良的大杀器，不仅是工作需要，也是报纸的卖点，因此很受编辑部重视。

我们组织的这类调查报道，不像国内调查报道投入那么宏大、周期那么长，主要是针对香港反对派头面人物进行的起底和揭黑，在关键时刻推出，给对方以致命打击。由于追求时效的原因，这些报道在保证基本事实的真实与准确外，文字还显粗糙。

新闻教科书里将调查报道分为调研式的、追踪式的、揭露式的三种，实际工作中并没有区分得很清楚，有时候在一篇报道中可能各种形式兼而有之，目的就是把事实搞清楚。

《大公报》推出的《起底梁天琦"反共仇家"》就是一篇非常及时有力的调查报道。梁天琦是香港大学法律学院三年级的一名学生，他在2016年2月28日参加了香港新界东的立法会议员补选。因为香港立法会议员汤家骅在任职期满前宣布辞职，所以他所代表的新界东地区需要补选一名立法会议员顶替。梁天琦在这次补选中获得了 6.6 万张选票。虽然最后落败，但这 6.6 万张票是很高的票数，反映了他的人气很旺。

作为一名激进的反对派，梁天琦的人气是怎么建立起来的呢？他以“本土民主前线发言人”的身份，激烈地冲击内地游客、反对“水货客”。他向媒体声称自己“父亲反共，母亲恐共，外祖父是国民党党员，共产党杀死亲人，祖屋充公，外祖父被发配新疆”等，企图在市民中营造他“反共家仇”的激进本土派形象，以便在选举中赢得选票。

显然，要打掉梁天琦的人气，关键在于弄清楚他是不是“反共仇家”。《大公报》记者来到梁天琦出生地湖北省武汉市，了解他的成长经历，发现梁天琦口中的“恐共”母亲与“反共”父亲 2000 年还在武汉江岸区经营餐厅；梁天琦口中被充公的祖屋在 1979 年就已落实政策发还；梁天琦声称“家人也移民，无必要回中国”，实情却是家人现居于北京、珠海及武汉三个内地城市。梁天琦在香港公众面前塑造的与中国共产党不共戴天的形象全是假话。鼓吹仇视内地，组织、参加反内地人、反大陆客等激进的群体活动，其实是为了在政治上捞取名声，进一步壮大他的政党团体。

《大公报》记者调查带回了大量一手资料：文件、照片、访谈录音、物证等，揭开了梁天琦虚伪的面纱。报道发表之前，我们要求记者找当事人一一核实事实。但当记者在铜锣湾找到梁天琦并向他提问时，他根本不答，还骂记者。当在另一场合再次遇见记者时，他竟然恼羞成怒，冲上前去把记者打伤了。

梁天琦与记者打架的视频很快在网上传开，成了香港有些报纸第二天的头条新闻。

香港新闻工作者协会发表声明，谴责梁天琦殴打记者，妨碍新闻自由的行为。但香港一些“港独”分子、右翼势力为了支持梁天琦，对记者进行了人肉搜索，用非常恶毒的语言恐吓他的家人。

这场突发的打架事件为《大公报》即将推出的调查报道做了很好的舆论铺垫。调查报道《起底梁天琦“反共仇家”》发表后，香港舆论哗然，梁天琦在 4 个月后的香港立法会第六届议员选举中销声匿迹了。这就是调查报道的威力，它用不容置疑的事实，揭露了梁天琦心口不一的虚伪面纱。

有同学问起底报道会不会侵犯个人隐私？或者说记者能不能保证客观公正？如果是一个普通的公民，他的个人的隐私报纸都是绝对尊重的，但梁天琦不是普通公民而是政客，他利用香港本土的民主激进思潮，疯狂地反对内地人，恶化香港与内地关系，同时又积极参选香港立法会议员，所以报纸有必要对他的背景进行起底报道，来帮助市民认清政客的真实面目。记者写起底报道时，按程序向当事人核实内容，防止报道发出后出现事实偏差。并且记者留有录音录像等证物作为证据，事实可靠，不会捕风捉影。

39.“明星议员”竟是“欢喜冤家”

香港立法会选举，产生了一对新科“明星议员”，男的叫梁颂恒，女的叫游蕙祯。梁颂恒在2015年成立了一个激进社团叫“青年新政”，同年11月参加区议会选举落败，2016年9月出选并当选立法会候补议员。游蕙祯在2015年1月底加入“青年新政”，11月参加黄埔东选区区议会选举落败，2016年10月参加九龙西立法会选举获胜。

2016年10月12日，香港立法会安排应届议员进行宣誓，梁颂恒、游蕙祯披戴反华标语上台宣誓，窜改誓词，又带侮辱性地读“CHINA”一词。立法会秘书长陈维安当即拒绝接受梁游两人宣誓有效。

作为立法会议员，公然做出这种挑战法律、侮辱国家的行为，完全背离了香港基本法和中华人民共和国宪法，违反了宣誓条例，理应取消议员资格。

在历次新获选议员宣誓中，反对派议员搞怪捣乱并非罕见，但公然以粗言恶语侮辱国家及宣扬“港独”，尚属首次。10月26日，立法会主席梁君彦下令禁止两人进入会议厅，直至司法复核作出裁决。11月2日，在其他议员再次宣誓的同时，梁游连同多名助理企图强冲立法会会议室，造成6名保安员受伤。

立法会的大会都是通过电视向市民现场直播的。立会乱象令香港的社会舆论出现了分化，社会各界人士普遍认为梁游两人应为自己的行为承担责任，但还有不少人反对取缔他们两个人的议员资格。在这个关键时期，《大公报》推出了一篇调查报道《梁游私窦过夜》，打碎了梁游在市民心中的“明星议员”形象。

调查报道《梁游私窦过夜》是记者在蹲守过程中偶然获得的。记者已经跟踪了一整天，深夜梁、游参加的一个聚会也已经散场。疲惫不堪的记者请示主管要不要继续观察，主管说，再等等看。最精彩的一幕就在此时拉开。

梁、游二人并没有分开，而是一前一后走进了位于湾仔一栋公寓的同一房间。记者在外边蹲守到天亮。第二天上午 11 点 45 分，两人走出房间，出来吃过饭后才分手。

故事到此还在继续。梁颂恒送走游蕙祯后去见自己的女友，遭到女友训斥。

记者用摄录设备详细记录了上述一幕，非常仔细，几点几分在干何事，有图有真相。原来已有亲密女友的梁颂恒却暗地里与游蕙祯同居。这组报道用两个整版推出后，全球几家大通讯社都作了转发，香港所有媒体包括极右媒体，都根据《大公报》的调查报道在显著位置作了报道。面对报道，梁、游二人未敢抵赖，嚣张的气焰一落千丈。

这篇报道的广泛传播，将梁颂恒和游蕙祯在选举过程中苦心经营的政治形象打得粉碎。他们的竞选纲领、政治口号，他们向市民做出的承诺，都没有人关注了，人们只在关注他们的人品，谈论他们的绯闻。一些曾在选举中给他俩捐款的市民，现在发现他俩吃喝玩乐不干正经事，心都凉了。梁、游的口碑已经很差，社会影响力降至低谷。

也许有同学会问为什么偷拍年轻人的生活隐私，为什么要把年轻人的男女关系放大到台面上来？因为梁、游是公众人物，他们是立法会议员，是很高级别的政治人物。议员要参政议政、监督政府，代表和服务公众，手中有否决权，其品行端正与否至关重要。一对拿着纳税人付给的高额薪水的议员，却在挥霍公帑，夜里厮混，变成一对“欢喜冤家”，这在世界任何一个国家或地区，都是非常大的政治丑闻。

40、唐英年被一炮打落下马

2012年2月，被称“狼猪之争”的梁振英和唐英年香港特别行政区行政长官选举争夺战正值白热化，《明报》突然在头版推出调查报道：唐英年家族名下的九龙塘豪宅僭建地库。于是“唐英年僭建地下行宫”的新闻席卷香江，令本来占有绝对优势的唐英年选情急转直下，最终不得不道歉谢罪，退出竞选，间接助选梁振英登上特首宝座。

唐英年家族是做纺织的，中华人民共和国成立前从上海举家搬到香港，属于香港爱国大资本家。他希望效法董建华成为富二代特首。1997年香港回归后，唐英年应董建华之邀进入香港行政会议，2002年出任香港工商科技局局长，2003年任香港财政司司长，2011年任香港政务司司长，成为香港特区政府第二号首长。按说唐英年履历完整，从政经验丰富，家族背景显赫，参与特首竞选应该是被看好的。而梁振英的父亲是港英时期从山东威海来港的华人警察，山东大汉，当了一辈子警察退休。梁振英靠自己的聪明智慧在香港上流社会争得一席之地，参选之前最高职位是香港特区行政会议召集人。从当时的香港舆情看，唐英年的优势比较明显，梁振英处于下风。

2月13日，《明报》首先报道：唐英年在九龙塘约道7号的物业有僭建地库，怀疑是酒窖。唐英年曾一度不肯回应是否僭建，后来承认7号独立屋车房“挖深了”，但称是作杂物间，而不是媒体报道的“地下酒窖”。

跟进《明报》的各家媒体对唐英年的说法并不认同，出动了大量记者和设备蹲守在唐宅门前屋后。2月16日，《明报》进一步披露地库2007年版图则，《东方日报》则将地库实景见报。唐英年先声称约道5A和7号屋是不相通的，但2月16日，TVB的吊臂车摄像机拍到唐英年家的宠物狗在两个房子之间穿梭，令唐的谎言不攻自破。最终唐英年夫妇在2月16日晚上8：00召开记者招待会，将僭建地库归咎于妻子，承认自己有处理不妥之责，当场表示会继续竞选特首。但社会舆论已经不再支持唐英年，不少网民都批评唐英年言行不一，屡次说谎，诚信破产，批评他推出妻子来顶罪没有腰骨。

《明报》的这组报道获得了当年香港最佳新闻报道和独家新闻报道双冠军。《明报》的调查记者是怎么发现这条新闻线索的呢？最初，记者通过一张航拍图片，发现唐宅的游泳池反光与普通游泳池不同，游泳池底部有一部分光线是通透的。记者发现游泳池有问题之后，设法调取了历年唐宅所在地区的卫星图片，又到政府规划局调取了唐英年当年建造房屋时报批的规划图纸，查阅了唐宅装修时的废弃物体积数据，判断唐英年的宅子肯定存在僭建问题。调查记者继续深究，为什么要将泳池底部做成玻璃，就是为了让阳光透下去，于是就怀疑游泳池下边有地库，很可能是用来贮存红酒的酒窖。

从这个新闻的发现以及成稿，可以看出调查记者卓越的资料分析能力。如果没有敏锐的新闻嗅觉，就不可能从一张航拍图片里面看出新闻线索。游泳池在香港的豪宅中比比皆是，加之卫星图片的解析度并非十分清楚，很容易一扫而过。经过仔细分析，记者还发现，唐宅拉出的土渣远大于唐英年所说的“挖深了”的土方量，最终揭开唐英年僭建3000平方英尺酒窖的内幕，导致其诚信破产，彻底打碎了唐英年的特首梦。

41. 揭黑报道短平快

调查报道并不一定都是长周期的大制作，有一些揭黑报道其时效可赶上即时新闻，当晚爆料，连夜上版，次日见报，立竿见影。

案例一，《直击钟庭耀疯狂驾驶》。钟庭耀是“香港大学民意研究计划”总监，“香港大学民意研究计划”宣称通过民意调查收集数据，研究和分析香港的民意发展。但钟庭耀长期接受英美资助，以“民调”为手段，参与香港政治，特别是在香港选举期间积极为反对派候选人助选，配合英美势力在香港发挥影响力。每逢香港有大型选举活动，“美国国际民主研究所”(NDI)总会出手干扰，钟庭耀则适时制造相应的“民调”给予配合。在香港“占中”79 天里，“钟氏民调”非常活跃。“钟氏民调”以香港大学的公信力做招牌，以学术研究为幌子，迷惑了不少市民。分析研究“钟氏民调”的专家指出，他的民调总是在问卷调查选题设计上做手脚，以选题引导民众作出有利于他们的选择。许多建制派人士建议《大公报》关注此事，并提供了一些爆料。

2014 年 4 月，记者接获市民投诉：钟庭耀驾驶常常不依交通标示行车，其疯狂驾驶的程度犹如谍战片中的特工。这个投诉表面看来与“钟氏民调”无关，但能反映出钟庭耀的法律观念、公德意识和生活态度，有助于民众认识“钟氏民调”操盘手的面目。

记者到有关路段蹲守采访，对钟庭耀无视路牌、冲黄灯、180 度掉头等疯狂驾驶的情况进行了录像，推出调查报道《直击钟庭耀疯狂驾驶》。钟庭耀的这种驾驶行为已经可能构成“危险驾驶”罪。

案例二，《独家：直击鸽党训练营“台独”分子阴招教占中》。“台独”分子常常和“港独”分子勾结在一起，比如被取消立法会议员资格的梁颂恒和游蕙祯就曾受邀去台湾大学演讲，与“台独”人士交流。台湾民进党政府幻想利用两“独”

合流，增加对抗中央政府的政治筹码。《大公报》记者获悉民主党请来“台独”分子简锡堦在乌溪沙青年营举办“占中训练”的线索，巧妙打入了“占中青年训练营”内部，独家获得简锡堦传授的“占中”10 阴招教材，并采取隐蔽拍摄获取证据，推出《独家：直击鸽党训练营“台独”分子阴招教占中》，把“台独”勾结“港独”的丑态暴露无遗。

42. 什么样的人适合当调查记者?

调查记者工作时兵分两路，一路是外勤，主要在外边收料；一路是内勤，主要在办公室依据外勤记者收的料写稿，还要查册、核实材料中的事实，并指挥外勤记者的行动。

《梁游私窦过夜》报道就是外勤记者与内勤记者良性互动的范例。当时外勤记者已跟踪梁、游二人一整天，晚上梁、游进屋休息了，记者也不能睡觉，须在楼下蹲守。等到天亮后记者申请回家休息，同样坚守工作岗位的内勤记者主管不同意，希望他们再坚持一下或有更大的新闻。果然，中午 11 点 45 分梁、游二人一同出门吃饭，后面更是发现了梁颂恒一天与两位女友玩乐的新闻。

外勤调查记者无论是蹲点采访、跟踪，还是打入对手内部做卧底，都有很大的风险，一旦被识破就可能挨打。你要问什么人可以当外勤记者，我说首先得跑得快吧。

在我们的外勤记者中，有像侦察员一样的人，身体强健，行动敏捷，胆大心细，有良好的驾驶技术，并能熟练掌握拍录设备。内勤记者没有这些体质上的特殊要求，文弱书生无妨，但一定要有智慧，有过硬的法律知识、外文知识，以及良好的写作水平。

有时候也有客串调查记者并取得成功的。我们一位刚走出校门的女记者，为了揭发香港的黑导游，跟着旅游团在香港旅游了 7 天，把旅行当中的强迫消费、低劣饮食和导游对游客的服务态度恶劣都偷拍下来。后来发了一篇很好的调查报道，对香港的黑导游与无良旅游公司勾结，搞低价旅行团却强迫游客进行高消费购物的不法行为进行了揭露，报道内容翔实，很有说服力。

43. 调查记者的基本功——查册

许多重大新闻的发现与记者的查册有关。本书所讲的“唐英年僭建”新闻，是《明报》记者凭着良好的法律知识和对规划基建工程的了解，从浩繁的文件资料中发现蛛丝马迹，然后一点点深入，最后抓住了一条大鱼。有时候调查记者要从上千万份内部账目资料中沙里淘金，才能挖出新闻。境外的工商资料多以英文书写，这就需要记者具备非常好的英文能力。《明报》的调查报道得益于其超强的查册能力，而这一点又与其前总编辑刘进图的专业知识有关。刘进图毕业于香港大学法律系，还当过香港大律师李柱铭的助理，他本人也有大律师资格，对法律问题十分熟悉。在调查报道中，他能指导记者高效地利用资料，准确找出新闻线索。2014 年 2 月 24 日，刘进图总编辑被凶徒斩伤，生命危殆。事件轰动整个香港，歹徒虽然被抓，但行凶原因至今不明，人们议论纷纷，是否刘因调查报道而与人结怨不得而知。

2014 年年末，《大公报》收到匿名爆料，有 300 多封英文 E-mail，涉及香港壹传媒主席黎智英与香港反对派头面人物之间的资金往来账目。两个编辑连夜处理，很快从爆料里面发现重要线索。爆料虽然是匿名的，但是文件内容都真实可信。两个编辑用了几个小时就将 300 多封 E-mail 快速浏览完毕，把有新闻价值的材料找出来给了记者，记者快速撰写头版头条新闻，赶在截稿之前刊出，以事实揭露香港的反对派头面人物长期接受黎智英资金支持，而黎智英的这些资金来源又与美国的几个基金会有关，间接证明了香港部分反对派头面人物长期接受外国势力资金支持的事实。对于香港反对派来说，这无疑是个重磅炸弹，让他们伪善的两面人面孔曝光了。如果记者没有过硬的英语阅读能力，看不明白 300 多封英文 E-mail 中藏着的玄机，或者看得不仔细，漏掉了重大的新闻，几个人就等于白忙了一晚上，赶不上当天的报纸印刷，就不可能产生轰动效应。第二天若有其他媒体跟进，送上门的《大公报》独家新闻就泡汤了。

44. 记者受伤了怎么办？

报社特别注意保障记者的人身安全，每次外勤记者出去采访，都为其配备必要的防身护具，购买人身保险，还严格规定要定时与报社联系，由报社判断风险，决定是否有必要继续推进采访。只要选题有价值，报社是不急着出稿子的，耗时半个月一个月的调查报道很常见。调查记者出去采访的时候，编辑部要做好后方支援，记者从现场不断发回材料，编辑部要不断地研究讨论这些材料，并指导记者下一步的行动。所以外勤记者并不是一个人在战斗，而是一个团队相互配合。

尽管报社对记者的安全做了防范工作，但也有意外发生，像记者被采访对象打伤的情况曾多次出现。当这种情况发生后，报社领导都会去探望并送上慰问金，嘱咐他安心接受治疗，并安抚记者家人，同时求助法律对打人者给予惩罚。“香港新闻工作者联合会”“香港记者协会”等行业组织也会发表声明表示声援，保护记者的新闻采访自由。

国内现在也有打记者的现象，网上还有一种论调说“打得对，不让采访凭什么采访？”，这句话是法律意识淡薄的表现。除了军事禁区等国家要害保密机关明确规定不能采访外，法律应保障记者的新闻采访自由，公民和组织都有义务配合采访，尊重记者新闻采访权。因为记者是为公众服务的，你妨碍记者的采访，就等于妨碍了你自己的知情权。如果任何人都可以划定范围说这个不能采访，那个不能采访，那还有什么新闻采访自由可谈？全国记协有时候会对一些记者被打事件发表声明，表示声援记者，但可能力度还不够，无法遏制暴力的发生，还需要加强。

45. 记者偷拍偷录是否违法？

前面说过调查记者在调查的过程中，报社会提供一些隐蔽采访设备，同时也要求记者采访必须依法进行，不能侵犯公民隐私。这种说法似乎自相矛盾，其实不然。

香港没有明确的法律针对传媒偷拍行为，因此，传媒随街拍下路人照片，或是跟踪名人拍摄，都不会直接违反法律或判例。过去有多宗涉及传媒偷拍的案件，传媒败诉的极少，且大多只涉及《个人资料(私隐)条例》，由“个人资料私隐专员”作出裁决，如被裁定违反了个人资料隐私条例，可发出“执行通知”，要求传媒纠正错误行为；法庭也可发出“禁制令”，禁止传媒再散发或报道相关图片与片断。但已判的几个案例，都是娱乐界明星与传媒的诉讼，极少是政界人士提出的诉讼，原因在于，传媒往往可以用“公众利益”作为抗辩理由，而法庭也大多数会接纳。除非传媒拍摄的角度有问题(例如“走光”等)，否则，现有法律规管不到传媒偷拍。香港还有一句话“名人无私隐”。

但当记者在采访中曝光了无辜的人的隐私时，别人则可以反过来状告记者、状告报社。没有记者资格的普通人偷拍别人隐私当然是会吃官司的。

上文中所讲，唐英年在自己住宅下面挖酒窖被曝光。香港违规僭建的肯定不止唐英年一个人，为什么《明报》不监督市民却来监督唐英年？因为唐英年是公众人物，他要参加行政长官选举。

在曝光公众人物私生活的尺度上也需要把握。比如《大公报》曝光梁、游同居的事情，只是曝光了他们同进同出的事实，并没有曝光他们在屋内的细节，因此不违法；而香港《东周刊》刊登陈冠希“艳照门”中多名女性的裸体照片，这就侵犯了隐私权，《东周刊》的总编辑因此被判刑了。对于此类新闻要拿捏尺度，越线就违法。

46. 调查记者要防止落入陷阱

调查报道由于本身具有强大的毁伤力，因此必然遭到采访对象的拼命反扑。这种反扑有时刀光剑影，有时可能柔情似水。调查报道记者一定要保持清醒和定力，严防落入对方的陷阱。一旦记者违法，所有的采访资料将不再具有价值，因为一个以违法手段得到的所有证据都不会被采信。而采访对象会借机反扑，将记者与报馆推到审判台。

有的采访对象为了防止被曝光，会以重金贿赂收买记者。如果记者接受了对方的红包，那采访就没有公信力，调查报道就彻底失败了。

国内媒体曾发生过这样的事，记者以舆论监督名义写了一篇关于某企业违规的报道，故意让企业知道，然后到企业去进行敲诈，而企业本来就存在问题，也就乐意花钱消灾。这样的舆论监督报道，记者得了小利，报社和新闻界声誉乃至公共利益都受到了损害。

我多次提醒调查记者，对于采访对象的视频音频证据要长期保存，保存多长时间要根据具体对象年龄和事件性质决定。比如梁颂恒和游蕙祯的一些视频，可能应保存几十年，因为他们现在才三十多岁。

长期保存证据，关键时候能保记者和媒体的安全。

还有一个问题要特别注意，写作过程中用什么不用什么可以取舍，采访时要尽可能地全面，关乎事件的各个方面都要尽可能全部采访到。采访缺失会导致报道不均衡、不全面，极端情况下会让调查报道翻车。

第六章　“两会”报道

47.“两会”是新闻竞技场

“两会”报道是每年一度的抢新闻大战。新闻业界最先进的设备和技术首先会在“两会”亮相。如果哪位记者带了一件采访神器，马上就会成为花絮新闻。新闻竞争从“两会”记者报名时就已开始。中央媒体和外国重点通讯社会受到特别关照，不用为采访名额犯愁，而其他媒体，特别是地方媒体和网络媒体的名额缺口很大，一证难求。每年到北京采访“两会”注册的记者有3000多人，比人大、政协的代表委员人数还多，与其说是“两会”，不如说是一场新闻盛宴。没有证件的记者，有的以工作人员名义混在各省区代表团驻地，有的就在北京街头溜达，抓一些会外新闻，每天根据其他媒体的报道编发一些稿件，电头也会写“北京报道”。

走进互联网时代，“两会”报道给人以新的观感。打开手机页面，里面有报纸、视频直播、照片、专访，还有电视。这种报道方式叫融媒体也好，叫全媒体也好，总之就是用了诸多现代传播的工具和手段，实现了传播领域的全覆盖。这是互联网技术带来的传媒新业态。

与现在的报道方式相比，传统的方式就显得人瘦腿短，信息量不足。人类使用电视机的历史已有80多年了，而电视机进入我国老百姓家庭只有30多年。这30多年来电视媒体人出尽了风头，以至于幼儿园小朋友搞活动都争着当主持人，可是好景不长，互联网来了。

互联网带来的传播效果首先是信息量大，选择性强。这样一种融媒体报道方式，一般由多个小组分工完成，每一条线都有一套人马在做，最后由监制统筹把关。

所谓融媒体状态，只是传媒业生产工具和呈现方式的改变，这个改变是由外在技术引起的，而这个技术进步是全社会共同的进步，并非传媒自身的进步。等这些新玩意儿变得不新鲜时，传媒之间的竞争、传媒人之间的竞争仍将回到抓新闻的竞争。如果认为在传媒新业态下就是掌握这些不断翻新的传播工具，而忽视了对传媒基础知识的学习和专业技能的训练，那就是走进了一个新的误区。

新闻记者青睐“两会”，首先因为这里新闻密集。平时国家最高决策层很少对外发布消息，而“两会”期间领导人频繁亮相，会在各种会议上发表讲话，给了传媒观察“内幕”的难得机会。其次“两会”期间电视直播多，记者一个精彩提问会立刻在亿万观众心目中留下深刻印象，一举成名。记者有在“两会”期间崭露头角的，也有翻车的，如“红衣女记者”可能为自己一次做作的提问而饮恨终身。

“两会”也是境外记者观察中国政治版图的绝佳时机。对他们而言，会议文件是公开的内容，只有提问才是挖新闻的机会，因此每逢记者会，他们场场必到。这些外国知名传媒驻京记者大多是资深老到的记者，工作态度严谨，提问刁钻，其新闻素养和敬业精神给人留下很深印象。

“两会”是中国特有的一种政治文化。西方国家参众两院也开会，并常常爆出新闻，但不像我们“两会”是党和国家领导人与代表委员同时亮相。中华人民共和国70年了，“文革”期间国家的政治生活很不正常，“两会”并非年年举行，比如第三届全国人民代表大会1964年12月召开之后，第四届全国人大到1975年1月才召开，相隔10年之久。直到1978年2月第五届全国人大之后才走上正常化轨道，即五年一换届，每年一例会，并且时间基本稳定在每年3月3日政协开幕、5日人大开幕。

在全国“两会”之前，各个地方会召开自己的“两会”，有县一级的、市一级的、省一级的，地方“两会”开完，全国人大代表和全国政协委员就开赴北京，参加全国“两会”。在全国人大和政协换届之前，一般是前一年的年底，新一届的中共中央召开全会，选举产生中共中央政治局常委、委员等党的领导人。中国国家领导人的选举是这样进行的，由中共中央向人大提交国家机构领导人建议名单，向政协提交全国政协委员建议名单，“两会”分别按照民主程序对建议名单进行审议、推荐、表决，最后选出新一届国家领导人和政协领导人。

从历次会议表决结果来看，中共中央推荐的名单都获得高票通过。因为表决是按绝对多数当选计票，两三千人表决，若有超过一半的反对票那就不得了，这个人也不可能出现在推荐名单中。我采访的几届“两会”的所有表决中，有几百张反对票就算非常多了，高法、高检报告的反对票多一些，民生议案有反对票，涉及政治、人事方面的表决一般都只有几张反对票，十几张就到头了。

48.“两会”报道的战前准备

“两会”报道年年搞，编辑部一般都会制订一套报道方案，对采编两支队伍进行培训，汲取往年的经验教训，讲解今年的新思路、新点子、新举措。采编两支队伍分前方、后方，要建立定时联系方式，设专用发稿信箱，重要岗位有专人值班负责。

从版面形式来看，设计几个新栏目，改进一下版心，会起到立竿见影的效果。这就如同家里的家具，重新摆放一下就会改善观感。“两会”报道一般分三个阶段，即会前报道、会中报道和会后报道。新栏目可以贯穿大会的三个阶段。栏目名字响亮就会为报道增色，比如《人民日报》的《代表委员议国事》、央视的《两会有啥事我们帮你问》、东南传媒的《京港连线》、《大公报》的《代表委员手记》等，一看栏目就知道是“两会”报道。

从内容设计上看，重点是要经营好独家策划。可在“两会”之前，及早策划一组选题，组织记者深入采访，赶在大会召开之前推出，以求先声夺人之效果。会前的报道是各家媒体的首次亮相，要争取一炮打响。会议期间可根据会议议程搞一些短期策划，但不宜过多，由于会议开始后动态新闻大量增加，预先策划的稿件容易变成鸡肋，不好处理。

每年“两会”不可能总是同一套人马，加进来的新人可以增强队伍的活力，但因缺乏经验也容易犯规。“两会”采访比较辛苦，白天晚上连轴转，两三天不休息是常有的。工作态度执著，脑筋活、身体好、能吃苦，这种人就是“两会”记者的合适人选。

在全媒体报道时代，记者不再只拿一支笔，还得带摄录器材。传媒记者一般都会安排在人民大会堂二楼，离前面的主席台很远，摄影记者得配备长焦相机。在会前要仔细检查所有采访设备用具，确保器材有效。

49.“抓人头”与“吃独食”

采访“两会”，在千军万马中作战，前方记者小组的组长或者叫前方采访主任就是突击队长，他要执行编辑部的报道计划，又要灵活应变，果断解决问题。“两会”会议文件一经发表，硬新闻就已出尽，下来几乎所有的采访都靠“抓人头”。抓的人头越多，新闻就越多，因此要十分重视收集信息，了解代表委员活动安排。什么人可能出席什么活动，通过几条路线进行堵截，如果采访被拒怎么办，摄影文字记者怎么配合，等等。前方记者组对这些都要周详地谋划。“抓人头”首先是抓“明星”，抓那些爱发表意见的代表委员，抓政府部门重量级官员和有思想的学者。这样一天“围猎”下来，有的记者抓来活蹦乱跳的“活鱼”，有的记者碰上了“死鱼”——人家拒绝回答。只要抓住像姚明一样的明星，即使拒绝回答拍一张照片也算“活鱼”。

千军万马混战，出错的机会大大增加。有的代表委员参政议政的能力较强，却不善于同媒体打交道，被记者一围要么强力躲开，要么回答问题词不达意。还有一些代表委员爱出风头，故意向记者发表各种“雷语”，有媒体还列出“雷语排行榜”。

为了使“两会”采访变得有序，会议组织方近年来不断增加记者见面会的场次，在原来外长记者会、总理记者会、代表团开放日之外，围绕记者关心的问题，增加了多场政府官员的记者会，开通了“部长通道”“代表委员通道”，还组织一些代表委员针对记者关心的热点问题，搞专场见面会，如民企发展、房地产、就业、反恐等。与过去相比，不争不抢，只要报名即可参加，采访机会大大增加了，但记者生来是“吃独食”的动物，任何集体采访都代替不了他们猎取独家新闻的冲动。

不会抢新闻、不敢抢新闻的嫩手，经过“两会”洗礼之后会变得硬朗干练起来。因为在这里学习的对象已不局限于你的师父，还有来自世界各地的新闻精英。

50. 把“重点”做成“亮点”

“两会”上有不少重头戏，记者的任务是如何把“重点”做成“亮点”，创造最佳的传播效果。

人大开幕当天，总理的《政府工作报告》是第一个重点。总理站着作报告，代表委员坐着审议。这个报告的内容十分全面，各行各业各地包括港澳台外交军事国防都涉及。报告文稿一般在会前几个月就已开始草起，征求各方面的意见，不断修改完善，最后经中央审定。交给大会的审议报告文本应该说已十分完善。报告中会有许多重要内容，媒体一般会按专题用几块版来进行报道，并请有关专家进行解读。未来几天，代表委员分组审议、讨论总理《政府工作报告》，在此期间中央常委下团组与代表委员一起审议、讨论。中央的几个常委，分别到各个组去，发表重要讲话。这些讲话看似即席发言，实际上是有备而来，都是对相关领域发表的有针对性的意见，属于比较重的新闻，特别是总书记的发言应该突出处理。

另一个重点是外长记者会。“两会”议题多属国内事务，国外传媒并不十分关注，外交部长的记者会是“两会”上中国政府对外政策的表态，来华的外国记者最为关注。外交部长由国务委员兼任，属于副总理级别，也就是副国级，所以外长讲话代表中国政府，分量自然比较重。传媒是互相感染的，国外媒体关注，国内媒体自然也不甘落于下风，这样外长记者会自然就成为每年的新闻热点。

接下来一个重点是人大闭幕时总理的记者会，这是“两会”新闻的压轴大戏。总理是政府首脑，他的记者会比外长的记者会内容更丰富、更重要。给人印象最深的还是前总理温家宝 2012 年 3 月 14 日的记者会。那场记者会持续了 3 个多小时，是我了解的最长的一次总理记者会。下午一点多大家都有些饿了，提问的记者依然踊跃，而问题也越来越尖锐。在回答了民间集资问题、政治体制改革等尖锐的问题后，主持会议的李肇星外长刚想说“我们的记者会……”就被温家宝制止，他笑着说：“如果大家不累的话，再问两个问题。”会场立即传出一阵笑声。机会终于来了，一位外籍记者提问：如何看待王立军事件？

这个问题是记者们都想问的问题，但由于涉及时任政治局委员、重庆市委书记薄熙来，国内记者根本不敢提，外国记者也可能觉得中国总理不会回答如此敏感的问题，故在三个小时里竟然没有人提出。一直到了最后关头，才由一位澳大利亚记者提出。这个提问也许正是温家宝一直等待的提问。只见他移动了一下身体，举起手，表情严肃地答道：“现任重庆市委和市政府必须反思，并认真从王立军事件中吸取教训。”这是一个非常令人瞠目结舌的回答，整个会场的空气似乎都凝结了。从没有国家领导人，在国内外电视直播的情况下直接讲出这样敏感的话。十几个小时后，中共中央决定张德江兼任重庆市委书记。

51. 政治性差错会“车毁人亡”

记者发回的新闻虽经前方主管审核，但限于时间仓促，还是埋下了不少“地雷”。如果前方主管责任心强，就能发现并排除一些“地雷”，否则就会令后方编辑部很头疼。

一个是前方记者主管，另一个是后方编辑主管，此二人与“两会”报道成败关系极大。他们两人要随时保持良好沟通，及时贯彻落实编前会和总编辑的意见，确保每一项采访、每一条稿件都落实到位。“两会”期间稿件很多，照片很多，关系复杂。稿子的版位、篇幅、标题、照片等细节中，一个细节出错，在平时可能是小错，在“两会”就是大错。像我们这样的新闻单位，一般都经不起一两个错的打击，有时一个政治性差错就能把大家全打趴下，“车毁人亡”。犯错并不复杂，只消一个粗心大意就足够了。试想把“致辞”误写成“辞职”，把“大会”误写为“犬会”，把“志在四方”误写为“志在西方”，甚至只是一笔一画的错，也是严重的政治差错。这些差错都是已经付出了代价的，各位同学应引以为戒。

总编与记者的关系，如同赛场上教练与球员的关系。中国女排能打胜仗就是因为有了袁伟民、郎平这两个好教练。袁伟民当教练时，有一次俄罗斯女排把中国队打了个 14∶0，眼看再得一分就结束。就在这时，袁伟民叫了暂停，他没有训斥球员，而是心平气和地讲，场面马上就起变化。反观对方教练高声训斥球员，球员这样做不对，那样做也不对，在场上的表现越来越走样，结果竟被中国队反败为胜，最后被打得落花流水。“两会”报道也是一样，出现不利情形时，总编辑不能一味训记者，要分析原因，多从各级负责人身上找不足，帮助大家把压力转化为动力，把报道搞上去，否则搞得前方记者压力太大，报道就会大失水准。

52. 贴近受众做新闻

一看此题目，有的同学会说“两会”上讨论的都是全国性的议题，记者会提问也都是公共话题，如何才能做到贴近本地受众？这位同学问得好。你是否注意到，新加坡记者提问，他问中新关系和亚太地区、印度洋南亚地区的问题，他不问钓鱼岛问题；日本记者问的是中日关系和朝鲜半岛问题，他不会问克什米尔问题。这些外国同行就是在代表他们的受众提问。你如果是贵州的记者，你若问贵州某个具体问题显然不合适，但你可以提涉及贵州受众关心的那一类问题，比如扶贫和白酒产业问题等。

地方传媒报道全国“两会”既要关注全国性的话题，更应关注本地话题，在新闻选题策划上，必须服务好自己的目标受众。比如，湖北的媒体来到北京，你心里要始终想着湖北这个地方的父老乡亲，他们关心什么，“两会”哪些内容会涉及他们的利益，湖北的代表委员在会上有哪些表现，外地代表团哪些提案可能涉及湖北(如重庆有关三峡的提案可能与湖北有关)，等等。再比如说香港的媒体，它关注的就跟我们不一样，它可能更关注政治改革问题、粤港澳大湾区问题、“23 条”立法的问题。老百姓关注的医疗、教育、社保、就业、住房、环境、食品安全等属于公共话题，无论哪里的人都会关心。

我给大家介绍一下 2012 年 3 月 6 日香港《大公报》头版的版面设计。这个版在设计上采用大图大题的做法，一张李克强自信坚定地步入主席台的动态照片作主相，肩题：“GDP 增速调低至 7%左右”，主题：“七强招　稳经济”六个大字，错行排列，增强冲击力。两套题把经济调控的目标和招数都标清楚了，一个“强”字，一字双关，既指中央出招很硬，又指此招来自李克强政府工作报告。在主相下方，还刊登了一幅习近平与李克强交谈的照片，用版面语言告诉读者，“七强招”是以习近平为核心的党中央的决定。这个安排体现了版面报道内容的均衡性。

对比当日北京出版的党报，一般都是刊登一张李克强主相，出两套题：

主题："第十三届全国人民代表大会在京召开"；

副题："习近平俞正声刘云山王岐山张高丽等在主席台就座　李克强作政府工作报告　张德江主持"。

这两套题意思非常完整，并摆正了所有领导人的地位关系，但读者看不出中央出台的七条措施稳定经济这个核心内容。可见《大公报》与党报的目标读者是不同的，所以办报的思路、手法也不同。

53. 北京雾霾很打脸

值得注意的是每年“两会”期间北京的雾霾成了一道风景线，常常看不见人，代表委员穿着艳丽服装拍出的照片也是灰蒙蒙的，这非常打脸。北京雾霾久治不愈，现在中央下了狠心，要“疏解北京非首都功能”，连市长都换成环保专家，市内工厂搬走了还不够，还将北京市政府及其下属机关搬到通州，又建了雄安新区、新机场，许多院校医院企业总部要南迁，周边河北的污染企业全停了，再往远处，京津冀协调发展统一规划。如果这些措施得到落实，北京的环境没有理由不好。现在北京市似乎已经摸清了雾霾的生成机理，会发布雾霾预警，然后宣布一些限制措施，比如机动车、工程车限行之类，后来雾霾真的就减少了。这说明雾霾是完全可以治理的。

我国的空气污染主要是燃烧化石能源造成的，尤其是煤炭和劣质汽油。北京的环境可以采取壮士断腕的办法，其他城市怎么办？全都停下来经济怎么发展？就业怎么解决？有人说全用天然气吧，那就得有钱，而且是硬通货美元，但国家没有那么多外汇让我们去烧。

朱镕基总理曾经有一句名言“中国不用煤天理难容”。为什么这么说？因为我们地底下有很多煤，黄土高原下面是一片煤海。老天爷把你们安排在这块土地上，你们不用煤，天理难容呐。那么怎么利用煤呢？有一个叫神华的大国企，现在通过化学处理让煤变成石油或者天然气。但这个转换过程本身也要消耗能源，消耗太多，产生出的油气很贵就没有意义。从目前情况看，煤变油煤变气的成本很高。

透过雾霾可以看出中国发展中存在的问题和制约我们发展的诸多因素。环境污染除了大气污染之外，还有水资源的污染、土壤的污染、荒漠化等。

问题越多新闻就越多，环保领域产生了许多好新闻，出了不少名记者，有的获得国家环境好新闻奖，有的获得联合国“地球奖”。

54.“两会热词”忧民之忧

2019年的“两会热词”是“民营经济”，反映了老百姓之忧，因为过去的一年对于民企来说是冰火两重天。年初的时候，有些人借马克思的话，说什么要消灭私有制，发表文章公开说民营经济的历史使命已经完结，应该退出历史舞台。银行不给民企贷款，企业因资金困难纷纷倒闭，有的私人老板干脆卷钱跑路，移民到外国去了。民营经济贡献50%以上的国家税收，60%以上的国内生产总值，70%以上的技术创新成果，80%以上的城镇劳动就业，90%以上的企业数量。打压民营企业的结果使我国经济亮起了红灯。

这是一股背离改革开放历史潮流的极“左”逆流。如果任其发展下去，必然退回到“宁要社会主义的草，不要资本主义的苗”的老路，把好端端的欣欣向荣的中国搞得没有希望了。

这种极“左”逆流自然受到有识之士和大多数民众的强烈抵制。在这种情况下，中央果断出手，习总书记亲自召开民营企业座谈会，给民营企业家吃定心丸，他说：“支持民营企业发展是党中央的一贯方针，这一点丝毫不会动摇。”

社会上出现的“民企退场”论，“消灭私有制”论，堂而皇之地刊登在党报党刊上，搅动了民间杀富济贫的社会心理，搞得民营企业家人心惶惶。有的人辛辛苦苦赚了一大笔钱，再投资的时候他会评估风险，三年五能不能收回来，如果风险太大，就不敢投了，或买房子，或换美金跑路。这样一来，我们80%的劳动力到哪里就业，经济还怎么维持？

1992年，邓小平在“南方谈话”中的一段话值得我们永远铭记：“‘左’带有革命的色彩，好像越‘左’越革命。‘左’的东西在我们党的历史上可怕呀！一个好的东西，一下子被他搞掉了。‘右’可以葬送社会主义，‘左’也可以葬送社会主义。中国要警惕‘右’，但主要是防止‘左’。”

造成经济下滑有诸多因素，民企出问题是主要因素。2019年“两会”代表委员担忧经济下滑，每一个团组或者界别发言，都少不了“民营企业”这个热点。据统计，现在财政盈余的省区不多了，大部分是赤字。GDP还是在增长，但除去通胀之后就很难说了。还有就业的问题，有些同学快毕业了，发现找工作有些难了，这就是大问题。经济发展的时候各行各业都需要人，经济下滑的时候，各家都嫌人多，不裁员已谢天谢地。

新加坡总理李显龙在国会讲演中说，中国每年光大学毕业的研究生本科生加起来就是700多万，跟新加坡的人口一样多。中国政府每年要给相当于一个国家的人解决就业，压力非常非常大。这个压力要靠经济高速发展来解决。测算之后，有人认为最低6.5%的增长才能保障就业。希望中国经济能一直保持在6.5%以上，每位同学都找到一份满意的工作。

房价问题是代表委员热议的另一个“热词”。房价现在看来可能会降温。一是经济不景气之后，热钱减少了，房价就应该跌。另一方面有房子的人要卖出去回笼资金。我一个朋友，他的儿子在北大读博士快毕业了，想在北京买房子，但苦于拿不出钱。他有三套房子在海南亚龙湾，为什么还为钱犯难呢？因为亚龙湾是旅游区，社区发展尚不成熟，当地人不愿买；愿买的外地人又因限购令没资格买。业主如果急等用钱，就得大幅降价出售。有一条广告打到我手机上，说是北京密云甩卖两套房子，业主要出国，价格很便宜。急于套现反映的还是经济问题。做生意的人，资金链断了，急需把不动产变成现金。第三个令房价下行的因素是人口增长放缓，刚性需求减少。放开二胎后，没有增加很多新生儿。这些都不利于房价增长。因此，未来除了个别一线城市房价波动外，总体上看房价应该缓慢下行。

55. 专访四部长引起轰动

从2009年到2012年，我连续四年每年带领四五十名香港《大公报》的记者采访北京“两会”。会议期间，还通过互联网遥控香港编辑部的出版流程，每晚工作到凌晨3点左右。2012年3月北京“两会”，我们开辟了一个新栏目《总编辑专访》，希望通过对一些高层人士的专访，为读者提供独家权威信息，提振《大公报》的社会影响力，鼓舞编辑记者的士气。

这届“两会”正值换届的敏感时机，境外媒体专访部长这样的要求，秘书、新闻处一般都会婉言谢绝。好在我在《人民日报》工作时，跟科技界一些领导同志认识，与新闻处的同志关系也不错，一联系他们都十分愿意帮忙，千方百计给予了安排。这样我从3月8日到21日，连续采访了卫生部部长陈竺、科技部部长万钢、中科院院长白春礼和文化部部长蔡武，全都是约到部长办公室进行独家专访。第一个采访的是陈竺部长，他听说我们到了，亲自下到一楼大厅，热情地与每一位记者握手，表示热烈欢迎。我们来到他四楼的办公室，采访了近3个小时，有问必答，十分配合。科技部部长万钢和中科院院长白春礼也都接受了我们两三个小时的采访。只有文化部部长蔡武时间短一些，因为他下午有会。

我们采用“主稿+配稿”的形式，主稿报道政府工作，新闻性最强；配稿软性一点，人情味浓一点，以求从多角度展现共和国部长的风采。与我采访的几位同事工作效率很高，每位部长的长篇专访均能在当晚写就，次日见报。现在回想起来，真应感谢四位部长对我们的高度信任，他们为了照顾《大公报》的时效，打破常规，免去审稿，只说了一句“贾总把关”就放行了。

转眼7年过去了，我依然清楚地记得陈竺部长专访《陈竺：东方智慧驯服癌症》、万钢部长专访《万钢：当部长要有敬畏之心》、蔡武部长专访《蔡武：走出去不是输出意识形态》，均为一块整版；白春礼院长的专访内容较多，以两块整版刊出。

这四个重量级人物专访在两会期间推出后，引起媒体圈子轰动。在北京梅地亚新闻中心，刊登专访的《大公报》一到就很快被记者抢光。由于《总编辑专访》栏目产生了一定影响，后来两位政协副主席也顺利接受了我们的专访。这一年的《大公报》在北京“两会”打出了影响力，编辑记者都群情振奋。

56. “四绝招”出奇制胜

在“两会”采访实战中，前方记者需要挖空心思，出奇制胜。《大公报》记者创造的几则“战法”，可资借鉴。

第一招“以小制大”。姚明是政协委员，他从停在天安门广场的大轿车上一出来，远远就被人发现了，霎时数百名记者一拥而上，后面的人根本无法采访。我们记者中有一个刚从人大毕业的小丫头，人非常灵活，大家就让她去试试。只见她从人群缝隙中左躲右闪几下就钻到了姚明跟前，顺利完成了采访。同事开玩笑说她“能在百万军中取上将首级，牛！”。

第二招“守株待兔”。采访部长的人太多，争抢不上，我们一位记者就躲在厕所旁边的大理石柱子后面守株待兔。在大会堂听报告一听几个小时，代表委员免不了要上厕所，部长也不例外。果然，有位部长从厕所走出，他立即假装上厕所迎面朝部长走去，借着巧遇的机会与部长聊了几句，抓到了一条新闻。

第三招“弃文就武”。2012 年 3 月是温家宝总理届满卸任前最后一次作政府工作报告。他在讲话的时候表情激动，会场不时响起热烈的掌声。按照计划，我们在头版安排一篇温家宝的新闻特写。往常担任特写的记者都会一手拿笔一手拿本，把现场的掌声和热烈场面信息记录下来，但这次记者却举着一个像大炮筒似的望远镜，目不转睛地望着主席台。原来他在观察温家宝的面部表情，用炮筒子取代了笔和纸，“弃文就武”了。他观察温家宝的面部表情，发现他眼中有泪。这些细微观察加上现场的丰富信息让他完成了一篇相当精彩的新闻特写，为历史留下存照。

第四招“预设伏兵”。2012 年政府工作报告提出机构改革，有几个部委要撤并，一共要摘 6 块牌子。我们早早得到消息，分别派记者到国家计划生育委员会、铁道部等单位门外早早埋伏，等工作人员出来摘牌子时及时抓拍，把六个部委摘牌子的镜头全都抓住了，照片和文字先供网络使用，抢到了极佳的时效，次日《大公报》用一个整版报道了六部委摘牌的独家策划，为“两会”报道画上圆满句号。

57. 在中宣部写“两会”《阅评》

与以上所讲的“两会”报道不同，这里讲一个幕后故事。

2003年我在中宣部挂职，担任第十一届新闻协调小组组长，领导要求撰写“两会”新闻报道《阅评》，对当日报纸和前一天的电视、广播报道情况进行盘点，要求《阅评》在早上8点之前送到领导同志办公桌。也就是说，这项工作需要加班来做，其紧迫性和艰巨性可想而知。

写《阅评》必须仔细观看中央六大家新闻媒体的刊播内容。电视广播滚动播出的内容可以在白天收听收看，报纸一般当日凌晨3点前上网。我们就在凌晨3点起床，从网上看几家报纸的版面，结合各单位传来的参考资料撰写《阅评》，主要关注三点，一看各家对“两会”精神的把握情况，二看各家的报道策划亮点，三看有哪些热点与偏差。《阅评》一般2000字，篇幅不长，但文字必须准确到位，因此颇费周章。“两会”大约持续两周，我们每天就在办公室睡三四个小时，由于精神紧张，似乎并没有觉得太累。每当得知我们的《阅评》被领导批示表扬，或者我们的建议被采纳时，内心还是很愉快的，那种紧张快乐的工作氛围令人怀念。

外人一听说在中宣部，一定以为这里待遇优厚，工作舒适。我在那里工作过一年，深感中宣部同志工作的辛苦。每逢大事，许多人起早贪黑加班加点，夜里八九点钟下班，早上不到8点上班。我在加班时与一位年轻朋友聊天，他当时月薪1200多元，每月还按揭400多元，交老婆300元，自己只剩下300多元，同学请客都不敢去，因为没办法回请人家。晚上我们在中宣部加班，食堂师傅把中午的剩菜剩饭热一下端上来，这顿饭不要钱，大家围坐在一起吃得有滋有味。

第七章　创新办报

58. 融媒体条件下报纸会不会死？

2004 年 10 月，美国北卡罗来纳大学新闻传播学院教授菲利普·迈耶（Prof. Philip Meyer）在其《正在消失的报纸：拯救信息时代的新闻业》（*The Vanishing Newspaper*：*Saving Newspaper in the Information Age*）一书中，采用数据分析，预测报纸将于 2043 年 4 月消失。

的确，近年来所有报纸的发行量都大幅度下降，但《纽约时报》依然是《纽约时报》，《朝日新闻》依然是《朝日新闻》，并没有消失，明显的变化在于它们的网站都越来越好看了。《纽约时报》网站里面的分析文章，多出自报纸记者或报纸专栏作家之手。早些年，《金融时报》有篇文章就针对"报纸消亡论"说："有关上帝将死的预言也是经常炒作的一个话题，但实际上上帝安然无恙，多谢关照。"《时代周刊》大概 10 年前有一次改版，时任总编辑说希望把周刊尽可能美化，凸显平面媒体独有、网络媒体没有的优势。网络向报纸提出挑战，逼着报纸改革，这也是报纸发展的机遇。视觉传播手段应用于办报纸，可以让报纸悦目、易读。我办《大公报》也吸收了视觉传播的一些优势。报纸没有动感，存在先天不足，因此要在图片和版式设计上下工夫，运用大照片、大标题、图表、漫画等视觉元素活跃版面，更主要的精力则应用在改进内容上，扬报纸之长。《白鹿原》小说一会儿拍成电影，一会儿拍成电视剧，但在作者陈忠实看来没有一个是满意的，因为视觉作品无法把文字的内涵充分表现出来。文字有它固有的魅力，只可意会不可言传，这就是报纸的优势。再好的视频短片也不能替代名作家的专栏。

报纸不仅有便携性、可保存性、直观性，更重要的还有一个品牌效应。上了头版头条，就跟刊登在二版三版不一样。上了报纸，就跟在网络上不一样。我经常遇到这样的作者，因他的稿子太长，版面不方便处理，就在网上给他发了，但他不满意，不断打电话来，要求在报纸上用一点，删到几百字、一千字都行，求爷爷告奶奶要上报纸。如此这般，报纸怎么会消亡呢?

平面媒体也好，网络媒体也好，读者在意的是内容。如果内容不好，迟早会被淘汰。如果仅从数量上来看，网络媒体倒闭的恐怕比平面媒体多。不是说办了网络媒体就拿到了免死牌，关键还是内容。优胜劣汰，适者生存。自然界是这样，传媒业也是这样。

互联网确实改变了全球媒体的生态。当我们研究媒体发展时，既要考虑其自身产业的经济规律，也要考虑中国的特殊国情。那么什么是国情?“媒体姓党”就是国情。我国没有民营报纸(个别科技类报刊除外)，网络媒体虽然有多种所有制，但也都姓党。

2019年1月25日，中共中央政治局到《人民日报》举行第十二次集体学习，主题是“全媒体时代和媒体融合发展”。如果说报纸要消失了，为什么中央还如此重视《人民日报》?

不要被“狼来了”的叫声吓倒。中央领导人集体参观《人民日报》的全媒体中心，总书记在会上讲要大力推进媒体融合，走媒体融合的道路。媒体融合不是网络吃掉报纸，而是要从“你是你，我是我”过渡到“你中有我，我中有你”，未来要发展成“我就是你，你就是我”。从这个讲话中我们可以看出报纸不会死亡，报纸今后就是融媒体中的一部分。今后不是要看报纸的发行量有多大，而是看它的质量有多高，至于传播渠道，那就是融媒体的渠道。《人民日报》发表的重要评论，会通过各种网络全媒体平台、电视、广播、社交公众号等一起传播出去，形成一个“同心圆”式的舆论格局。

我们无须永远把报纸与纸张联系在一起。人类最早在陶片、竹简、皮革上书写，后来才有了纸张。现在随着技术的进步，屏幕阅读完全取代纸质版面也是迟早的事儿，到那时我们会说报纸消亡了吗?恐怕不能。

报纸的魅力还在于它的精致。有的人养兰花，端出来像一撮韭菜，而有的人养的兰花就是一件艺术品，可以卖很贵的价钱；山里的石头不会有什么价值，戴在手上的翡翠玉镯却价值不菲，区别就在于精致。报纸编辑是一门艺术，版面设计美观典雅，创意无穷，需要专业技能。高技能的美工可以挣到比总编辑还高的薪水。由于版面有限，编辑惜版如金，作者一字千金，头条位置只有一个，要争取头条，就必须有很强的新闻性。报纸的采编流程决定了报纸是具有艺术价值的精致的新闻产品。

报纸进入融媒体这个肌体中，所有新技术作为传播手段为报纸所用，报纸的影响力有可能变得更大。

我的《大公报》同事曾做过一个问卷调查，比较清晰地反映了青年人对网络和报纸的两种态度：

对网络的态度：第一时间看到突发新闻，新闻内容要求是干货，喜欢图片和视频，不喜欢条幅广告，对新闻的真实性不抱信任，对各家网站几乎没有什么忠诚度可言。

对报纸的态度：不把时效性当成选择报纸的唯一条件，但不容忍报纸报道有失实，能接受报纸上的整版广告，喜欢编排讲究的版面，喜欢报纸的新闻背景分析和有深度的解读和评论，特别重视报纸的品牌，一旦选定了一家报纸之后，就会一直订阅。

这是我 2016 年了解到的情况，从中可以找到报纸的生存空间。现在的年轻人是否还认同这个结论不得而知。这个调查给了我们三点的启发：第一，公信力是报纸的生命；第二，质量是报纸生存的保障；第三，营销报纸是发展的途径。在互联网时代，如果不推销报纸，不借助网络来传播报纸的内容，扩大报纸的二次传播，报纸就会被淹没在信息的海洋中。

59. 没公信力的报纸是一张废纸

大家学习新闻史知道，《大公报》创刊于1902年6月17日，是当今最古老的中文报纸。英敛之创办《大公报》时就已言明初衷：“忘己之为大，无私之谓公”，“开风气，牖民智”。那个时候我们国家的人都留着长辫子，官员穿着长袍马褂，跟世界文明反差很大。“开风气，牖民智”是要打开一扇窗，让西方的先进文明之风吹进中华大地。《大公报》创刊于天津法租界，以传播天主教为名，传播西方的先进思想。这是中国近代比较早的报人的一个理念。1926年吴鼎昌、胡政之、张季鸾接手《大公报》时，标榜“不党、不卖、不私、不盲”的“四不”原则。由此可见，《大公报》的前辈办报都有卖点，前者是“忘己”“无私”，后者是“四不”，明确告诉读者报纸的独立性，不依附任何一个政治势力，只为“公”发声，为中国文明进步发声，以此建立报纸的公信力。我在担任《大公报》总编辑后，在报社全体干部大会上讲话时就明确指出：“今日之大公，非昨日之大公”，“前辈是高山，吾辈为小草”。我只不过是那座高山上的一棵小草而已，根本不要想与前辈比肩，只要实事求是老老实实改进报纸就是了。因为今天办报完全不是“四不”了，如果还坚持“四不”，那就是坚持错误。

那么，今天我们靠什么办报呢？

早年加入《大公报》、后曾任《人民日报》总编辑的谭文瑞先生，在谈及新闻工作应当遵从的首要原则时说：“首要原则是坚持实事求是，讲诚信。这就是说不论报道和评论都要坚持言必由衷，言必符实，杜绝浮夸虚假。”

《大公报》是爱国爱港阵营的舆论旗舰，但报纸的公信力不高，在一家学术机构的公信力调查中仅名列倒数第二。公信力低导致报纸发行锐减，经营惨淡，员工情绪低迷，人才流失严重。

显然，无论今天的情况有多么不同，公信力仍是报纸的生命线。要办好《大公报》，提升公信力是当务之急。所以，我们办报的第一招就是“堵”。堵住糟蹋报纸公信力的一些经营手段，删减版面上假大空的文字，请社委会要求经理部控制软性的广告专版，不要再以头版换取廉价广告。第二招是“立”。采取措施重塑报纸公信力，在是非问题上敢于表明政治立场，对读者喜闻乐见的新闻敢于放到头版处理，对危害人民身体健康的毒食品、假货、污染敢揭露曝光，对官商勾结、公权欺民敢于及时揭露，并积极策划独家新闻，适当提高稿费标准，约请名家开设专栏等。尽管这些想法在实施过程中阻力重重，但编辑部同仁都尽最大努力推进。在一些人眼里，所谓“政治家办报”，就是投上所好，事事紧跟，宁“左”毋右，阿谀奉承，四面讨好，八面玲珑。这真是对“政治家办报”的莫大曲解啊！

没有公信力的报纸就是一张废纸。民国初年，为了说服袁世凯复辟称帝，他的大儿子袁克定伪造了一份《顺天时报》，连篇累牍地刊登全国人民拥护袁大总统做皇帝的消息。《顺天时报》是袁世凯爱看的报纸，具有公信力，但袁克定伪造的《顺天时报》只给袁世凯一家人看，内容全是假的。直到有一天，一位使唤丫头拿来一包袁世凯爱吃的五香蚕豆，包蚕豆的是一张真的《顺天时报》，他一看报纸，哇，这怎么都是骂我的！气得袁世凯把儿子一顿痛打，骂道：“欺父误国！”

袁克定那个《顺天时报》全是赞扬声，但公信力是零，是儿子骗老子的把戏。如果我们把党和人民的报纸也办得没有公信力，尽管它还是一张真的报纸，但也只不过是现代版的“儿子骗老子”。

在我国，报纸(连同其他媒体)具有双重功能，既要做新闻，又要做宣传。只有把新闻做好，让报纸变成一份老百姓喜欢的报纸，信得过的报纸，它的宣传功能才能得以发挥，否则不可能完成中央交给的宣传任务。有一种新闻现象已经多次出现：一个有几百万级粉丝的大V发一条几行字的微博，竟能盖过全国宣传机器的声音。老百姓宁肯相信这区区几行字，也不相信播音员字正腔圆的播出。难道我们不觉得这种现象可怕吗？万一有事，老百姓听谁的？

我接手《大公报》总编辑8个月后，首次在办事处工作会议上讲话，亮明了我的办报思路，对报纸存在的问题做了分析，提出了应对策略。我在《大公报》工作9年多，工作目标一言蔽之：“提高报纸公信力。”受限于客观条件，有些想法未能如愿，如今聊以自慰的也是一句话："努力了，不遗憾。"

◎ **附录：**

在《大公报》办事处工作会议上的讲话

（2009年1月10日上午，记录稿）

今年是不平凡的一年。牛年虽然还没到，但已经有了庆祝牛年的气氛。昨天中联办司锦泉部长曾讲道，今年是"六四"风波20周年、建国六十年，这两件大事预示着今年将是一个非常敏感的年份，将是一个敏感话题与大事、喜事交织的年份。今年还是金融海啸继续肆虐的一年，百业凋敝，民怨升温，就业的压力、增长的压力集中体现为稳定的压力。《大公报》这一叶扁舟在这样一个惊涛骇浪中航行，我们的命运是相同的。我们大公报同仁必须同舟共济，荣辱与共，共同团结在社委会周围，共同渡过今年这一关。

今天，我作为总编辑在这里讲话，自己心里明白，无论学养与资历都不具备。百年大公报，前辈是高山，吾辈为小草。这么说，不是我谦虚，而是我诚实。当总编辑不意味着我有能力，只是我被赋予了这个责任！我想在这里借小草以抒胸臆。我这棵小草，是一棵知恩图报的小草。我所说的知恩图报就是对《大公报》、对前辈、对在座的各位心存感激，因为是你们多年来奠定了《大公报》的基础，让我可以坐享其成，所以我是心存感激的。我这棵小草，是一棵扎根在《大公报》这片沃土之中的小草。要做事就必须扎下根，与各位同事同呼吸、共命运。《大公报》这方肥沃的土地值得我们大家用毕生的精力去耕耘。能与这么多优秀的大公同仁共事，我感到十分荣幸。同时，我这棵小草，还是一棵自强不息的小草。不怕风吹，也不怕压力，吹枯了会再绿起来，压倒了会从石头缝里再长起来。

最近我走访了4个办事处，了解了一些情况。这两天与大家交谈，又了解一些情况，知道了大家的难处，懂得了大家的不易，内心就有了一种不安，也是这种了解，让我感到肩上担子沉重。以后有时间，我会走访更多的办事处，了解更多的情况。我感到，有时候痛苦并不是坏事。人在迷茫的时候最痛苦，而痛苦恰恰是思索的时候，想办法的时候，一旦思路清楚了，痛苦也就跑得无影无踪了。我相信通过这次会议，我们能够理清思路，振作精神！

现在，我受编委会的委托，向大家简要报告一下《大公报》2008年的新闻编辑工作。这些工作是在社委会的正确领导下，在周庆总编辑和编委会的领导下，全体编辑记者顽强拼搏，团结奋斗，辛勤劳动的结果。今天周总没有到会，这些工作都是在周总的领导之下做出来的。因为我来的时间比较短，了解的情况有限，我在这里的报告很可能是不全面的，说得不到位的地方，遗漏的地方，请大家指正和补充。我的总结很不全面，因为我一直在上夜班，只是把大家的总结、有关材料看了看，我今天拿来的这一沓纸不是讲话稿，都是你们的总结。我会摘要读一些。2008年我们经历了大喜、大悲：冰雪、地震、奥运、神七发射、三鹿奶粉事件，“两会”报道，拉萨“3·14”事件报道，改革开放三十周年报道等，在香港这边还有第四届立法会选举的报道，这样一些事件，组成了我们去年的报道内容。大事如此之多，规模如此之大，可以说是近年来新闻报道中少见的。去年年初，我国南方一些地区发生罕见的冰雪灾害，在灾害面前，广办、湖南办、深办、北办和兄弟办事处团结协作，面对交通堵塞、电网中断、气温寒冷等困难，《大公报》记者不辱使命，冲锋在前，圆满地完成了报道任务。抗击冰雪灾害报道的胜利，为我们2008年的报道打响了第一炮，开了一个好头。四川汶川大地震报道是编委会组织的更大规模的新闻战役，四川办、重庆办、陕西办、甘肃办、北办、广办、湖南办等办事处协同作战，港馆还及时派出援兵，三位资深记者的加入，明显地提高报道质量。《大公报》抗震救灾报道在香港媒体中独树一帜。我们的记者不畏艰险，深入抗震救灾第一线，展现了良好的职业道德。他们从四川采访回来之后，中联办还邀请我们的两位记者去作报告，说明我们记者的影响力还是很大的。奥运报道，大公报的奥运报道无论是稿件的采写还是版面的编辑都达到了一个比较高的水平。参加奥运报道的记者从人数上看，虽然有40多位记者，但在北京主赛场，真正有采访证的仅仅3位，然而我们却打了一个少有的漂亮仗。还有三鹿奶粉事件报道、神舟七号报道都很精彩，给人很多启发，这些我在下面还会讲到。2008 年我们北京办事处、广州办事处、深圳办事处、上海办事处新闻中心继续发挥着新闻主力军的作用，无论在发稿数量、质量上讲都是上乘的。海西新闻中心、厦门办事处对台报道有声有色；江苏办事、河北办事处、内蒙古办事处、重庆办事处、吉林办事处、山西办事处抓新闻的意识明显提高，去年在新闻报道中也做出了骄人的成绩。各地办事处抓新闻的意识都明显提高，发表了有影响的报道后办事处同事就会更自信、更有底气，影响力就大，别人就尊重。各地办事处新闻稿件质量提升也给编辑部很多启发，一些办事处以前被认为条件不具备、力量不足，做不了深度新闻，但是他们去年做到了，而且做得很不错。这说明我们的年轻记者潜力很大。我曾经说过，《大公报》未来的名人和才俊，就出自现在这些看上去不起眼的年轻人中。在新的一年里，我们要认真总结这些经验，把我们的新闻报道水平大大提升一步。

一、2008 年的新闻报道工作对 2009 年有哪些启示呢？

(1) 扬长避短——奥运。我们参与奥运报道的记者不少，但大多被挡在外围。进场的记者很少，意味着我们的大部分记者根本看不到比赛，那么百年奥运、百年期待，我们如何面对读者？我们分析了当时的报道情况，来自全世界的记者比运动员还多，达数万人，大部分是围绕赛场进行报道，因此赛场的新闻届时一定非常多，而多就容易变成大路货、不新鲜；我们记者进不去表面上是坏事，记者不能目击比赛，但是我们的记者在外围可以捕捉到很多不被人注意的独家新闻。编辑部要求前方记者有所放弃，重视场馆外围新闻的报道。北京当时除了主赛场之外还有三个敏感地区——游行示威区，有很多境外的组织和国内的组织试图在三个示威区内制造一些事端，世界媒体的聚焦点也在这个方面。他们希望在奥运会期间向中国政府不断施加一些人权、民主方面的压力。我们的记者可以关注这三个游行示威区。还有，北京要通过奥运向世界宣传中国，传播中国的文化，我们的记者可以在北京的很多民俗胡同发现新闻，如琉璃厂、鼓楼都是北京的一些文化场所，这些场所的新闻也是很多的。还有一些外国的政要居住的一些宾馆，也是我们可以关注的。事实证明我们的记者从赛场之外，发回了大量的外围新闻，成了我们奥运报道非常有特色的新闻的一部分。我们也及时组织了一些写手，有港馆的，有北办的，写了好几个专栏。这几个专栏是有观点、有水平的，为大公报整个的奥运报道增色不少。结果，我们的奥运报道出现了精彩纷呈的报道格局。在前几天的新闻评选中，我们再看奥运报道时，许多版面和稿件，特别是开幕式、闭幕式的一些版面和一些精悍短小的文章，令人爱不释手。奥运报道后，可以说我们在新闻的组织方面更加自信了。经过这次调兵遣将之后，我认识到《大公报》这支记者队伍素质非常高，冲锋在前，敢于亮剑，敢于拼搏。当时总结的时候我写了一段话，“奥运报道是一场新闻战役，参加新闻战役需要亮剑精神，不亢不卑，自信沉着，突出特色，扬长避短，使自身的优势得以充分发挥。在这场奥运报道中，北办的全体同事，特别是一些年轻记者很有朝气，很吃苦，善协作，有灵气，能够独立思考，把握独家视角，及时推出了一系列高质量的作品，展露出令人羡慕的才华。在这份总结里，我们大家可以看到，他们既讲了成绩也清醒地认识了不足，这是非常可贵的。相信通过奥运报道的战火洗礼，我们的办报质量能够有一个新的提高，年轻编辑、记者的成长也会更快一些。”之后内联组也对这个报告作了非常好的总结，他们一共总结了五点，一是要敢于放弃，有所为有所不为；二是要做好新闻延展性和边际效应的报道；三是要最大限度触及核心的信息源；四是要讲好故事，新闻报道很大一部分是要讲故事的，故事讲不好，报道也做不好，学会讲故事很重要；五是要发挥新闻中心主任的作用。北京办事处的新闻报道，很重要的经验是发挥了新闻中心主任的作用，新闻中心主任定期开策划会，开例会，研究问题，分析选题，组织报道。新闻报道不能大家分散去打，一定是要有所组织，这也是他们不断取得好成绩的经验之一。我们的奥运报道用四个字来说，就是“扬长避短”。扬了我们的长处——敢在外围补足新闻这个长处；避了我们的短处——避了进不了场的短处。结果说明这个策略是成功的。

(2)敢出奇兵——神七。神七的报道大家也都知道，我们经过非常艰苦的努力，给中联办、外宣办、港澳办说了不少好话。我在这里打电话，中宣部和总装备部都同意了，但最后没有我们的名字，说我们没有报名。前不久和中联办的一位领导谈话时，他问我这段工作中有什么困难没有，我说我个人的困难自己解决，不给组织添麻烦，但是工作上的困难，希望组织上能有所了解。他说是什么困难？我说，我们的记者也是优秀的记者，我们的记者也是娇贵的女孩，为什么她就要住羊圈四五天，最后还被抓住，被蓬头垢面地驱逐出去？为什么他们的记者就能拿上采访证堂而皇之地进入采访现场呢？《大公报》的记者难道就要受到这样的歧视吗？最后领导很感动，说一定把这个情况向管新闻的领导反映，后来，管新闻的领导和王社长开会的时候非常郑重地向大家表示歉意。我们的记者根本进不去发射现场，我们的两位记者贾磊、扈亮，他们从北京到酒泉几次尝试着进去采访，都被挡住了。他们受困于酒泉，打电话问我是否可以返回北京，我说不要返回北京，就在酒泉的旅馆住下来。我们要打破对《大公报》记者这种无理的封锁。进不去，我就对着电视机写新闻，写得像新华社一样，写得和中新社一样。天无绝人之路。我们的编辑詹胜这时候被选为香港青年精英神七发射观光团，堂而皇之地进入发射现场，实地参观了航天员的衣食住行。神七发射的当天，他在发射地三公里处目击，他目睹了当时那地动山摇的现场气氛，并通过电话告诉了贾磊和扈亮，把他们在航天员住的地方的图片发到港馆来，把他们在那里见到的一些细节穿插在报道里面了，报道很生动。这就是我们敢出奇兵，使《大公报》的报道一直都有“本报酒泉电”这样一个非常重要的新闻要素。如果我们没有两个人在酒泉驻扎下来，我们就不可能写“本报酒泉电”，那我们的报道就少了一个点。我们还有一支奇兵，就是我们内蒙古办的乔辉、王静秋记者，他们在回收地捕捉落点新闻。以前我们有驻地记者王志民在那里做过，发回了很好的报道。我开始好几天没有关注这个地方，尽管他们也在以“本报内蒙古电”发稿，但我没有太多关注。他们在那里很艰苦地工作，他们在回收的时候作出非常杰出的贡献，可以说是《大公报》神七报道最亮最亮的一个点。由于有他们在内蒙古不断地向本报发稿，所以当时本报有三个电头，是“北京电”“酒泉电”“内蒙古电”，并一直支撑到最后。在神七报道的那天晚上，大家在研究报道的时候感到很焦虑，因为内蒙古的记者组这么多天奔驰在草原上，能否捕捉到着陆点没有把握。但奇迹就在神七着陆的那一瞬间发生了，记者乔辉坐着牧民的摩托车率先抵达现场，发回了报道。由于已经过了午夜，我没有时间看稿子，迅速手拟了一幅标题，令编辑上一版。这个报道成为我们神七报道的收官之作，成为非常闪亮的点。第二天，美国之音长时间在播《大公报》记者的事迹，说《大公报》为了真实地报道神七，为了有独家报道，不满足于那些通稿等。我们记者身上表现出来的精神，就是《大公报》的一种可贵的传统精神，就是把真实的新闻奉献给读者，为了抓新闻，不惜付出千辛万苦。我们《大公报》的记者都要学习这种精神，我们记者作风建设中就要提倡这种精神。

(3)让评论亮起来。评论在《大公报》的历史上一直占有非常重要的地位，现在也是平面媒体与其他媒体竞争中的一张王牌。报纸每天都要有新观点，每天的新观点是通过消息来体现还是通过言论来体现？消息是报道客观事件的，不是观点；评论是自己的观点，所以评论一定要亮起来。我们去年努力做了一点尝试。在三鹿奶粉事件报道过程中，我们的评论起了相当大的作用。在其他媒体记者还不知所措的时候，网民还在气愤的时候，我们发了一篇北京观察，题目是“免检牌与三鹿同罪”。这篇稿是当时我在编前会上布置的，免检牌本身就是一件很荒唐的事情，是非常之荒唐的，那么多厂家生产出那么多产品，你如何保证产品是合格的，凭什么授予他们免检的证书？如果授予免检证书，是否对后果要承担法律责任？如果不承担法律责任，为何要授予这样一个证书？所以最后决定让记者写稿。免检牌就是给不合格的产品发通行证，给民众造成了深层的损害，所以免检证书是不应该有的。这个稿子出来影响非常大，因为它提出了非常要害的问题。两三天后国务院相关部门发了通知，取消食品类产品的免检证书。不能说《大公报》的评论在这里起到关键作用，但至少起到了推动作用。还有一篇就是这次评论类好稿一等奖《别了，李长江》，是北办孙志写的，当时对标题有人提出是否需要修改一下。我不说大家也知道，这个标题似曾相识。我在稿子中加了两句话，李长江在中国食品出口过程中，在与国际强权斗争过程中，为了维护国家利益做了很多工作，我们是肯定的；但是我也加了一句，作为食品监管局的局长不能仅仅徘徊于聚光灯下，更重要的是要监管那些不法的企业，监管不良企业，这才是最主要的方面。第二句话，我们写明了李长江仅仅是一个符号而已，三鹿奶粉事件是一场国难。李长江是一个符号，我们《别了，李长江》不是和李长江这位老干部有什么过意不去的地方，而是我们要在食品监管中和政府的缺位说再见、说告别。稿件刊出后在网络的转载非常多，以后一个月中，这篇稿子在大公网的点击率一直是前列的。我在社评见报的当天下午接到一个神秘的电话，是江浙一带的口音，指出社评批评李长江这样高层的干部不当，我说，对于李长江的报道我们对他过去的工作做了正面的评价，他的失职在于他的监管失位，这个是我们指出来的，我们讲了事实。他说你们的标题是有讽刺意味的，我说我们没有这个意思，这个标题是毛主席用过的，是一句外交用语。全顶了回去，没接受他的批评。这样的批评我们是坚决顶住的，要让《大公报》的评论亮起来，我们要敢于承担，要敢担风险。下面还有些报道大家可能还有印象，《中国勿坠入英雄救美漩涡》。前一段美国的房贷危机发生后，美国政府不断推出救世政策，美国的经济学家、政客不断鼓动中国去买美国的国债，香港的一些报纸居然发表这样的文章《落井下石不丈夫》，在这样的情况下，我们的赵令彬先生，一位非常出色的经济学家，他写出《中国勿坠入英雄救美漩涡》，第二天上午就有160多家网站转载，我们的说法起码是个亮点；还有赵先生的一篇评论《美国引擎熄火，中国应该提速》，也是很亮的一个评论。

(4)让监督强起来——采访“三鹿”拒封口费。河北办事处做得很好，河北办事处的实力并不太强，但在三鹿奶粉事件的报道中，他们对真理的追求精神令人感动，他们冲破新闻封锁的这种力量，对老百姓疾苦的体贴，对弱势群体的担忧，体现了《大公报》记者、编辑的一种正义感和同情心。办事处在当地要开展工作，如果和政府关系搞僵了，会很麻烦。但是他们在政府、官员、当地媒体失语的情况下，敢于冲进去，不满足于大部分媒体被牵着鼻子走的现象，敢于去探索，以卖牛者的身份进行暗访，发回了一系列独家的有深度的报道。《大公报》在三鹿奶粉事件报道中能够独领风骚，河北办功不可没。此外，江苏办和湖北办写的水质污染监督的稿子也很不错，山西办写的封口费的稿子等都具有较高的水平。舆论监督强起来是去年我们新闻工作的一个亮点。

(5)让正面报道活起来——佛山报道。佛山报道是广办做的，在大批企业倒闭，整个产业界风声鹤唳的时候，佛山去年的GDP增长达到16.8%，在珠三江地区一枝独秀。第一，因为它产业结构合理，是以企业民营为主，内销为主，在世界经济萧条的时候，它能够岿然不动。第二，佛山非常重视技术创新，有很多产品都是有自主知识产权的，所以不受外国的影响。第三，佛山有一系列超前的政策。最后写成三篇稿子，连续报道，总标题是《佛山何以能在金融海啸中逆势而上》，之一是《产业特色中流砥柱》，之二是《技术创新，产业添活力》，之三是《决策前瞻　赢得先机》。三篇稿出来后佛山的领导很满意，广州市委宣传部也觉得不错。这是一个正面的典型，这是我们在国内报道中经常做的。当时我们也想，对于港媒，典型报道适应不适应？佛山报道启发我们，可以做一些深度的报道，这种深度报道在香港这边同样有影响力。但在这边做正面报道不能照搬内地媒体的做法，一定要有所改变，视角要改变，口吻要改变，写法要生动，报道要真实。山西办做的《金融海啸重创煤老大，山西焦煤业休克》也很有深度。山西的煤炭在全国占75%，煤炭业出了问题，必然影响到经济，中国经济不好就会影响到香港的金融业，银行家一定关注，国内的深度报道对香港的企业家是有影响的。现在港人在国内投资很多，也有通过国内到欧洲等地，内地对香港而言不仅是投资乐土，也起到桥梁的作用，所以让正面报道活起来，不仅是我们在国内开拓业务的需要，也是我们香港媒体报道的需要。

(6)突发事件报道——不入虎穴，焉得虎子，走进恐怖袭击后的新疆。北办杨清林要去新疆采访，我们决定给他开个专栏。当时有人说，《大公报》以前开专栏的都是名人。我说，谁是名人，名人在哪里？最后还是决定给他开专栏。杨清林的报道一篇篇发来了，是一个正面报道。恐怖袭击后新疆的社会状况如何？新疆的老百姓的生活如何？都是正面报道，通过他的目击，把新疆的真实情况报道出来，有很强的新闻性。新疆是热点，奥运会之前是热点，具备了这样一些要素后这个栏就可以开起来，杨清林的12篇稿发完后，影响非常好。这次向报业公会推介稿子，把这个系列推出参评。这样的稿子一般的香港记者是采访不了的，内地的记者也是采访不了的，内地的记者不敢写这么多新疆的事。当时新疆和田还是很危险的，杨清林在那里采访也是付出很多。这样一个记者就值得我们开专栏。他也很有新闻敏感，在奥运期间新疆遭恐怖袭击之后，杨清林写了《京城里的维吾尔族人》，报道了在京城里的维吾尔族人也是很善良的，和其他民族一样，喜欢奥运，盼望安逸的生活，非常有新闻性。

(7)你也可以做得到——中朝边境行。记者冯俣、尹健都是年轻的记者，还是非专职记者，他们迈开了双脚，走了出去，就写出了好稿。当然，这些素材是办事处多年积累的结果。朝鲜边境地区现在比较敏感，香港媒体有很多猜测，我们让记者去边境实地看看、写写。吉林办事处都是很年轻的记者，水平也不一定有在座的高，但他们做到了，给了我们非常好的启示，只要我们迈开双脚，深入新闻一线，我们就可以推出更多力作、佳作。

二、谈一谈夹缝中生存的《大公报》，算作我对报纸面临困境的一点理解吧

(1)一是被贴标签。《大公报》在香港被贴上“左派”标签，有人说《苹果日报》换成《大公报》报头照样也卖不动，意思是说不完全因为《大公报》的办报质量如何，而是很多人给你贴了标签。前一段时间，香港有人指出本报公信力不够高。我想，首先是因为他们认识上有些偏见，对此我们已经发了文章进行批驳；另一方面，此事也提醒我们，不要总是感觉良好，确实要自强。办报方面我们有很多需要提高和改进的地方。

(2)二是“一国两制”。编辑队伍与记者队伍生活在两种制度之下，工作环境和价值理念上有诸多差别，内地的记者和港馆编辑对于同一问题的思考可能不一样。这种差别平时可能没有感觉，但在处理一些具体问题时就可以看得到，因为它是存在的。

(3)三是资源短缺。我们办报的经费和资源短缺，要吃饭还是要办报，这个问题一直困扰着我们。我想这个问题可能是一个长久的话题。我在和办事处同事交流时说，编辑和经营工作是报馆的两翼，就像鸟儿的两个翅膀，不能一个动一个不动，这两个翅膀必须非常和谐地摆动，但是鸟儿的翅膀上如果系上黄金它是飞不高的。经营和新闻一定要非常好地配合，在报纸发展的不同阶段会有不同的最佳配合点，这一系列配合点构成一个报纸发展的轨迹。我们要知道自己拿什么吃饭，新闻是我们吃饭的赖以生存的饭碗，我们要做好新闻，不管是办事处主任还是新闻中心主任，都要有新闻观念。当我们的经营工作有点起色的时候，一定要腾出手来抓新闻，抓新闻会反过来促进经营，良性循环会慢慢形成。过度的开发会造成西北的荒漠化。《大公报》的金字招牌不能无限制地开发，过度的开发，杀鸡取卵，金字招牌会慢

慢贬值的，那时我们都会过不下去了。我们不能看着报纸衰落下去，我们要看着它一天天好起来。我们要爱护它，无论是搞新闻还是经营，都要从报纸的长远利益出发，考虑我们的工作、组织我们的报道。在这个问题上，编辑部和经理部没有矛盾。办报是需要理念的，香港信报老总林行止先生的理念就是办一张正派的报纸。没有“信”什么都谈不到。什么是君子？君子就是要讲“信”。“信”就是真实。不讲信用的人没有朋友，新闻不真实的报纸没有读者。报纸要办好首先要有坚定的理念。“不党，不卖，不私，不盲”是我们大公人的传统理念，在新的历史时期，我们的理念中又被赋予了新的更重要的内容。编辑要按照理念去办报纸的，我们每天的编辑语言要告诉读者一个信息，要赞成什么，要反对什么。我们要自强、自信，坚守自己的理念。理念是我们的报格，是我们精神的依托，是我们赖以自豪和自信的基石。

(4)四是竞争激烈。我们与兄弟媒体之间的竞争确实存在，一碗肉你吃了他就吃不到，怎么能不争呢？没有办法，大家都要生存。经营上有压力，睡不着觉，掉头发，大家都能理解。这种激烈竞争会转变为我们编辑和记者之间的矛盾，因为版面是最后的出口。我对李向东主任的评语是“作风正、业务精，认真负责，任劳任怨”。你们中间的一些人也许不同意，但你们如果和我一样与他上七个月夜班就知道他是什么人了。一篇篇的稿子改出来，与修改前的稿子是不一样的，不容易啊。我们《大公报》一定要爱惜自己的人才。有一个好编辑不容易，他和大家过不去，是为了版面的质量。有时也可能因为认识不同，他没有认识到稿件的重要性，这时需要沟通。大家都是为了报纸。任何一个在岗位上敢于负责的人，我们都应该对他肃然起敬，都应该支持他、感谢他。

(5)五是任务繁重。今日之大公物是人非，人面桃花。我们既要弘扬大公精神，又要完成政治使命；既要面对在香港办报必须提高稿件质量和版面质量的压力，又要承受内地经营性版面和稿件对报纸质量影响的压力。我们还有引导香港舆论、平衡香港舆论，团结爱国爱港力量，传递中央的声音的任务。我们不是单纯的民族资产阶级的报纸，我们要学习继承《大公报》好的传统，但是我们还有新的使命，现在的大公人和过去的大公人有相同的地方，也有不同的地方。在香港办报，外部生存环境恶劣，既有面对面的政治交锋，又有兄弟媒体互相竞争的压力。有时和港媒老总相聚时就会切身感到，香港媒体之间那种非常激烈的竞争，给人很大的压力。我们报纸还会有一些正面的交锋。比如前天立法会中反对派提出取消功能组别，我们就要批评，因为这是违背基本法的。香港第四届立法会选举之后，反对派得到23席，第二天我们发了社评，题目是"香港立法会选举潜藏危机"，确实有不少隐忧，香港政治今后的纷争将会更加激烈。这种政治形势对《大公报》可能是个机会，在未来的时间里可能更被器重，因为媒体发挥作用的空间会更大，我们肩上的担子会更重。我们在报道原则上要顽强坚守，在报道形式上要大胆创新。我们的报纸在香港这样一个政治生态环境下是可以有所作为的。

三、面临这么多困难，下一步我们应该怎么做？应该在哪些方面寻求突破？我谈几点意见

(1)振作精神：增强荣誉感、使命感，坚定信念，唱着歌前进，决不要小瞧自己；立足现有人才、现有条件，量力而行，一步一个脚印。我们的传统很好，这支队伍也很好，最重要的一点是振作精神。立足现有条件量力而行，这一点也很重要。我们发展的时候目标定得太高了就会达不到，就会泄气，我们不要全面出击，要找一个点，一个亮点。我现在在安排报道时就是一个点一个点的，没有说要把哪类报道全部搞起来。我们要让亮点产生羊群效应，带动其他。我在版面上要求做好一版，天天在看一版。抓好了一版，就化妆了脸，就有了面子，其他的版可以学习一版，这样就会慢慢改变。

(2)哑铃战略：强化中国新闻、港闻，搭建信息桥梁；找准自己的定位和立足点。大公报作为一张有百余年历史的综合性报纸，如何定位不是一件简单的事情，现在我们初步的想法就是做大做强中国新闻、做大做强香港新闻，架起沟通香港和内地的信息桥梁，形成一个哑铃型布局。一定要把港人和国内读者关注的东西、喜欢的东西传递给他们。中国新闻就是做独家和深度的报道，提高我们的传播力，这个我们后面会有一些做法的。香港新闻中最关键的是突发新闻，突发新闻如果不强报纸肯定不行。加强香港新闻，我们才能在香港立足；做强中国新闻，我们才能生存。

(3)最主要的是把人的积极性充分调动起来，把限制人发挥作用的不合理的制度逐步调整。我到编辑部这几个月，就是个转盘子的人，像杂技演员一样，十几个盘子，看哪个慢的时候就给他转一下，这就是管理，就是把人的积极性调动起来。用不好现有的人，外面的人不敢来这里；用不好现有的人，就是最大的浪费。

(4)在新闻策划上学习红军，先打游击战，但不回避有利条件下的歼灭战。以小、快、灵的方式，不断派出新闻轻骑兵，出奇制胜；以点的突破，谋求一条战线、一个领域或一个时期的优势。比如今年的神七报道、奥运报道等。有一部大书就是专门讲解以弱胜强的，这就是毛泽东思想。在《大公报》处于劣势的情况下，这本书同样适用于来指导我们的新闻工作。

(5)要做好我们的报道，就要潜心经营独家、深度和揭秘性稿件，把它当成今年我们的主要目标。①为什么要搞独家、深度稿子？特定读者群的分析：香港官员、高层、工商人士、来港学生、海归，要为他们提供有用的信息，只有有用才叫信息。②经营独家深度稿件的可行性：办事处多、信息广、舞台宽松、记者想干事。2008年的一批稿子给了我们信心。这些经验将在2009年不断地完善，不断地深化。③什么是我们的优势？舞台大，位置超脱，历史悠久；用不好优势，等于没有优势，特别是舞台大要用足，研究怎样让监督亮起来。要把大的舞台给我们的记者，给我们的编辑，让他们尽情地表演；要营造人才成长的好环境，我们不能自捆手脚，限制自身的优势。让年轻的、有才华的记者尽情发挥。④珍惜人才。人才不可多得；用好人才的黄金时段；营造人才成长的平台，给每一个人平等的成才机会。诸位同事：你们谁想干事，我随时为你们牵马拽镫，当好大家的服务员。

新的一年里，我们新闻工作的总体思路就是九个字：抓独家、抓深度、抓策划。为此，我们需要在考核制度上做一些调整。

四、关于两个考核办法的说明

(1)记者考核办法。近年来，本报记者稿件的自采率大幅提高，是很好的现象。但同时也带来了问题，稿子质量不是太高，还有一些抄稿的现象。对于别人的文章可以借鉴，但不能不加说明地照抄。评论不能抄人家的观点，新闻不能抄人家的事例。总之，要有自己的一些知识产权才行。在科技发明里有这样的区分，一种是发明专利，一种是实用新型专利，还有一个叫外观设计。这三个是很有区别的，发明专利核心技术是自己的；实用新型就是改个样子更为实用。写稿子也是一样的道理，多少得有自己的一些知识产权。一个有出息的记者，一定会严格约束自己，不抄别人的东西，但可以学习借鉴别人的东西。这个调整意见的核心内容是：每月进行一次好稿评选，不设具体标准，标准在各人的脑袋里，由编委自己掌握。这叫“模糊控制”，看似不科学，但在有些场合还是很科学的。评出当月好稿，然后由我给这些好稿加分，这个加分叫做“总编辑加分”。虽然是编委会集体决定的，但名称还是用这个。也可能一个记者这月只写两篇稿，但写得很好，是经过深入采访得来的深度报道，我们会给他加分，让他的稿件分数以一当十。其他的稿件还是沿用以前的计分办法，暂不作改变。每月评好稿，累计到年底，综合考虑后评选出大公报优秀记者(或骨干记者)。当选优秀记者后，第二年一月起，每月会领到“优秀记者津贴”，这个津贴将是浮动的，第二年如果业绩不好，下一年的津贴就被取消了。一个记者到了一定的层次，成绩不会一会儿好，一会儿不好。相信有一批记者会当上“优秀记者”的。我们通过这样的调控，鼓励大家写独家稿件，写深度稿件，稳定大公报的一批精英，让他们在采访一线有尊严地工作。

(2)新闻中心主任的考核办法。新闻中心主任是报道新闻的核心人物，新闻工作的灵魂人物。现在新闻中心主任搞策划不计分，还得和其他记者一样挣工分，做了很多劳动但没有体现出来。调整后，让新闻中心主任每月首先拿到他的基本分，在此之上，他策划一项选题就有一个策划方案报到编辑部，比如一个策划100分，新闻中心主任会有25分的得分，但并不在总分中扣，不和记者分，是额外的。每策划一项就有25分，新闻主任写稿的分还照样记。同时，也有约束机制，比如，新闻中心出现重大失实报道，要扣分，扣多少分要视情况而定。在日常工作中，新闻中心主任要签发记者的稿件，如果出现重稿，要扣主任分；出现人名地名等硬伤的也要适当扣分。这个办法的目的是要新闻中心主任负起责任，担当起新闻策划的灵魂人物。这样办事处主任和新闻中心主任的职责就分明了。现在有两个办事处的主任兼新闻中心主任，怎么考核，请相关办事处先拿出意见。

我以上说了这么多，中心意思围绕九个字“抓独家、抓深度、抓策划”。前面讲的是要动员大家这么做，后面讲的是要用制度保证这么做。记者考核办法是为“抓独家”和“抓深度”报道而设计的，新闻中心主任考核办法是为“抓策划”而设计的。这九个字就是我们今年新闻工作的指导思想。我们整个的想法不仅要有理论、有方法，还要有制度的保证，这样才有可能使我们的工作扎扎实实地开展起来。

60. 莫把“赛区”当“禁区”

高报纸公信力首先要拒绝说假话。有人一听这句话，似乎犯了大忌，马上说你不讲政治。我认为，作为政党可以使用计谋，那叫斗争艺术；作为媒体，应该如实报道，这叫职业操守。讲政治并不是鼓励说假话。中央党校内一块巨石上，镌刻着毛泽东的亲笔题字：“实事求是”，就是告诫全党不要弄虚作假。

以实事求是的精神办报，会发现很多新点子。“言论自由”这个问题，有些人是回避的，好像一讲到言论自由，就是我们的短板，实际上就等于承认我们言论不自由。这样一个心态怎么在香港办报呢？我们应该夺过“言论自由”这个旗，高举这个旗，把它作为跟反对派斗争的一个武器，不能让市民觉得只有反对派整天在维护“言论自由”。我让编辑部组织座谈会，请来大学校长、教授、大律师这样的精英人士，座谈如何维护香港的言论自由。香港的一些反对派，他们打着“言论自由”的旗号，干着反对中央、反对特区政府、反对警察的事情。警察一去维护秩序，就说破坏言论自由了，阻碍记者采访自由了，等等。我主持会议，让大家放开谈，不设框框，我也不怕香港右派媒体借机炒作这个话题。我国宪法里面有保障公民出版自由、言论自由的条款，有什么可怕的？会议开得十分成功。专家们讲法、讲理，用港人可以接受的语言讲明了“港独”言论的危害性，指出“港独”已经超出了“言论自由”的范围，是分裂国家的违法言论。我们这个讨论会的发言整理之后发表出去，社会反响很好。试想，我们如果召集一帮人，一味痛斥“港独”，倒是万无一失，政治正确，但对那些中学生、大学生来说，他们能接受吗？新闻报道中有些“禁区”往往是我们自己设定的，是我们自己误把“赛区”当成了“禁区”，吓得无所作为了。

61. 头版如同人的一张脸

版面有没有视觉冲击力是报纸能不能吸引读者的关键。我 2008 年 5 月主持香港《大公报》之后，立即着手改进头版版面。措施是：一，每晚 10 点加开一次头版编辑会，对编前会已经选定的头版内容进行再研究，并对照片、稿件、版式、标题一一拍板(同事们把这个会叫“断头台”)；二，在编辑部选拔最好的编辑做头版；三，把为头版供稿列入各部门考核指标。我给大家讲，如果我们目前没有力量把整份报纸做好，那么，必须先集中力量把头版做好。头版做好了，起一个示范作用，带动各版一起提高。这就像女孩子化妆一样，要把粉往脸上擦。头版就是《大公报》的脸，我们要先打扮她，让她靓起来。

我们有一个头版，整版使用了一张照片，是记者在香港轩尼诗道建筑物顶部俯拍的游行队伍照片，十里长街，黑压压一片人头，配竖排大题：“30 万人撑政改”。这个头版给人以强烈震撼，一种不可违抗的民意跃然纸上。头版给人以强烈的冲击力，自然也为后续的相关版面作了导读。

由于互联网的影响，读图时代已悄然来到。报纸头版如果还是密密麻麻的文字，在报摊上就难以吸引读者注意。我们在头版报眉位置加导读框，每晚由值班总编辑导读三块版。这种导读形式在头版为整版广告时十分有效。从 2016 年年初开始，我们又在广泛调研的基础上推出“头条+导读”的头版编辑模式，并对整份报纸进行了全面改版。

香港报纸大体有两种头版模式，一种是头版即头条的传统模式，另一种是头版全图片导读的模式。前者比较死板，后者丧失了头版头条，而《大公报》的“头条+导读”模式兼顾了二者。这种模式是在报眼位置放一张大相，以提高头版视觉冲击力；大相下边以通栏标题推出头条新闻；在头条下方安排一组带小图的导读栏。其中头版大相可以是头条的主相，也可以是后边要闻版的相关新闻照片，选哪一个，取决于该照片是否具有冲击力；在一版用的头条稿，文字控制在2000字左右，以免给人压抑沉闷之感，相关新闻导引至后边各版；最下边的导读框根据版面，可大可小，处理灵活。《大公报》这次改版至今已 4 年多了，“头条+导读”的头版模式受到编辑记者的喜爱，也得到了读者的广泛认可。

62. 读者喜欢的东西上头版

以民国二十四年(1935)9月13日的《大公报》为例，看看这张“严肃”的综合性大报刊登了哪些内容。头版广告，二版社评之外还是广告，连续到第十一版都有超过一半版面是广告。带广告的版面有社会新闻、体育新闻、经济新闻、每日画刊版，其中有连续报道《贫民窑里访问赛金花》，花边短新闻有《村妇通奸杀亲夫》、名人死亡消息、《囚犯过节没肉吃》等，越往后越有吸引读者的重点，经营稿件《文史周刊》、《文艺》副刊，国际新闻和国内要闻作为最重的新闻放在封底，国内要闻版刊登陕北红军的新闻和范长江发自兰州的通讯连载《岷山南北》。以上版面内容说明，所谓“严肃”并非有些人理解的板起面孔，而是七情六欲人间百态尽在报道之列，真可谓雅俗共赏。《大公报》是一张民办报纸，靠“不党、不卖、不私、不盲”赢得名声，广告多得让人妒忌，这样才能以报养报，政治独立，编辑记者才能享受高待遇，也才有底气办出一张中国历史上真正的大报。今天的《大公报》既应办成一张高雅的报纸，更应办成一张让读者喜欢的报纸，所以在刊载内容上思想必须进一步解放。

撒切尔夫人逝世新闻做头版。香港人对英国人的感情与我们内地人不同。英国在香港经营了150多年，放眼望去，维多利亚港、香港赛马会、英皇道、轩尼诗道、高士打道等举不胜举，香港文化中抹不去英国的痕迹。撒切尔夫人完成了把香港交还中国这一历史使命，在世界上她是著名的政治家，所以她逝世的新闻做头版是恰当的。当然我们有自己的角度，表达的是中方的观点，与香港其他报纸有很大的区别。香港反对派的报纸也会把这单新闻当头版，但他们会报道撒切尔夫人在香港回归过程中怎么跟北京政府讨价还价，为港人争取所谓的“民主”“自由”等，而我们则会突出她顺应历史潮流，跟邓小平等中国领导人举行会谈，最终实现香港的和平回归，为中英关系和香港做了有益的事，为保证香港今后的平稳发展做了有益的事，从这几点上肯定她。

足球新闻上头版。香港有两项赌博，一个是六合彩，一个是赌球，这两个赌博在香港有很长的历史。看足球赛成了一种社会风尚，但喜欢看足球的人并不都是赌徒。我们有一位女主笔，年近 70 岁了，对足球的热爱到了痴迷的程度。她从香港坐飞机到欧洲，就为赶一场欧洲联赛。香港人如此爱足球，报纸就要注意为读者提供关于足球的信息服务。大球星贝克汉姆宣布挂靴(不踢球了)，我们就把这个新闻放在了头版。时任政务司长的林政月娥一次见到我说："贾总啊，足球现在也上头版啦，报纸好像已经变脸了，以前都不上的。"

红线女逝世新闻上头版。红线女大家都知道，他的儿子叫马鼎盛，是一位资深媒体人。她前半生在香港是很红的粤剧名角，后半生回到内地，在内地也非常有名气，周总理接见过她好几次。红线女的人生故事是连接香港和内地的一条红线，她逝世的新闻应该重点处理。我们副刊部的同事全体动员，一晚上做出了四块版，通过报道红线女精彩的一生，生动地说明内地与香港是一家，同胞骨肉情深。副刊部同事文艺理论功底扎实，文章写得耐读、有品位。

内地热点新闻上头版。中央决定薄熙来案公审，上面要求用新华社通稿，而新华社只发了两三百字的一则短稿，连照片都没有。这样的大新闻，香港媒体次日肯定都是头版大篇幅报道，我们怎能只刊登几百字？这样的报纸出街不就成了笑料吗？我在编前会上拍板头版整版突出处理，内页再加几块版背景报道。中国新闻部立即调动内地几个记者站的记者，提供新闻背景，案情回放，群众反应，以连续几块版的篇幅推出，港闻部还加了一版香港各界拥护中央决定的新闻。这组报道出街后，首先在气势上不输于其他媒体，而我们又比较准确地传递了中央的声音，社会反响非常好。

63. 借船出海宣传报纸

“好酒不怕巷子深”这句话是对名声远扬的“好酒”而言的，实际上在初始阶段，好酒也怕巷子深。政党办报的特色是媒体机关化，首要的不是面对市场，而是完成政治任务，日常的精力都在协调各种关系。在《大公报》版面有了一些起色之后，我们就希望适当做些宣传，一方面提升报纸影响力，扩大发行和广告，促进报馆内部环境的改善；另一方面，争取社会各界的理解和支持，营造有利于改进报纸的外部环境。

为了扩大报纸影响力，按照社委会领导的意见，除了用好“大公网”扩大影响之外，我与副总编辑徐荷一道走出去，拜访香港两大电视台——无线电视、有线电视，还有凤凰卫视等电视媒体的老总，向他们介绍《大公报》的亮点和社评，介绍策划的独家新闻，请他们多一些摘播。有的老总说，多少年都不看你们报纸了。我说，多少年不看不要紧，请你从今天开始看一看，苦口婆心地把办报的思路、改进的措施等讲给他们听。这些媒体的老总后来都成了我们的好朋友，时常联系。他们了解《大公报》这些变化之后，以前有摘播的摘播得更多了，以前没有摘播的也开始摘播了。徐荷副总编辑工作非常得力，据不完全统计，《大公报》在香港无线和香港有线的摘播量增加了70%～80%，凤凰卫视的摘播量增加了50%左右，在海外网站的转载也有明显增加。《大公报》刊发的一些独家新闻经过电子媒体二次制作、三次制作大量传播，迅速扩大了影响力，形成了报网互动的新模式。

64. 敢贴“边线”，不越“红线”

灾害新闻的报道是经常遇到的，哪个可报哪个不可报要具体问题具体分析。新闻工作是一项非常敏感的工作，每一天都可能触碰“边线”或“红线”，何况“边线”与“红线”还会经常变动。有时候当一种灾害新闻的事实不清楚时，匆忙报道可能引起大范围恐慌，给国家防治工作添乱，这时“不准报”就是一条必须坚守的“红线”，不可逾越。那么什么是可以贴近的“边线”呢？我举一个例子来说明。

2008 年发生在全国范围的“三鹿毒奶粉”事件，数万食用该奶粉的婴儿被发现患有肾结石。随后在包括伊利、蒙牛、光明、圣元及雅士利等在内的多个知名厂家的奶粉中，都检出含有与“三鹿毒奶粉”相同的化工原料——三聚氰胺。该事件重创中国奶制品的信誉，多个国家禁止进口中国乳制品，导致中国家长到全球抢购婴儿奶粉。

这么严重的食品安全问题，应该追究谁的责任？《大公报》在刊登《国务院对国家质量检验检疫总局追责，局长李长江因负有“领导责任”而引咎辞职》的新闻时，配发了社评。

这篇社评由北京新闻中心主任孙志起草，我作了修改并定了标题。作为新闻人，我们的义愤难免会流露于字里行间，但对于指名道姓地批评一位省部级高官，我们还是保持了应有的谨慎。我当时拍板这篇社评基于两点考虑：一是毒奶粉事件性质极其恶劣，媒体应该为弱势的老百姓说话；二是看到了中央严查毒奶粉的坚定决心。据此判断，发此社评不至于逾越“红线”。

社评发表之后，网上一片叫好声，主管部门没有任何不同意见，只有北京一位不愿透露姓名的读者给我来电，质问《大公报》为何这样对待一位老干部，要求报纸道歉。在他看来，老干部的名声远比数万患肾结石宝宝的生命重要，老干部即使闯下如此祸国殃民的大祸也不许媒体批评。我告诉他，稿子是我定的，责任我负，道歉不可能。《别了，李长江》仿照毛主席的《别了，司徒雷登》，没有不礼貌的问题。“李长江”是国家质量检验检疫总局局长，在文中只是一个管理缺失的官僚机构的符号，我们告别李长江，不是告别他这个人，而是告别对老百姓的生命漠不关心的官僚体制，告别这些作威作福高高在上的官僚们，这是人民的呼声！

◎ **附录：**

《大公报》社评：别了，李长江

（来源：《大公报》）

“三鹿门”终于触动中央层级高官，李长江昨天黯然辞职。这位国家质检总局头面人物成为本届政府组建半年后，首位请辞的中央阁员。连同早前请辞的孟学农，两位省部级高官在制度化的“问责风暴”中去职，掀起了中国官员的“头脑风暴”。

李长江下台，首先是底层民意的胜利。4 名婴幼儿因食用毒奶粉死亡，6200 多名儿童患病。让人痛心的是，祖国的花朵竟枯萎在这些庸官和无良商人之手。

普罗大众对于此次食品安全事件已愤怒至极，所有门户网站近期论坛的焦点话题无不是“三鹿门”事件。五花八门的留言表明了底层民众“零容忍”的态度。由此可见，民意借助互联网这一载体浮出水面，影响了“三鹿门”事件的走向，最终撼落了李长江的乌纱帽。

李长江近年来常现身于危机处理的一线。“兵来将挡、水来土掩”，应对复杂局面练就了炉火纯青的三寸不烂之舌。他义正词严地回击过西方的“中国产品威胁论”；为维护“中国制造”的出口信誉表达过“中国食品的合格率高于美国”；对于质检工作也曾高调指出：“维护人民利益和国际信誉”；五天前，他在国新办记者会上还在玩数字游戏，坚称问题奶粉“只是少数”。然而，李长江在闪光灯下频频曝光，并没有掩盖其“工作飘浮”。在其任职内，出现了“大头娃娃奶粉”、含三聚氰胺的“宠物饲料”、出口日本的“毒饺子”等，如果他能从这任一件事故中吸取教训，反省不足，严格监管，扎实做事，也许就不会出现后来的毒遍全国的“三鹿门”。李长江任内交出的“成绩单”不及格，他在其主管领域的表现更使国家蒙羞、颜面扫地。

其次，李长江下台，显示了中央吏治的决心和中国政治的进步。西方国家的问责制，是对于所有官员都具有杀伤力的铁面无情的制度，是政治、道义追究与纪律、法律追究相结合的制度。“三鹿门”事件过后，终于有中央层级官员为此负责。这让所有手握权力的“公仆”们深思，“以民为本”究竟意味着什么，“科学发展观”到底该如何科学化？一场官员“头脑风暴”袭来，对中国承袭千年的官本位观念无疑产生巨大的冲击。

需要指出的是，李长江作为监管当局最高领导负有不可推卸的责任，但长期以来所形成的质检监管体制非“一日之寒”。“三鹿门”像一面多棱镜，映出政府管治架构不科学、“九龙治水”的监管格局、“免检”制度背后的行业“潜规则”、地方当局的局部利益以及官员的隐瞒腐败，林林总总，共同构成夺去婴儿性命无形的“制度杀手”。所以，如不在监管体制设计方面进行变革，在政府管治层面剔除造成食品安全问题的“毒瘤”，还有可能出现第二个、第三个“李长江”。

每一次巨大灾难都是以更大的进步作为补偿的。从这个意义上说，“三鹿门”是一场国难，“李长江”只是一个符号，愿失子之痛的食安灾难不再重演。

65. “后真相时代”如何保持媒体公信力?

我不认为所谓“后真像(post-truth)”可以称为一个时代，因为它并没有得到这个时代里主流价值观的认可。无论是东方还是西方的受众，都希望从媒体得到事实的“真相”，而不是用煽情、武断、猜测的手段编织的“后真相”。从媒体角度来看，“后真相”与互联网，社交媒体，特别是自媒体的兴起有很大关系。西方学者提出“后真相”也不是空穴来风，充其量是互联网引发的一种社会现象。在西方国家近年来的总统大选中，社交网络成为一些秉持极端立场的政治人物操控民意的工具。但人类不可能一直生活在“后真相”中，狂热过后终会恢复理性，在被“后真相”嘲弄之后，人们必将回归继续追求真相的现实之中。

中国十年“文革”就是被极端思想操控的一个例证。“文革”期间，全国亿万人处于癫狂状态，是非混淆，真假不分，打、砸、抢、烧，造反，干尽了荒唐事，给国家和民族造成了深重灾难。然而癫狂不可能持续，中国人经过数十年的反思、疗伤，现在终于觉醒了。尽管今天还有小部分人为“文革”招魂，但绝对主导不了中国社会发展的主流趋势。历史的发展会出现一些波折，然而规律是不可改变的。新闻工作者的天职是报道事实真相，通过自己的工作揭开假相，帮助人们认识真相。我们不能因为存在“后真相”现象而随波逐流，放弃自己的职业坚守，甚至为“后真相”推波助澜。新闻的真实性原则靠媒体人自觉维护，也靠法律和行业道德的监管。在这一点上，网络媒体应该更加自律一些，不应为追求流量而助长社会的偏见，任由那些“标题党”“惊吓体”的劣质新闻充斥媒体，把受众的心灵污染到发炎状态。

对于媒体记者因采访受阻或信息不畅而误报新闻的现象，改进的办法只有继续呼吁社会信息透明化，减少信息垄断和封锁，保障记者的自由采访权，保障民众的基本知情权。

第八章　香港传媒

66. 我国近代报纸最早出现在香港

内地学者认为，我国最早的报纸可以追溯到唐朝的邸报、京报等，在宋、元、明、清均有类似报纸出版。据香港学者研究，我国近代的报刊首先出现在香港。1841年到1850年间，香港先后有9种英文刊物，上海只有1家。直到1860年，香港出版的报刊数仍然超过全国所有地方加起来的总和，每日都有十多种英文报刊出版发行。历史上最兴旺的时候，包括报纸、电台、电视、期刊等媒体共有120余家(施清彬：《香港传媒现状研究》，香港中国新闻出版社2006年版)。香港第一份中文报刊是《遐迩贯珍》(1853—1856)，也是中国最早的期刊。香港第一份中文报纸是《中外新报》(1858—1919)。香港第一份由华人操控的报纸是《循环日报》(1874—1941)。香港第一份革命党报是《中国日报》(1900—1913)。①

日本侵华之后，由于战乱，许多内地文人南下香港创办报纸，带来中文报业的繁荣。这一时期的报纸一部分是沟通中外，为党派抗战制造舆论，另一部分是为蓬勃兴起的工商业提供服务。香港回归之后，香港报业起着沟通香港与内地的作用，继续为工商业提供信息服务，在政治立场上进一步分化，呈现出政治纷争的"党派报业"模式，即爱国爱港阵营、反建制阵营和中间阵营，简称左、中、右媒体。

现在由于新生的电子媒体比较多，若论香港媒体总数肯定已有较大幅增长，而有较大影响的媒体，包括广播电视和报纸有20余家。

---

① 梁天伟，黄仲明. 香港报人口述历史[M]. 香港：天地图书出版公司，2017：4.

67. 香港传媒的生存环境

许多同学对香港不陌生，东方之珠、购物天堂、美食之都等都是大家对香港的美称。香港有150多年英国殖民统治的历史，西方文化在港人心中扎下了根。香港是一个国际金融中心，国内现在约有2000家公司在香港上市。香港还是国际航运中心。斯诺登叛逃为什么跑来香港？因为香港还是一个国际情报中心。美国在香港的领事馆有2000多人，比在北京的大使馆人数还多。英国在香港领事馆的人也很多。西方大国为什么对实行"一国两制"的香港这么看重？回归20年来，香港保持了世界上最具活力的城市地位，一直被评为"全球最自由经济体"，在世界最具竞争力城市的评比中也都名列前茅。据国际机构统计，香港每年约有10万人进入千万级富豪行列。香港有非常美丽的夜景，繁华的市场，宗教自由，言论自由，是一个包容多元的社会。香港也存在问题，贫富悬殊和产业单一是造成今日香港诸多社会矛盾的重要根源之一。

《大公报》记者拍过一张照片：一位回收破箱子、废旧电器的老人家，正推着装满废物的车子，从一辆豪华奔驰车旁边经过。还有一张照片是从天花顶俯拍下去的，这个屋子就像一张餐桌那么大，人睡在这里，吃在这里，家什挂在四壁墙上。本来只有几平方米的小房子，还被隔成几个卧室，变成了所谓的"劏房"。这是今日香港社会的一瞥。

香港有700多万人口，包括两部分人，一部分叫永久居民，另一部分是非永久居民。在永久居民中，除了未成年人和一些不活跃人士，登记的选民有320多万人。香港人不一定都是中国人。比如一个美国人，他在香港居住满7年之后，就能获得香港永久居民身份，那么他就算香港人了，但因他是美国籍，所以他是美国人而不是中国人。网上有一条新闻，一位香港记者到澳门去，入境时国籍一栏填了"香港"，被海关拒绝入境。一位网友留言说应该填"中国香港"，另一位网友说应填“中国”。后一位网友说对了，应该填“中国”。因为“香港”是中国的特别行政区，不是一个国家，把国籍写成“香港”等于宣示“港独”，所以澳门入境处拒绝他入境。

香港的媒体就是在这样一个社会环境之中生存，为思想多元、利益多元、文化多元的受众群体提供信息服务。传媒在西方被称为社会“公器”“第四大权力”，但在香港似乎没有一家媒体是纯粹的“社会公器”。有人标榜说他的媒体不属于任何政党，但仔细去分析，他的背后总有一个财团或一个利益群体。

68. 香港电视 TVB 一家独大

香港本地大的电视台目前有三家，一家免费，两家部分收费。香港最大的电视台叫电视广播有限公司，也叫香港无线电视，英文简称 TVB。该台由利孝和、祁德尊、邵逸夫等于 1967 年 11 月 19 日创办，是香港第一家获得政府免费电视牌照的电视台，共经营五个频道，24 小时播出，其中粤语频道“翡翠台”、英文频道“明珠台”很受欢迎；电视进入 230 万个家庭，以每户 3 人计算，黄金时段收视率覆盖香港人口八成以上。TVB 不仅在香港，在全球华人中都有不小的影响。另一家收费电视台是有线电视，有五六十万个家庭用户，近年来经营状况不佳。它的“有线新闻台”24 小时直播新闻，我在港工作期间每晚锁定此频道观看，以保证不漏报新闻。最后一家是 Now TV，由李嘉诚的二公子李泽楷掌控，可以说是香港三家电视台中新技术含量比较高的电视台，它经营多达 207 个频道，有高清频道，还为用户提供个性化服务的影视套餐，比较受青年人欢迎。在香港创办但主要在内地播出的还有几家卫星电视台，如凤凰卫视、香港卫视等。中央电视台和内地部分省市台的节目也会借香港电视台的部分频道落地香港，但收视率不是很高。

TVB 两年前有上海文广集团资本注入，领头人黎瑞刚被称为中国默多克，在媒体兼并、投资、发展方面搞得风生水起。他入股 TVB 担任董事会副主席，后因遭人投诉，根据香港《广播条例》被裁定为“不符合持牌资格人士”，后来行政长官和行政会议批准他和另外两名内地人为公司非执行董事，不直接控制 TVB 运营。

香港电视的免费牌照不容易拿到，有很多审查规管。这个市场长期由无线电视(TVB)和亚洲电视(ATV)占领，后亚视因经营不善，未获续牌而停播，只剩下 TVB 一家独大。为了争夺免费电视牌照，王维基的香港电视网络与李泽楷的香港电视娱乐(Viu TV)和有线电视公司的奇妙电视曾激烈争夺，后两台于 2013 年 10 月获得政府颁发的免费电视牌照，王维基公司落败。这两个新加入的电视新丁远远不是 TVB 的对手，香港电视市场一家独大的局面短时间内难有变化。

免费电视通过电波进入市民家庭，电视节目观点必须客观持平。若有宣传某种政治立场的倾向，或被认为是洗脑，市民可依据《广播条例》投诉。香港亚视以前有个时评节目叫《ATV 焦点》，批评“港独”火力很猛，有人叫好，有人反对。《ATV 焦点》曾被几万个市民向广播局投诉，认为其给人灌输偏激思想，教坏孩子。这些投诉后来成为亚视争取续牌时的强大阻力，加速了亚视的倒闭。

香港有线的大老板原是船王包玉刚家族控制的九龙仓集团，近些年有线电视一直亏损，影响上市公司业绩，九龙仓决定“关水喉”。正在有线电视面临停播之际，周大福老板郑家纯慨然出手注资，充当“白武士”，成了香港有线的大股东，使该台逃过了一次停播的风险。

69.《星岛日报》左右逢源

香港目前有11家中文报纸，3家英文报纸，还有4家免费报纸。中文报纸按发行量排序，第一梯队有《东方日报》《星岛日报》《苹果日报》，第二梯队有《明报》《经济日报》《大公报》《文汇报》《信报》，第三梯队有《香港商报》《成报》等；英文报纸有《南华早报》《中国日报(香港版)》《英文虎报》；免费报纸有《头条日报》《晴报》《Am730》和《都市日报》等。

2014年7月1日，香港特首梁振英将一枚金光灿灿的大紫荆勋章戴在星岛新闻集团主席何柱国的胸前。这是迄今为止媒体老板中第二位获得此荣誉的人，第一位是明报集团主席查良镛(金庸)。大紫荆勋章是香港特区政府设立的最高奖章，说明特区政府对何柱国及其《星岛日报》的重视和肯定。读者发现，《星岛日报》上常有内地的独家新闻，如内地重要的人事变动和敏感事件的内幕新闻，往往是该报首先刊登，在舆论一片惊愕之后即被证实，正因如此，人们不得不对《星岛日报》另眼相看。这说明内地政府对它也十分重视。《星岛日报》政治立场比较公允，版面编排讲究，信息量大。集团旗下的免费报纸《头条日报》是目前香港发行量最大的报纸。此外，该报还在加拿大、美国、英国、印度尼西亚等国的华人社区出版发行。在报业竞争激烈的香港，《星岛日报》可谓左右逢源。

70. 香港“左”派报纸的变迁

香港“左”派报章起源于抗战期间。最早的《华商报》由八路军驻香港办事处主任廖承志于1941年创办。被毛泽东称为“乔老爷”的前外交部长乔冠华曾在《华商报》发表大量国际时评文章，在海外产生很大影响。1946年，《华商报》全班人马奉命回广州创办广东省委机关报《南方日报》，于是《华商报》宣布停刊，房子移交给了《大公报》。《大公报(香港版)》1938年在香港创刊，1941年日军占领时停刊，1948年复刊，同年《文汇报》因在上海遭到国民党政府封杀迁到香港。1950年《大公报》创办了一份市民化的子报《新晚报》。1951年党组织办了《香港商报》。周总理看到《香港商报》后说有文人风骨，但还应办一份灰一点的报纸给“街市佬”看，于是1956年从香港《成报》挖来老总创办了《晶报》。至此，“左”派报章的5家阵容形成，红灰搭配恰当，分工明确。《晶报》完全按市民报风格编辑，市场反响不错。《新晚报》因产生了新派武侠小说的两位领军人物金庸、梁羽生而一纸风靡。

与“左”派报纸对应的是右派报纸。《华侨日报》《工商日报》《星岛日报》当时被称“中文报纸三大报”，政治态度是拥护蒋介石和国民党政府的反共报纸。由于蒋介石叫嚣“反攻大陆”，右派报纸气势很旺。国民党和外国情报机构也在“左”派报纸内部安插间谍。20世纪五六十年代，《大公报》有一个叫周榆瑞的编辑，英文法文都是一流，为外国情报机构和台湾服务，败露之后出逃英国，还写下回忆录。《文汇报》港闻部一位编辑刘粤生是台湾特务，一天与人打牌时突然人间蒸发，后听说坐快艇转轮船被台湾接走。事后，“中央社”发了条新闻：“刘粤生先生由香港平安抵达台北，已获委任为……副总编辑。”

“文革”开始后，左右两派报纸形同水火。在《工商日报》对面有中国银行，“左”派用高音喇叭放《大海航行靠舵手》，右派则放中国传统音乐，互相对撕。

“左”派报纸内部也出了不少怪事。比如，有一对夫妻省吃俭用攒下2万元钱买了套房子，有人就说：“工人阶级应该买楼吗?!”于是这对夫妻就把房子蚀本卖出。还有另一人把自己的房子卖出去再从业主手里租来住。

对“左”派报纸而言，最大的转折出现在香港“六七暴动”之后。香港社会对极端思想的反感成为思潮，5家报纸的发行量大幅下滑。“六七”暴动之前香港报纸总发行量约为160万份，其中“左”派报纸占20%左右，“六七”暴动之后锐减到10%左右。后来《晶报》《新晚报》先后停刊，剩下《文汇报》《大公报》和《香港商报》3家，简称“文大商”。1997年，香港回归后，有关部门在香港创办了《紫荆杂志》。1999年，《深圳特区报》集团收购《香港商报》49%的股份，成为控股股东。

香港回归之后，港英政府被特区政府取代，来自北京的独家内幕消息断供，左派报纸的观赏性大大降低。加之办报思想不明，经费短缺，人才流失严重，创新能力弱，宣传手法生硬，为了生存新闻版面经常充斥着内地廉价招商广告，极大地影响了报纸形象。右派报纸三大家中，《华侨日报》《工商日报》先后于1984年和1995年停刊，《星岛日报》转向拥护“一国两制”的政治立场。2013年，中央加大了对《大公报》和《文汇报》的支持，采取赠阅措施扩大发行，提高编采人员的待遇，使报纸面貌开始改观。现在两报每日发行量达到15万份，进入香港报纸发行量第二梯队。

“左”派三报一刊在贴近香港读者，做好本地新闻和国际新闻之外，都会花大力气报道内地新闻，宣传中央对港的政策方针和领导人的讲话精神，帮助港人了解内地，充当两地民众沟通交流的桥梁。在香港这样一个多元社会里，“左”派媒体的读者圈虽然还不大，但其内容却会受到社会各界的高度关注，具有平衡舆论的重要作用。

71. 金庸代表“文人办报”

指点江山，激扬文字。“文人办报”是许多读书人的人生理想。2009 年 4 月，金庸先生回《大公报》的时候，与编辑部同仁一起合影座谈，还给《大公报》题词：“评论自由，事实神圣。”

历史上的《大公报》属于“文人办报”，金庸创办的《明报》也是“文人办报”。在 20 世纪五六十年代，香港的其他报纸虽然老板并非全是文人，但报纸笔政皆由文人主持，秉持的仍是“文人办报”路线。

金庸创办《明报》时，他自己出 8 万元，另一个搞印刷的沈宝新出 2 万元，两人筚路蓝缕开始创业，于 1959 年 5 月 20 日正式出街。办一份报纸有四大成本，第一是工资和稿费，第二是纸张，第三是油墨，第四是租金，这四座大山是日常运作的固定成本。凭借金庸武侠小说积累的大量读者，《明报》维持了最初几年的创业岁月。

金庸 1944 年考入重庆中央政治大学外交系，后毕业于上海东吴大学，1946 年进入上海《大公报》任国际电讯翻译，1948 年被调往《大公报》香港分社，1952 年调入《新晚报》任副刊编辑，随后开始了武侠小说创作，揭开了他人生崭新的一页。关于金庸离开《大公报》的说法颇多，其实只要看看他后来的辉煌成就，就不难理解他离开的理由。

关于《明报》创业之初的情况，我与金庸先生有过一段对话：

问：办报纸要一手抓稿子，一手抓票子，不知先生当初有何妙招？

金庸：我从来不去管广告的事，不愁。

问：您不管广告，钱从何来？

金庸：就埋头去办报纸好啦，然后这个广告就多得不得了。我天天就嫌广告多，最后要限制他们，不能超过 6 个版。

金庸作为一个温良恭俭让的书生，在浪涛汹涌的商场上，凭借着自己的优质内容，赢得了读者的信赖。他在《明报》再现了张季鸾“不党、不卖、不私、不盲”的办报理念，赢得了“知识分子大报”的美誉。

《明报》在香港很长的时间里都是公信力排行第一。崇尚民主、自由，以深度报道和侦查报道见长，社评观点理性，专栏作者多元，版面风格大方，副刊品位高雅。

金庸先生的学者风范令世人敬仰。2005 年，剑桥大学授予金庸荣誉博士学位，他向校方表示，希望花四年时间拿一个真的博士。于是，这位 80 多岁的老人开始了硕博连读，2010 年，当剑桥大学授予他博士学位时，他已 86 岁高龄。20 世纪末，金庸在北京大学研究宋史，那时国内条件还不是很好，他就在中关村五道口弄了一套房子住在那里，天天去学校与北大教授探讨学问。

金庸有两子，老大查传侠早慧敏感，可惜 19 岁自杀身亡；次子查传倜厚重少文，热衷于美食。金庸 67 岁的时候，开始安排《明报》的未来，既然自己的下一代无能力继承这份家业，那就把它包装上市吧。1993 年，金庸把报纸卖给青年才俊于品海，于接手后一看市况不好，1995 年转卖给了马来西亚商人张晓卿。张晓卿做木材起家，现在却成了一位地道的华人传媒大亨。他拥有马来西亚第一华文大报《星洲日报》以及华文《光明日报》、巴布亚新几内亚英文报《国民日报》等。张晓卿接手《明报》集团后，又收购了《亚洲周刊》《明报月刊》等子刊。据说张晓卿接手《明报》后曾邀请金庸出山，被婉言谢绝。金庸离开《明报》，标志着“文人办报”时代已经走入末路。

金庸走了，《明报》的编辑记者希望保留文人的风骨。我初到香港时，有几次与《明报》总编辑张建波外出活动，交谈间觉得他是一位可敬的兄长，消瘦的身材，总背着双肩背包，谦逊好学，手里总拿着笔记本，随时随地记录自己感兴趣的东西。他的记录一丝不苟，工工整整，时间分类很细。他最爱逛的是书店，总能选几本书塞进背包里。我问他退休准备干些什么，他说旅游，到全世界去旅游。建波兄曾多次诚恳地邀请我去《明报》旁听他们的编前会，考察他们的办报流程，但我考虑到《大公报》的政治立场，未敢贸然前往。后来由于工作忙，与剑波兄见面的机会少了，不久便得知他退休的消息，参观《明报》的心愿变成为一个遗憾。

张建波退休后接任他的总编辑叫刘进图，香港大学法律专业毕业，大律师。刘进图干了两年，突然一天上午，他从家开车到香港西湾河附近的《明报》报馆上班，在停车场被人从背后戳了6刀，伤及胸腹，双腿筋被割断，生命危殆。刘住院后，张晓卿老板委派马来西亚人钟天祥先生来港担任《明报》总编辑。钟天祥此前任马来西亚《南洋商报》总编辑，但是《明报》的编辑记者不接受他，搞对话、罢工，闹得沸沸扬扬。编辑记者之所以不接受钟天祥，不是此人有何不好，而是他们长期形成的"文人办报"情结和独立意识。在他们看来，编辑应该自主，不应该听命于任何人，他们视钟先生为执行某种使命要扼杀他们言论自由的人。在这样的对立情绪中维持了几年后，《明报》又换了一位新的总编辑，此人是香港人梁享南。

《明报》这一套文化既有现代西方的传媒理念，也有从金庸那里传承下来的由《大公报》开启的"文人办报"情结。商人总是要考虑赚钱，或者把报纸作为工具为经商服务，这样一种企图与"文人办报"是有冲突的。《明报》被商人接管后，文人在与商人的对抗中已力不从心。商人把报纸拿在手上，运营好时持有，走下坡路时抛掉，在乎的是手中的现金流。《明报》目前运营还算稳定，未来如何很难预料。"文人办报"与商人办报的最大区别是，前者很执著，敢于舍生取义，即使家财散尽也不在乎，但后者是一定要赚钱的。

◎ **附录：**

新派武侠小说与大公报渊源

（原载《大公报》2014.06.18，作者：贾西平）

我们在大公报一百一十二周年报庆之际，举行纪念新派武侠小说诞生六十周年论坛，是一件很有意义的事情。新派武侠有一个特点，它诞生于《大公报》的子报《新晚报》，它的作者是该报的两位编辑。这就使得新派武侠与大公报有一种天然的联系。因此，我想就新派武侠小说与《大公报》的渊源这个话题，谈一点感想。

大公报是孕育武侠新著沃土

一九五四年一月，武术界太极和白鹤两派掌门人在澳门比武，引发热议。时任《新晚报》总编辑罗孚先生建议同事陈文统创作武侠小说。比赛后第三日，《龙虎斗京华》开始在《新晚报》副刊连载，读者争相阅读，一时洛阳纸贵。陈文统先生便是日后在新派武侠小说作家阵营中鼎鼎有名的梁羽生。后来，罗孚又邀请另一位《新晚报》同事查良镛在报上连载武侠故事，于是又有了金庸先生的首部武侠作品《书剑恩仇录》的诞生。不论学界抑或坊间，通常将《龙虎斗京华》视作新派武侠小说的开山之作。如此说来，当时大公报的子报《新晚报》副刊，便是培育新派武侠著作的一片沃土。

为什么新派武侠小说会发端于《大公报》呢？这个问题的答案可能多种多样，我想从社会背景、《大公报》爱国主义和英雄主义传统等三个方面来作点探讨。

第一，金庸和梁羽生为代表的新派武侠小说崛起，与当时社会环境有关。上世纪五十年代，香港社会并无大的动荡，市民生活相对安定，电视和互联网这类大众传媒尚未普及，故而人们工余闲暇有时间来阅读报刊和小说，以获取信息和茶余饭后的谈资。五十年代至八十年代更是武侠小说的兴盛期，可以说，《龙虎斗京华》、《书剑恩仇录》和《萍踪侠影》等一系列新派武侠小说的诞生并受到追捧，受惠于当时的社会景况和市民的生活方式。

第二，爱国主义和英雄史观是《大公报》百年不变的传统，也是新派武侠小说产生于大公报的思想基础。一向秉承“忘己之为大，无私之谓公”的《大公报》，不论是在张季鸾和王芸生任主编的“新记大公报”时期，还是一九四八年在香港复刊时期，都始终秉持爱国主义，“文人办报”理念。在抗日战争中，《大公报》坚持不在日军铁蹄下办报，跋涉万里，迁播五次，历经战争风云，也历经了江湖险恶，陈文统先生就是艰辛岁月里加盟《大公报》的，他是这段历程的亲历者。《大公报》历史上曾出现许多具有英雄气节的知名记者，如深入考察西北地区并写出《中国西北角》的范长江，冒险进驻欧洲战场，在战火纷飞中写出大量佳作，成为二战西欧战场唯一中国记者的萧乾，大公报记者群体中的这些布衣英雄，虽手中无剑，但健笔在手，他们陈世情、述民意、斥敌寇，始终以民族和国家大义为重，将个人的得失安危置之度外，表现了强烈的爱国主义和英雄主义精神，胸中激荡浩然侠气。当金庸、梁羽生持笔建构新派武侠的精神世界时，这种来自《大公报》自身的优良传统和英雄气概，就自然地融入笔端而蔚为大观。

第三，《大公报》是一份深具文化底蕴的报纸，记者和编辑文采俱佳，许多人学贯中西，更以深厚的中华文化学养见长，副刊版面生动活泼，大公园小公园长盛不衰。金庸和梁羽生的新派武侠小说，在这片文化土壤中生长出来，是符合逻辑的。在小说创作过程中，金庸和梁羽生并不满足于单纯以商品化倾向来定义自己的作品，而是致力于增加小说的文化味道，希望读者从刀光剑影的江湖故事中，获得阅读快感的同时，了解中国历史，了解中国传统文化，并回望中国人的精神家园，这就赋予其作品强大的生命力和久远的吸引力。正因为如此，在进入无远弗届的电子时代后，新派武侠小说仍呈现出强大的生命力，展会上，书店里，网络中，荧幕上，新派武侠小说依然受到亿万民众的喜爱。

72. 资料员办《信报》办成精英报

《信报》在香港被称为“精英报”，也就是专门办给月薪4.5万元以上的有钱人看的。《信报》创始人林行止原来是《明报》的一位资料员，坊间关于他与金庸的关系也有些说法。比如有一种说法是，林行止原来就是一个资料员，因金庸赏识其才，送他到剑桥大学深造经济学，学成归来本应知恩图报服务于《明报》的子报《明晚》，没想到他翅膀硬了拉出人马自办《信报》，搞得《明晚》不久关门停刊。而林行止却说，他对金庸让《明晚》走低俗路线大量刊登娱乐、马经内容不满，离开的原因是“志不在狗马娱乐”，创办《信报》与改辕易辙的《明晚》已经不存在竞争关系。由于办报理念不同而分道扬镳，但对于查先生本人仍“心中感念，不敢或忘”。

林行止出走时还拉走了资料室的一位好朋友，此人叫曹仁超。林行止主持笔政，曹仁超专事股评。《信报》的另一位创办人是林行止的夫人骆友梅，电台记者。林行止的专栏分析精辟，资料翔实，被称“香江第一健笔”。他的专栏文章每篇4000多字，内容丰富，立论严谨，论据扎实。曹仁超虽在《信报》没占股份，但起了很大的作用。曹仁超撰写《投资者日记》，告诉读者哪个股票有前景可以买。由于他分析到位，预测准确，好多股民依照他说的去买都赚了钱。《信报》还网罗了香港多位名家为其撰写专栏。

林行止坚持用最先进的经济理论来办这张报纸，为香港的工商界精英提供权威的信息和观点。但随着以《东方日报》《苹果日报》为代表的商人办报兴起，林行止的办报理念被报界讽刺为旧派报人的城府，遭到了越来越激烈的挑战。

《信报》坚持不搞彩色印刷，保持比较传统的版式风格，坚持竖排文字。在香港五颜六色的报纸中，独树一帜。对现在的读者而言，林行止先生竖排的4000字长文，读起来未免太累。缺少娱乐专栏，没有影视明星，没有绯闻，似乎不足以吸引年轻人。甚至对于社会热点新闻《信报》都不予关心，每天只专注经济问题。如此一来，《信报》的读者圈越来越窄。

在“香江第一健笔”行将老矣之际，林行止遇到了与金庸相似的难题——后继乏人。他想把这张饱含心血的报纸传给儿子和女儿，但他们都志不在此。最后林行止决定把报纸卖掉，2006年商人李泽楷成为《信报》老板。

才华如金庸、林行止这样的大文豪，面对老之将至、岁月无情的现实，也不得不把亲手创办的报纸拱手卖给商人，换来银两以供老来之需，而一般的报馆打工仔虽具理想才华又能奈何？《明报》《信报》卖盘宣告了“文人办报”黯然退出历史，媒体已经进入了一个被商人控制、按市场规律办报的时代。

73. 香港报纸的“停刊潮”

免费报纸带来的免费阅读，只带给香港报业短暂的繁荣。每天清晨要派送300多万份免费报纸，劳动强度很大，成本很高。满街随处可见的免费报纸并不代表繁荣，而是报业市场疲软的不祥之兆。在互联网、智能手机的冲击下，香港报业很快就出现了“停刊潮”。

首先停刊的是《新报》。该报创刊于1959年，是一家紧贴港人生活的报纸，1992年被英皇集团收购，受集团主业影响，娱乐内容较多，版面多姿多彩，可读性并不差，但经营却难以为继，于2015年7月12日停刊。2016年4月1日，东方报业集团旗下曾为香港第三大报的《太阳报》停刊。免费报纸中，2014年曾号称发行30多万份却不盈利的壹传媒《爽报》停刊，另一家免费报纸《新晚报》创刊没多久就停刊。还有正在招兵买马的《香港晨报》无疾而终。整个报业呈现一片萧条景象。目前的免费报纸仍在正常出版的只剩下《头条日报》《晴报》《AM730》三家。

平面媒体的恶性竞争，引发减价潮、加价潮，后来一哄而上办免费报纸，但最终仍抵挡不住互联网自媒体的冲击。决定媒体命运的是广告。现在不仅报纸，连广播电视的广告量都在大幅度下降。如果此时报纸还追求发行量，要创历史最高，就无异于缘木求鱼。

有一位同学问我，报纸越来越不景气，香港特区政府有没有一些措施来保护当地报业的发展？没有。香港是大市场、小政府，政府不会干预市场，自然也不会保护报纸。在严酷的现实面前，传统媒体只有自力更生，走与新媒体融合发展的路，努力将传统媒体的品牌优势与互联网媒体的时效性与娱乐性、可视性相结合，为受众提供全媒体服务。

74. 香港新媒体长不大

我的一位香港同事，曾在《太阳报》当过主编，跑到我办公室说：“贾总，媒体要消亡了。”我以为他说平面媒体要消亡，就说：“狼来啦，狼来啦，已经叫了多年了。”他说：“不是，我说的不是报纸要消亡，而是所有的媒体都要消亡。”他说，跟香港传媒界的朋友聚会，大家一致认为，10 年之内，所有的媒体都要消亡，原因是自媒体的发展特别快。一些专家、学者、意见领袖、专栏作家，纷纷都自己开了博客，搞了 Facebook 网页，搞了自己的网站，他们自己的意见全都通过自媒体来发表了。那么媒体采访谁去？不能整天就是编辑、记者自己写文章吧？我听了以后也吃了一惊，觉得他说的有一定道理，但我还是想安慰他，便指着楼下的马路说，你看见那些出租车了吗？现在很多人都有了私家车，为什么出租车司机还那么忙？今后不论媒体怎么发展，专业和业余还是有一些区别的吧？

与内地情况相似，香港各家报纸都早早建起了自己的新闻网站，社会上的小网站、自媒体如雨后春笋般出现。然而，受限于香港地域狭小，人口不多，纵使最有财力的媒体，投向新媒体的钱也十分有限，所以香港的新媒体都比较弱小。一条网上热点新闻，几万人点击已经不错，几十万、上百万就已经是极高的点击率了。香港目前影响比较大的本地网络媒体有“香港 01”“星岛环球网”“东方网”“经济通”“明报网”“信报网”“香港 G 报”“大公网”“文汇网”“橙新闻”等，略小一点的新媒体还有“港人港地”“端传媒”等。《香港南华早报》——本港最大一家英文报纸，在被阿里巴巴收购之后，准备利用互联网进行传媒整合，做大做强。马云和于品海两位商人进入香港新媒体之后，可能会给香港的新媒体发展带来新的发展动力。

75.“商人办报”已成主流

有同学问，在商业大潮和新媒体的冲击下，“文人办报”的传统精神怎么延续下去？“文人办报”是文人通过报纸向世界发声，尽管这种声音在金钱和权力面前已显得卑微，但却是文人们一个的坚守。我非常崇敬秉持“文人论政”的报界前辈张季鸾先生，能够体会到他当年办报的乐趣。一张报纸如果被商人老板控制，这个总编辑就很难受，就变成一个傀儡。如果为了商业利益，为了政治投机，不惜扭曲事实误导公众，那么这张报纸还有什么价值可言呢？当记者不是要发财、要当官，其实是一种理想，这个理想就是“文人办报”。当我们为了生计被迫为商人服务的时候，内心的痛苦挣扎是难以名状的。

我当然希望“文人办报”能够传承下去，因为“文人办报”是报纸品质的最佳状态，但现实非常不乐观。办报必须要有资金，否则工资、纸张、油墨、水电煤气费怎么办，没办法运转。一切费用开销都是报纸自己挣的钱，报纸才可能有独立的报格；如果是商人投入的，那报纸必须听命于人，不可能实现“文人办报”。现在来看，商人办报已成主流。

第九章　专题讲座

一、"港独"问题

76. "港独"叫喊"支那人"

同学们可能看过这样一段视频，香港中文大学一名内地女生撕掉了一张"民主墙"上的"港独"海报，遭到"港独"人士暴力围攻。这段视频在网上广泛传播，后来一段时间里香港撑"港独"和反"港独"的两部分人不断发生冲突。这些发生在大学校园里的事，同学们可能会有一些共同的感受。

挑头做这件事的人，是香港中文大学原学生会会长，他高声骂人，高喊"支那人，支那人"，场面乱糟糟的。从视频里面大概可以听出他的意思："你们认为中国好，那你们回中国去，香港是香港人的香港，你不要在这里读书了！"这是"港独"对待内地学生的态度。几乎与此同时发生的另一件事，说明了"港独"对待特区政府官员的态度。

香港教育局副局长蔡若莲一位 26 岁的儿子，患抑郁症，跳楼身亡了。这本来是个家庭悲剧，任何有良知的人，此时如果不能表示同情，起码也不会幸灾乐祸吧。但是一帮"港独"学生不是这样，他们在校内"民主墙"上贴出"恭喜蔡匪若莲之子魂归西天"。蔡是教育局副局长，是专职管理他们的问责官员，他们就是这样对待她。香港的公务员真是一副公仆形象，忍辱负重。

以上两例是"港独"具有代表性的活动。他们不只辱骂内地人，同样也辱骂敢与内地亲近的人，即所谓"逢中必反"。同学们不禁会问：难道"港独"无法无天了吗？香港回归祖国已经 23 年了，难道没有办法遏制"港独"吗？

问得好。接下来你也许还会问："港独"在香港产生的土壤是什么，它的社会基础是什么；"港独"到底有多少人；从新闻报道的角度，怎么处理有关"港独"的新闻，等等。我们接着往下讲。

77. 咨询夭折　立法受阻

香港《基本法》有160条，其中第二十三条是这么说的："香港特别行政区应自行立法禁止任何叛国、分裂国家、煽动叛乱、颠覆中央人民政府及窃取国家机密的行为，禁止外国的政治性组织或团体在香港特别行政区进行政治活动，禁止香港特别行政区的政治性组织或团体与外国的政治性组织或团体建立联系。"这段话中关键是"香港特别行政区应自行立法"，如果香港没有立新法，这条法律规定就是空的。所以《基本法》第二十三条不是一条可执行的法律，而是一条立法指引，是从中央的角度要求香港特区政府履行其宪制责任，要为遏制"港独"立法。香港立法要走一个程序，一般先将草案公布进行社会咨询，然后提交立法会审议投票。但由于反对派煽动香港社会激烈反弹，致使这次立法在咨询阶段就夭折了，给香港的国家安全埋下隐患。

78.“港独”的滋生蔓延

现在我们讲“港独”组织的滋生。每次香港大动乱之后，都会新产生几个“港独”组织。香港“占中”期间，一些年轻人通过社交网络和集体活动形成了一个群，叫“香港众志”，头面人物是黄之锋，美国《时代》杂志将他上了封面，20多岁，刚上大学，学习很差。他从十几岁反“国教”(国情教育)起家，一直到“占中”，现在是“香港众志”的秘书长。

香港“占中”期间还发生了一个暴力事件，叫“旺角暴乱”，简称“旺暴”。在这次暴乱中，产生了另一个“港独”组织叫“鸠呜团”，这是“购物团”的粤语谐音。为什么会叫这么搞笑的名字？香港游行必须得到警方批准，不被批准的游行是非法的。他们要在繁华商业区搞事，为了掩耳盗铃，就说不是游行，是出来买东西，所以叫“购物团”。“购物团”也有暗讽内地游客的意思。这场暴乱发生在2016年2月8日(大年初一)晚上，指挥这场暴乱的是一个戴口罩的年轻人，他叫梁天琦，是一个“港独”组织“本土民主阵线”的发言人，他因这次暴乱被判入狱6年(这里要作点说明，“旺角暴乱”砸商铺、打警察、焚烧垃圾桶……已经超出了言论自由的范围，属于“暴乱”，而香港有完备的惩治暴乱的法律体系)。香港还有一些“港独”激进组织，如“港人优先”“调理农务兰花系”等。

最近，在中央的督促下，与外国势力勾结、公开分裂国家的“港独”组织“香港民族党”被特区政府明确禁止在本港运作。

目前多数“港独”组织都不会公开说自己要“港独”，他们游走在法律的模糊空间。香港保护民众的言论自由，“港独”只要不出现暴力，还是被归入“言论自由”范畴，即使“港独”违法行为也量刑过轻，让违法者得不到应有的惩罚，更有个别年轻人因“港独”行为而一夜成名，名利双收，这就给其他年轻人带了一个坏头。香港立法会前议员罗冠聪，就是搞“港独”出名的，他是岭南大学的本科生，当议员时才23岁，一般同学毕业后要找工作，他还没毕业每月就八九万元的薪水了，一年还有几百万的公务开销。你们想想他当上议员多风光啊，全世界也少有这样的美事。罗冠聪这个坏榜样说明，学习好有何用啊，搞激进活动才是“成功”的捷径。前不久我到香港两所大学去，那里正在搞学生会换届选举，那种拉票竞争的场面就像选总统。

香港这些政治团体的头目，最终都是要走向政坛的。香港回归后，他们要在政坛生存就不得违反宪法，不得分裂国家，所以他们一般不会明目张胆地主张“港独”，否则没办法参选，即使侥幸当选了也会被取消资格。法律规定，作为一名议员，他要宣誓效忠中华人民共和国，如果既当议员又明火执仗搞“港独”，那就是发假誓，而发假誓是违法，马上就可以检控。所以他们不会把“港独”挂在嘴上，而是在心里搞，怂恿社会上一些人搞。

这些年被称作“港独”教父的，也就是搞“港独”理论的，有一个人叫陈云。这个人是岭南大学的助理教授，留学德国的民俗学博士。我们的记者到他活动的场地去暗访，那里香烟缭绕、神神鬼鬼，跟黑社会窝子一模一样，完全像一个地下教会。这个人从2011年搞了个《香港城邦论》开始，陆续出版了几本宣扬本土意识的书，稍带一点理论色彩。受他影响的年轻人有一批，不时出出洋相。比如，有人从网上买来“二战”时香港义勇军的旧军装，列队招摇过市。1938年日军侵占香港时，港英政府为抗击日军，组织了一支民兵叫香港义勇军，与内地抗日的义勇军无关。他们穿着这种黄军装、短裤、皮靴，列队在大街上行走，号称“港独成军”，但当我们记者去访问他们时，他们又改口说“在纪念抗战”。另外，少数台湾人也参与“港独”活动。

一般市民认为，所有这些“港独”组织用香港话叫“小猫三两只”，成不了气候，变不了天。79天的“占中”最后能够和平解决，也说明了“港独”在香港是翻不起大浪的，香港的局势是可控的，但是我们也不能放任不管，任其发展，让少数人搞得香港不得安宁。

现在“港独”势力与反对派合流。香港的反对派自称泛民主派，他们跟英美渊源很深，还有些人根本就是外国人。如今，这样一些泛民主派的大佬，年龄都大了，他们要借助“港独”少壮派，让“港独”冲到前面去闹事，当急先锋。他们的策略是“逢中必反”“逢特必反”。“逢中必反”，就是中央说什么他反什么。“逢特必反”，就是特区政府说什么，他反什么。他们在立法会当议员，就让你什么议案都通不过，给你磨时间(拉布)，令香港陷入蹉跎岁月。

79. 媒体不应火上浇油

我们分析了"港独"的现象及其产生的社会背景，明确了"港独"绝无可能成真，因此，我们处理有关"港独"的新闻报道时就应该趋于理性，没有必要表现过激，甚至火上浇油，加剧香港、内地民众的对立情绪。真正的"港独"分子，境外的敌对势力，最希望的就是香港、内地民众对立，越乱越好，他们好浑水摸鱼，乱中渔利，如果不乱他们就没有市场。我们内地个别媒体总喜欢发一些表示愤怒的文章，好像只有它懂得维护国家利益。事实上，这种愤怒文章被境外媒体炒作，还被误认为是中央的声音，不仅没有起到化解矛盾的作用，反而使对立情绪更加激烈，"港独"的声浪变得更大。

媒体应该多做缓和香港、内地矛盾的工作。退一步讲，香港人绝大部分是我们自己的同胞，都是从内地过去的。《基本法》二十三条立法的工作应该加速，立法以后从法律的角度解决"港独"问题，规范市民的言行，这才是一个比较靠得住的办法。在二十三条立法之前，"港独"不会消失。我们对"港独"现象也要有一个平常心去对待。"港独"确实对香港、对国家有不小危害，但也不可能泛滥成灾，因为一旦转向暴力就立刻会受到现有法律制裁(例如"旺角暴乱")。

二、香港创新文化

80.“香港创新文化”的提出

香港回归祖国22年了，现在有一些人瞧不起香港。一部分是台湾人，说香港是深圳的“郊区”，“一国两制”已经彻底失败。另一部分人是内地人，到了香港，觉得楼房那么旧，街道那么窄，天气那么热……感到这里的一切似乎都不如北京上海等大城市气派。台湾部分人士这样诋毁香港，其实并不说明香港有多么不堪，而是他们另有企图。只要看一看近年来“台独”势力不断插手香港内部纷争的事实就会明白，台湾部分人诋毁“一国两制”，其实是为他们抗拒统一找借口。内地人有这种感觉正反映了内地与香港差距已经大大缩小，港人对于内地人的优越感确实降低了。这其实是一种正常的变化，在一个国家内部，一部分人相对于另一部分人存在优越感本来就是不平等，是应该慢慢消除的。今天香港与内地的变化只是说明了内地的发展，并不意味着香港的衰落，相反从国家发展的角度来看，香港仍然具有不可替代的作用。

早在100年前的五四运动中，莘莘学子为了拯救贫穷积弱的祖国，发出了“反帝”“反封建”的怒吼，更发出了“德先生”和“赛先生”的呼唤。无数仁人志士负笈海外学习西方先进的思想和科学，寻求救国救民的真理。从这个角度来审视香港就会发现，香港就像是我们这个民族百年来用血泪浇灌的一块试验田，长出的恰恰就是“德先生”“赛先生”与中华文化嫁接的秧苗。

放眼世界，英国文化传播的地区，带去了民主和科学，社会发展比较先进。在美洲，西方殖民者中的西班牙、葡萄牙开发新大陆的时间比英国人登陆还要早些，他们占领的地区自然资源也不差，为什么几百年后南美洲与北美洲却出现了泾渭分明的发展差距？差就差在法律制度、民主制度和文化教育方面。在北美洲英语区，美加两国有几千所大学，其中全球顶尖的大学50多所。美国著名的哈佛大学就是牛津剑桥大学的100多位校友创办的，英国文化随着大学进入了美国，源源不断地培养出英国文化的传承人。再看香港，有百年历史的香港大学就是英国人建立的，港英政府通过港大培养公务员，把英国人的法律制度、管理理念和文化科学思想渗透到香港社会各个层面，现在弹丸之地的香港有八所高等院校，其中三四所都在亚洲名列前茅。因此，香港的发展不单纯是由于内地的转口贸易拉动的，更重要的也容易被人忽视的是一种先进文化的内在动力。

为了重新认识香港，我们尝试提出一个新概念，叫做“香港创新文化”。为什么要在“文化”之前加上“创新”二字呢？就是为了对香港文化加以扬弃，避开香港文化中与内地的社会主义文化不相容的部分，让人看清香港创新文化是中华文化与西方文化交汇的结晶，它不仅先进文明，而且可与社会主义文化相互融合，有助于形成中国国家未来发展的强大软实力。我国建设民主法治的社会主义现代化国家需要借鉴吸收的也恰恰是这一部分。

据美国传统基金会发布的2018年《经济自由度指数》报告，香港连续24年被评为“全球最自由经济体”。在“财政健康”“营商自由”“贸易自由”和“金融自由”方面，获得全球最高分。

也是在最近，世界知识产权组织(WIPO)发布2018年全球创新指数报告，香港在该年度全球创新投入次级指数排名中列第八位，总体排名从2017年的第16位上升至第14位，经济市场成熟度稳居第二，基础设施排名升至第一位，并在监管质量、易于创业程度、市值、合资战略联盟交易、高技术进口等一些重要指标排名中名列前茅。

这两组全球指数排名说明，香港既是全球最自由经济体，又是名列世界前茅的“创新之都”，创新已成为当下香港经济基础的重要特征。大家知道，经济基础决定上层建筑，由于文化属于上层建筑范畴，所以可以推断，必然存在一个孕育“创新之都”的创新文化与之对应。

为了讨论方便，我们对“香港创新文化”暂且作一定义。《现代汉语大辞典》中关于“文化”的定义十分宽泛：“文化”指的是“人们在社会历史实践过程中所创造的物质财富和精神财富的总和。特指精神财富，如教育、科学、文艺等”。“百度百科”中关于“创新”一词的解释：创新是指以现有的思维模式或常人思路的见解为导向，利用现有的知识和物质，在特定的环境中，本着理想化需要或为满足社会需求，而改进或创造的新事物、方法、元素、路径、环境，并能获得一定有益效果的行为。

基于上述理解，本文提出的“香港创新文化”指的是：香港独创的和中西文化融合后产生的有利于经济创新、科技创新和制度创新的文化，其核心理念是包容多元、自由平等、民主法治和契约精神等。

81.“香港创新文化”的真实存在性

从1842年8月29日清政府与英国签订《南京条约》，将香港岛及鸭脷洲割让给英国算起(1898年6月9日双方于北京签订《展拓香港界址专条》，将新界及离岛各地租借英国99年)，到1997年7月1日香港回归祖国，英国统治香港长达152年(另外3年8个月为日本占领期)。在英国占领前，香港基本上是一个小渔港，当地居民4000人左右，加上外来人口仅有万余人。①

在这150多年里，中华文化与英国代表的西方文化龃龉磨合，其中有暴力凌辱与反抗斗争，逐步演变成香港独特的地区文化。这个文化中有糟粕，但更有顺应历史潮流、符合先进生产力发展需要且得到国际社会普遍遵从的要素，例如，尊重人权、包容多元、自由平等、民主法治和契约精神等，因而能吸引著名跨国企业资本和技术长期稳定地驻扎香港，促进香港在20世纪80年代跃居为“亚洲四小龙”之一，各项发展指标跃居世界前列。

香港回归祖国后，中央明确要求“保持香港的繁荣和稳定”，其中“保持”二字就是对香港回归前社会经济发展成就的肯定。《基本法》的实施保障了香港原有的社会制度与文化特色不变，并根据回归后的新情况，依据《基本法》对原有法律法规进行了完善和调整，保证了“一国两制”方针在香港得到有效落实。香港的发展纳入国家发展大战略后，香港与内地的联系更加紧密，境内外2000多家上市公司和大量资本持续注入，香港的各项事业获得了快速发展。经历了21世纪初的金融风暴、“非典”疫情和“占中”动乱等风浪的严峻考验，香港的国际金融中心和国际贸易中心地位更加稳固，东方明珠更加璀璨夺目。香港能长期保持繁荣稳定的事实，说明香港创新文化不仅真实存在，而且具有旺盛生命力。

---

① 邓开颂，陆晓敏. 粤港澳近代关系史[M]. 广州：广东人民出版社，1996：100.

82. 香港是一个鼓励创新的社会

香港的一家高科技公司，因其研发的人脸识别技术，让内地公安在一次演唱会上抓住了几名逃犯，而声名鹊起。这家公司就是香港商汤科技有限公司，由香港中文大学的几位教授创办，是计算机视觉识别领域的佼佼者。商汤科技是腾讯、阿里、百度三大互联网公司的合作伙伴，也是我国目前最大的AI算法供应商。虽然没有上市，但它的估值已达45亿美元。

香港是一座移民城市，外来人口占绝大多数，广东人居多，内地其他省份甚至世界各地的人都有，能让大家和谐相处，说明香港首先是一个包容的社会。香港还是一个开放的社会，因为这里本来就是一个自由港，向世界敞开着大门。香港更是一个平等竞争的社会，无论是追求财富还是追求学术，每个人的才华都可尽情展现。说到底，香港就是一个鼓励创新的社会。

诺贝尔物理学奖获得者崔琦和高锟，都是在香港完成中学教育之后出国深造的，是香港文化培育了他们开放、自由的心胸，小小年纪留学海外，摘得科学皇冠上的明珠后，又回港服务。而夺得有数学诺贝尔奖之称的菲尔兹奖的数学家丘成桐，更是从香港中文大学数学系毕业的。香港科技大学毕业的硕士研究生汪滔，在世界无人机市场上搞得风生水起，他创立的“大疆无人机”成为驰名世界的品牌。

近年来，香港科学家的成就享誉全球。中国工程院院士、香港大学袁国勇教授率先在2003年找到SARS病毒的源头；同为工程院院士的前中文大学校长沈祖尧团队的肠胃科研究也是世界知名。中科院院士、香港科大副校长叶玉如在脑神经科学方面的研究成果，有望为人类应对人口老化衍生的种种老人病带来可治之药。

区区700万人口的香港，何以能取得如此耀眼的创新成果？要回答这个问题，只能在香港特有的软实力上去寻找，这就是香港创新文化。

83. 香港从来就不是“文化沙漠”

“香港是文化沙漠”这句话不知是谁的发明，也许是一位大文豪，但只要对香港实际情况有所了解的人可能都难以认同。以文化的象征之一的报纸为例，我国本土最早的报刊出现在香港，1841 年至 1850 年间，香港先后出版了 9 种英文刊物，而那时内地只有上海一家英文刊物，全国没有中文报刊。直到 1860 年，香港出版的报刊仍然超过全国其他地方的总和。香港最兴盛时有 130 多家报纸，现在存活的电子媒体和报纸虽只有 20 余家，但仍属于传媒业最发达的地区之一。香港的出版业也一直是最繁荣的地区之一。难道世界上有这样的“文化沙漠”吗？

当代新儒家的主要阵地在香港。享誉国际的敦煌学大师饶宗颐先生，国学大师钱穆先生，新派武侠小说作家金庸、梁羽生等，都是港派文化的代表人物。仅香港中文大学就先后聚集了钱穆、杨汝梅、杨振宁、高锟、胡秀英、刘殿爵、莫里斯、蒙代尔、姚期智、白先勇等一大批学术巨匠，培养了以数学家丘成桐、银行家郑海泉等为代表的各界杰出人才。香港无论从历史上看还是从现实上讲，都不属于“文化沙漠”，相反，它是创新文化生长的一方沃土。

进入 20 世纪 80 年代，内地开始对外开放，香港的流行音乐、电视剧风靡全国，一部《霍元甲》“万里长城永不倒”，曾让无数国人热血沸腾。随着香港流行音乐、香港电视剧等文化产品的输入，开放文化的气息吹遍神州大地。

在全世界几千所大学角逐的 QS 世界大学排名榜上，700 万人口的香港，就有五所院校打入 100 强之列。这个骄人的结果得益于香港与国际接轨的高等教育体系。大学的管理采用国际通用的规则，教师全球招聘，教材采用国际一流的最新教材。外籍教师在香港的大学里工作，不需要适应期，因为只要他是来自世界一流大学的，那么教学的通则都是一样的。正因为如此，香港大学的教学和科研成果比较容易被世界公认。办这样的大学，不是建最高级的大楼，买最贵的仪器设备就能解决的，而是需要长期的历史文化积淀，需要自由开放的社会氛围，更需要健全的民主法治保障，这些都是香港具有的优势，也是香港创新文化的重要体现。

84. 香港优秀的廉政文化

香港能保持“廉洁之都”的美誉，廉政公署居功至伟，而廉政文化正是香港“创新之都”的法律支撑。

20 世纪 70 年代香港经济起飞，正遇上大批内地居民移居香港，社会公共资源出现严重紧缺，腐败现象快速滋长，有的救护车救人要拿“茶钱”，消防员救火要收“开喉费”，最突出的是警察腐败。为治理腐败，香港政府把原属警队内部设置的反贪污部从警队脱离，成立了一个“与任何政府部门包括警务处没有任何关系的独立的反贪组织”，即香港廉政公署。笔者曾带领《大公报》记者对时任香港廉政公署专员进行过专访。

1973 年，港英政府总警司葛柏被发现拥有 430 多万港元财富来源不明。在那个年代，430 万元是一笔巨款，因为港岛繁华地段一套公寓仅价值 2 万元左右。律政司要求葛柏在一星期内解释其财富来源，然而他竟轻易逃离香港到了英国。葛柏潜逃令积聚已久的民怨立即爆发，要求“捉葛柏”回港审讯的呼声高涨。

面对市民的强烈要求，港英政府明白必须有所行动。1974 年 2 月 15 日，《廉政公署条例》生效，而廉政公署亦于同日正式成立。新成立的廉政公署立即介入葛柏案。1974 年 4 月，廉署得到污点证人指控葛柏受贿 2.5 万元，4 月 29 日葛柏在英国被捕，1975 年 1 月引渡到香港受审，被判入狱 4 年，赃款 2.5 万元充公。葛柏后来在赤柱监狱服刑期满后，移居西班牙。

根据《廉政公署条例》，廉政专员接受及考虑有关指称贪污行为的投诉，并在其认为切实可行范围内就该投诉进行调查，直接向港督负责。回归后廉政专员只向香港特别行政区行政长官负责，不受其他人士或部门干预，在公正完善的司法制度下，反贪工作得以有效执行。近年来，廉署与内地反腐机关合作加强，人员交流频繁，虽然香港的经验不一定适合内地，但几乎所有来此参访的内地人士都感到很受启发。香港廉政公署把教育与惩处相结合，既打击官员犯罪，又教育市民守法，有效地防范了犯罪，创造了闻名世界的法治奇迹。与廉政公署的情况类似，香港今天的法制体系和社会管理制度并不都是完全照搬英国的一套，而是一直在修改完善，以适应香港不断变化的新情况。

85. 香港创新文化向内地传播

自20世纪80年代起，香港商人开始活跃在内地各省、市、自治区，他们带来项目、传授经验、投入资金，几乎每一个地区的最大外资来源地都是香港。香港人的国际视野、契约精神和投资理念成为内地创业者效法的榜样，也成为推动内地改革开放的一支重要力量。内地改革开放能取得如此巨大的成就，深圳之所以遥遥领先同时期开放的其他十几个特区，香港因素不可忽视。

用历史唯物主义和辩证唯物主义的观点考察香港对国家的价值，就会发现香港最宝贵的不是资金，而是创新文化；对于国家未来发展而言，香港最值得借鉴的东西也恰恰是其创新文化。

国家曾选派优秀年轻干部不远万里到美国的大学里培训深造，但他们在那里吃的"西餐"，未必有香港的"港餐"合胃口。因为"港餐"是中华文化与西方文化融合的结晶，它吸收了西方文化先进的东西，又把它融入到中华文化这个本体之中，这里面蕴含着港人150年的智慧与创造。

《大公报》办了一个"大公国际传媒学院"，拥有国家外国专家局颁发的海外培训资格证书。笔者曾兼任该院副院长多年，在学院定期举办的内地公务员和宣传干部研修班上，常与学员交流。一般的专题研修班，学院都会安排五个讲座，内容涉及城市经济发展、香港社会生态、政府运作、法制建设、廉政建设等主题，授课老师有大学教授、银行高管、前立法会议员、前政府公务员、前廉署官员和媒体老总等，学员们普遍感到老师讲的东西很受用，学习之后才知道香港原来有这么多好东西。在一个廉政建设专题研修班上，前廉署高管讲"廉署执行处的执法机制与手段"后，一位学员深有感触地说："香港政府公信力之强、公务员素养之高、法治精神及执行力之过硬，都是以前没有想到的。"另一位学员说："法治是香港最核心的价值观之一，法治精神必须入脑、入心、入耳。"更有一位活泼的男学员说，通过学习感到“世界是睿智的，而我是无知的”，表示要把所学应用到自己的工作实际中。

在一个城市规划建设研修班上，香港城市规划建设方面的专家给大家讲“香港城市规划理念、依据与经验”，结合具体项目的建设，讲解交通出行特征和基础建设、市区规划，包括西九规划、高铁站、机场快线、过境巴士、上下货设施、上盖物业停车场等，并与学员们一起，展望未来宜居城市的规划策略和空间发展策略。学员们被香港人性化的城市规划所感动，激动地说：“香港的城市管理真是走到了世界前列啊！”

内地学员对香港创新文化的热爱和产生的共鸣，说明了香港创新文化与内地的社会主义文化不仅可以融合，而且有助于丰富社会主义文化。

86. 大湾区建设需要香港创新文化

粤港澳大湾区是继美国纽约湾区、旧金山湾区和日本东京湾区之后，世界第四大湾区，但不同的是，区内有与内地社会制度和文化不同的香港、澳门两个特别行政区。因此，伴随粤港澳大湾区发展成长应运而生的大湾区文化，必须具有包容港澳多元文化价值的功能，才能快速凝聚成强大的软实力，推动粤港澳大湾区迅速成为国际一流湾区；否则，不同的社会制度和文化冲突可能会成为发展的障碍。国家发改委组织编制的《粤港澳大湾区打造国际科技创新中心实施方案》提出，粤港澳大湾区要做到“五个世界一流”，即拥有世界一流的科技基础设施、世界一流的大学和学科群、世界一流的高成长性科技企业、世界一流的创新创业人才队伍以及世界一流的创新创业环境；要求把握住“四个要求”，即打造粤港澳创新的共同体、探索国际化创新发展的新路子、保持香港澳门的长期繁荣稳定、率先在珠三角实现创新驱动发展；具体操作上要做好“五个抓”，即抓重大科技设施和创新平台建设、抓一流大学和科研院所建设、抓信息产业集群发展、抓人才集聚和发展、抓全面创新改革试验五项重点工作。

由此可见，国家对粤港澳大湾区制定的标准是很高的，这一点必须充分认识到位。目前，粤港澳大湾区在经济实力上已经可以与美国纽约湾区、旧金山湾区、日本东京湾区等国际性湾区媲美，科技创新能力也具备了一定的国际竞争力。然而，在“一国两制三个关税区三套法律体系”的现状下，如何将港澳创新资源融入国家创新体系，发挥其积极作用，还存在诸多体制机制障碍。为贯彻落实国家发展战略要求，建设好粤港澳大湾区，实现创新驱动发展，迫切需要粤港澳三地以重点领域、主要障碍为突破口，立足制度创新、技术创新、组织管理创新三大任务，发挥科技创新对湾区发展的核心推动力，以切实可行的创新举措把粤港澳大湾区打造成国际科技创新中心。

在我国发展进入新时代的大背景下，国家对粤港澳大湾区建设的要求绝不会停留在表面的物质现代化层面，而是追求更高的社会精神气质实质性的升华；绝不仅仅是建设一个单纯的高新技术产业园区，而是打造世界一流的能吸引全球精英人才的创新高地。建设这样一个大湾区在中国属于开创先河，在世界上也没有先例。

香港创新文化也是一枝易于凋谢的花朵。香港创新文化支持了香港百年的发展，特别是从20世纪70年代开始的经济起飞。香港的发展历史已经证明了香港创新文化的真实存在及其价值。在粤港澳大湾区建设中，如果能以包容和接纳的心态对待香港创新文化，那么它就能对内地文化起到一个很好的补充作用，助推大湾区建设迈上国际一水平；反之，若以防范和排斥的心态对待香港创新文化，那么，它可能快速萎缩，中西文化交汇百年产生的不可再生的智慧成果可能丧失，这是十分可惜的。

董建华前特首说，香港的创科前路一片光明。香港有优良的创科土壤、雄厚的资源、优秀的人才和先进的创科设备，只要找对角色定位并下定决心，香港绝对有能力建成国际科创中心。

中国经济发展到今天，香港的魅力已不再是金钱，而是创新文化。香港高水平的教育科研团队是大湾区科技创新的骨干力量。

中国科学院院士、港科院院长徐立之对把香港打造成为一流的创科中心信心十足，他认为这是未来香港的新亮点。长期以来，香港科研人才苦于地域狭小，发挥空间有限，现在国家推动粤港澳大湾区建设，让香港的大学教授可将科研技术转移，香港高校的研究、生产的基地与大湾区的生产能力无缝接轨，结合内地的生产能力，加快产业化步伐，这也是香港发展的新机遇。

目前香港的创新人才正踊跃进入内地，香港多所高校在深圳办了分校，有的建立了医院，许多在港毕业的学子到大湾区创业。港人的参与必然带入香港创新文化，而在大湾区文化的构建中主动吸纳香港创新文化，发挥其在大湾区建设中的积极作用，又将激励更多港人投入其中；反过来，粤港澳大湾区文化又会反作用于香港社会，促进港人的人心回归。